# CODE

## DE COMMERCE PORTUGAIS

### DE 1888

TRADUIT ET ANNOTÉ

PAR

## ERNEST LEHR,

DOCTEUR EN DROIT, PROFESSEUR HONORAIRE DE LÉGISLATION COMPARÉE
À L'ACADÉMIE DE LAUSANNE, CONSEIL DE L'AMBASSADE DE FRANCE EN SUISSE,
MEMBRE DE L'INSTITUT DE DROIT INTERNATIONAL.

## PARIS.

### IMPRIMERIE NATIONALE.

M DCCC LXXXIX.

# CODE

# DE COMMERCE PORTUGAIS

## DE 1888.

A.

Ce volume, préparé sous la direction du Comité de législation étrangère, a été imprimé aux frais de l'État, sur l'ordre de M. le Garde des sceaux.

M. Féraud-Giraud, conseiller à la Cour de cassation, membre du Conseil de direction de la Société de législation comparée, a suivi l'impression en qualité de commissaire responsable.

# CODE

## DE COMMERCE PORTUGAIS

### DE 1888

### TRADUIT ET ANNOTÉ

PAR

## ERNEST LEHR,

DOCTEUR EN DROIT, PROFESSEUR HONORAIRE DE LÉGISLATION COMPARÉE
À L'ACADÉMIE DE LAUSANNE, CONSEIL DE L'AMBASSADE DE FRANCE EN SUISSE,
MEMBRE DE L'INSTITUT DE DROIT INTERNATIONAL.

## PARIS.

### IMPRIMERIE NATIONALE.

M DCCC LXXXIX.

# TABLE DES MATIÈRES.



## CODE DE COMMERCE PORTUGAIS.

### LIVRE PREMIER.
#### DU COMMERCE EN GÉNÉRAL.



### LIVRE DEUXIÈME.
#### DES CONTRATS SPÉCIALEMENT COMMERCIAUX.

## LIVRE TROISIÈME.

### DU COMMERCE MARITIME.

LIVRE QUATRIÈME.

DES FAILLITES.

# INTRODUCTION.

Le Code de commerce de Ferreira Borgès, qui avait
régi jusqu'à présent le Portugal et ses colonies, remontait
au 18 septembre 1833. Le gouvernement portugais, sou-
cieux de maintenir la législation en harmonie avec les
mœurs et les nécessités sociales, avait reconnu, depuis
assez longtemps, que ce code, relativement ancien, ne ré-
pondait plus complètement ni aux besoins actuels, ni aux
progrès de la science. Il n'a pas reculé devant une revision
que l'on qualifierait même plus exactement de refonte, tant
l'œuvre nouvelle a d'originalité, dans le meilleur sens de
cette expression. L'éminent Ministre des affaires ecclésiastiques et de la justice, M. le conseiller François-Antoine
da Veiga Beirão, qui a personnellement préparé la réforme
avec une sollicitude de tous les instants et qui est le véritable auteur du Code de 1888, est d'ailleurs parti de
l'idée juste que, le commerce étant de sa nature cosmopolite, il est moins permis, dans ce domaine-là que dans tout
autre, de fermer les yeux sur les améliorations réalisées ailleurs : aussi s'est-il largement inspiré des législations commerciales les plus récentes et n'a-t-il pas hésité à leur emprunter leurs nouvelles conceptions juridiques, lorsqu'elles
lui ont paru plus favorables au développement du commerce ou, tout simplement. à une unification progressive
du droit commercial en Europe. Entreprise dans cet esprit,

l'œuvre législative à laquelle le nom de M. Beirão restera attaché, prend, à l'époque où nous vivons, une importance considérable et mérite l'attention particulière des jurisconsultes.

I

Ce n'est pas la première fois que la législation commerciale portugaise de 1833 a été appelée à subir des réformes plus ou moins profondes. La juridiction commerciale, la lettre de change, les sociétés anonymes, le cabotage, ont fait, depuis un demi-siècle, l'objet de diverses modifications au texte primitif; nous nous bornerons à citer : la loi du 28 janvier 1834, sur le jugement des prises; le décret du 30 novembre 1836, sur l'abolition de la magistrature commerciale suprême; la loi du 2 juillet 1849, qui défère au juge des faillites les commerçants non immatriculés; la loi du 27 juillet 1859, qui donne le caractère d'actes de commerce à toutes les traites négociées dans le pays, ainsi qu'aux mandats et billets à ordre; la très importante loi du 22 juin 1867, sur les sociétés anonymes; le décret du 23 juin 1870, relatif à la Cour suprême du commerce, etc. Une revision complète du code n'en avait pas moins été jugée nécessaire.

Dès 1859, une commission avait été constituée «à l'effet de revoir, de réformer et d'organiser tant la législation que la procédure commerciale», en réglant notamment les rapports du droit portugais en cette matière avec les principes du droit international. Cette commission ne put remplir sa mission et fut dissoute en 1868. Mais l'un de ses membres, M. D. Pereira Forjaz de Sampaio Pimentel, avait préparé un projet de code qui contient beaucoup de dispositions excellentes utilisées dans la nouvelle législation.

En 1870, une seconde commission reçut le mandat de reprendre l'œuvre interrompue deux ans auparavant, et spécialement, vu la récente promulgation du Code civil, d'écarter de la législation commerciale les dispositions relevant du droit commun ou relatives à l'organisation judiciaire et à la procédure; elle n'aboutit pas mieux que sa devancière.

Lorsqu'il arriva au ministère de la justice en février 1886, M. Beirão résolut, au lieu de laisser la besogne à des commissions, de préparer lui-même un projet de code, en se faisant assister par des personnes compétentes pour celles des parties où des connaissances spéciales pouvaient être nécessaires. Ainsi l'Association des avocats de Lisbonne discuta la matière des faillites, en prenant pour base le Code de commerce italien de 1882. M. le conseiller E.-R. Hintze Ribeira, auteur d'un travail sur la réforme du droit commercial, fournit un projet de loi sur les sociétés. M. Teixeira de Queiroz, ancien président du tribunal de commerce de Lisbonne, prépara un projet sur les agents de change, les bourses et les opérations de bourse. M. le conseiller José Pereira, ancien président du tribunal de Porto, se chargea de la réforme concernant les assurances, les avaries, les relâches, les abordages, l'assistance; et son collègue de Lisbonne, M. Ed. de Serpa Pimentel, du reste du droit maritime. Notre savant confrère de la Société de législation comparée, M. le professeur Henrique Midosi, s'occupa de la lettre de change, en s'inspirant des décisions du Congrès international d'Anvers, auquel il avait représenté l'Association commerciale de Lisbonne. M. V. Rodrigues Monteiro, qui, au barreau de Lisbonne, s'est plus spécialement voué aux questions commerciales, élabora le droit des faillites. M. J.-J. Tavares de Medeiros élabora le chapitre des sociétés anonymes; M. A.-A. de Carvalho, les dispositions sur les intérêts et les emprunts.

Nanti de ces travaux préparatoires et des vœux des associations commerciales, le Ministre de la justice rédigea son projet, puis le soumit à une série de personnes capables, par leur position dans la magistrature, le professorat, le barreau, le commerce ou la presse, de formuler un avis compétent, et finalement réunit ses principaux collaborateurs en conférence afin d'arrêter le texte définitif.

## II

Le *Projet* a été présenté par le Ministre à la Chambre des députés, avec un *Exposé des motifs* (*Relatorio*) en date du 17 mai 1887 [1], et renvoyé à la commission de législation commerciale. Celle-ci a tenu, pour l'examiner, plus de cinquante séances, contradictoirement avec M. Beirão, et a déposé son rapport (*parecer*) le 14 janvier 1888. A la suite de ce rapport, rédigé par M. Vicente Rodrigues Monteiro et

[1] Une traduction française, à peu près textuelle, de cet *Exposé des motifs* a paru, sous la signature de M. Beirão, dans la *Belgique judiciaire* du 18 mars 1888 (2ᵉ série, t. XXI, n° 23).

Le texte, avec celui des rapports des deux Chambres des Cortès et du code lui-même, a été publié en un volume in-8°, sous le titre de *Codigo commercial portuguez, copiado da edição official et precedido*, etc. (Porto, livraria Gutenberg, 1888); c'est à ce volume que se réfèrent nos citations, sauf indication contraire.

extrêmement favorable, la commission a été saisie de cent vingt-quatre amendements, portant d'ailleurs exclusivement sur des détails de rédaction et qu'elle a presque tous écartés; son second rapport, sur ces amendements, est du 5 mars [1]. La Chambre a immédiatement abordé la discussion du *Projet*, tel que sa commission en avait arrêté les termes, et l'a adopté à peu près sans changement le 10 du même mois. Aussitôt après, le texte a été soumis à la Chambre des pairs. La commission saisie. a déposé son rapport (*parecer*) dès le 14 mai, par l'organe de M. José Pereira, en adhérant presque sans aucune réserve aux propositions du gouvernement et de la Chambre des députés. Les pairs, parmi lesquels se trouvent des magistrats et des jurisconsultes éminents, ont, eux aussi, formulé, à la suite de ce dépôt, un grand nombre d'amendements qui, sans altérer en rien l'économie du projet, y ont pourtant introduit diverses modifications intéressantes, par exemple la réduction de l'intérêt légal de 6 à 5 p. o/o. Par là même, le second rapport de la commission de la Chambre des pairs est beaucoup plus long que le premier : il a été déposé le 4 juin [2]. Conformément à la procédure constitutionnelle, le projet, adopté immédiatement après par la Chambre des pairs, a fait l'objet d'un message à la Chambre des députés. Dès le 11, la commission de législation commerciale de la Chambre des députés se déclarait d'accord avec les pairs,

---

[1] Ce rapport ne figure pas dans le volume qui est indiqué à la note précédente.

[2] Même observation qu'à la note précédente; nous devons à l'obligeance de M. le Ministre de la justice la communication des deuxièmes rapports des deux Chambres, ainsi que des amendements auxquels ils se réfèrent.

et, le 19 juin 1888, les Cortès adoptaient définitivement le *Projet* de code, mais en introduisant dans la loi préliminaire un article excellent qui permettait de reviser le texte à loisir avant de le promulguer : le Gouvernement était autorisé, par l'article 8 de ladite loi, « ouï les rapporteurs des commissions parlementaires spéciales qui avaient fait les rapports sur le Code de commerce », à revoir ce code afin d'en corriger éventuellement les erreurs de rédaction, de coordonner le numérotage des articles et d'éliminer des références à des dispositions supprimées. La loi (*Carta de lei*), avec le code qui en forme l'annexe, a été promulguée le 28 juin 1888. Le gouvernement a entrepris sans délai la revision dont il était chargé, de sorte qu'il a pù être procédé, en vertu d'un décret royal du 23 août suivant, à la publication du code. Il est en vigueur depuis le 1er janvier 1889.

Conformément à une disposition que nous voudrions voir inscrite au frontispice de toute œuvre de ce genre, une commission de jurisconsultes et de commerçants est chargée, pendant les cinq premières années, c'est-à-dire jusqu'à fin 1893, « de recevoir toutes les représentations, rapports des tribunaux et observations quelconques, relativement à l'amélioration du code et à la solution des difficultés que peut en soulever l'application »; chaque année, elle doit faire un rapport au gouvernement et proposer les mesures qui lui paraissent convenables ou nécessaires. D'autre part, le gouvernement est chargé de faire les règlements d'exécution (loi du 28 juin 1888, art. 5 et 6); le premier qui ait paru concerne le registre du commerce, il compte

89 articles et a reçu l'approbation royale en date du 15 novembre 1888 [1].

## III

A l'époque où Ferreira Borgès conçut le Code de 1833, le domaine respectif du droit civil et du droit commercial était mal circonscrit. Le droit civil n'était pas encore coordonné et rédigé; par suite, et bien que ce jurisconsulte éminent considérât avec raison le droit commercial comme une dérogation au droit civil, il se vit forcé, pour être intelligible, d'insérer dans le Code de commerce nombre de dispositions générales dont la place aurait été ailleurs. La promulgation du Code civil en 1867 accentua les inconvénients de ce mélange; bien des cas étaient prévus par les deux lois, sans qu'on sût au juste si le Code civil, en tant que loi postérieure, devait être considéré comme abrogeant le Code de commerce, loi spéciale par essence, partout où il y avait conflit. La jurisprudence des tribunaux se montra hésitante et contradictoire.

On s'est appliqué, dans le nouveau code, à prévenir le retour de ses complications : partant du système que le Code civil est la règle, le Code de commerce l'exception, on applique, selon l'adage connu, la règle, c'est-à-dire le Code civil, dans tous les cas non expressément soustraits à son empire; et, pour faciliter la comparaison, les matières ont été rangées autant que possible dans le même ordre, de sorte que, en regard de la disposition générale du droit

[1] *Regulamento do registo commercial*, formant le premier fascicule des *Regulamentos e providencias para* *a execução do Codigo commercial portuguez*, Lisboa, Imprensa nacional, 1888.

civil, il est aisé de retrouver éventuellement la prescription spéciale du droit commercial qui y déroge.

La division du Code civil portugais n'est pas la même que celle du Code français ou des codes allemands. Elle comporte quatre parties consacrées : la première, à la capacité civile; la seconde, à l'acquisition des droits (obligations, mariage, successions, etc.); la troisième, au droit de propriété; la quatrième, aux atteintes, aux droits et à la réparation de ces atteintes. De même, le Code de commerce se partage en quatre livres. Après un certain nombre de dispositions générales qui délimitent le domaine de la loi commerciale, le premier livre traite, en huit titres, du commerce en général, de la capacité commerciale et des commerçants, de la raison de commerce, de la comptabilité, du registre du commerce, du bilan, des courtiers, enfin des lieux destinés au commerce et, en particulier, des bourses. Le second livre se divise en vingt titres; il est consacré aux contrats spécialement commerciaux. Le troisième, réservé au commerce maritime, traite, en huit titres, de la propriété des navires, du capitaine et des équipages, des affrètements, de l'hypothèque et des privilèges sur des navires, des assurances maritimes, des avaries, du sauvetage, etc. Enfin le quatrième livre, qui renferme sept titres, règle, de même que la partie correspondante du Code civil, la responsabilité, ou spécialement les faillites. Tout ce qui concerne la procédure a été réservé à une loi spéciale.

Nous indiquerons rapidement, parmi ces matières, celles des dispositions du nouveau code qui présentent un intérêt particulier, en nous laissant guider par l'*Exposé des motifs* de M. le conseiller Fr. Beirão.

## IV

Le Code de commerce devant régir exclusivement ce qui a trait au commerce, il importait de préciser à quels actes il serait applicable. Tout le monde connaît les controverses théoriques et les difficultés pratiques que soulève toute définition doctrinale des actes de commerce : il est si malaisé d'en trouver une rigoureusement exacte et complète que déjà, lors de l'élaboration du nouveau Code de commerce italien de 1882, on renonça à formuler aucune définition, et l'on se contenta d'une longue énumération. Mais les énumérations elles-mêmes peuvent être dangereuses, suivant qu'on les considère comme limitatives ou simplement énonciatives. Le législateur espagnol de 1885 trancha la difficulté en se bornant à déclarer commerciaux les actes spécialement réglementés dans le Code de commerce. Le législateur portugais a suivi le même procédé; tous les actes dont traite le code, quelle que soit la profession ou la qualité des personnes qui y interviennent, sont commerciaux, « à raison de leur nature propre et de l'utilité de les soumettre à une législation spéciale ». Seulement les contrats et obligations des commerçants de profession sont présumés commerciaux, lorsqu'ils ne sont pas de nature exclusivement civile, ainsi que le serait un contrat de mariage ou un partage entre cohéritiers.

En résumé, tout acte réglementé spécialement dans le Code de commerce est commercial lors même qu'il émane d'un non-commerçant; un acte non réglementé dans ce code n'est pas commercial s'il a été accompli par un simple citoyen; s'il a pour auteur un commerçant, il est civil lorsqu'il est exclusivement prévu par le Code civil et que le résultat n'est pas commercial; il est, au contraire, commercial lorsque, étant prévu à la fois par les deux codes, il ne résulte pas de sa nature même qu'il n'est point un acte de commerce [1].

L'usage du télégraphe, qui est devenu si fréquent dans les relations commerciales, devait être réglé spécialement quant à la preuve des contrats conclus par son intermédiaire. Le législateur a cherché à mettre, autant que possible, les dispositions du nouveau code en harmonie avec les règlements télégraphiques internationaux en ce qui concerne la responsabilité en cas d'erreurs ou d'inexactitudes : il applique, dans ces cas, comme on le fait en Italie, les principes juridiques relatifs à la fraude [2].

Une des innovations intéressantes dans la loi commerciale portugaise est celle qui y introduit l'institution des magasins généraux, avec les récépissés et warrants qui en sont le corollaire. L'institution, on le sait, est encore relativement récente et beaucoup de codes de commerce la passent sous silence : à part la loi française du 28 mai 1858, elle n'est guère réglementée, à notre connaissance, qu'en Italie, par les articles 461 et suivants du Code de 1882, et en Espagne, par les articles 193 à 198 du Code de 1885. Les travaux entrepris dans le port de Lisbonne devant entraîner la construction de nouveaux docks, il importait que le législateur précisât les conditions de l'ouverture de magasins généraux et les effets du transfert soit des

_____

[1] *Relatorio*, p. 20. — [2] *Ibid.*, p. 24.

récépissés, soit des warrants. Le nouveau code contient des dispositions intéressantes sur les privilèges attachés à ces titres, ainsi que sur le mode de liquidation (art. 408 et suiv.).

## V

La matière des assurances, sauf la partie relative aux assurances maritimes, se trouvait à peine ébauchée dans le Code de 1833. Dans ce code, Ferreira Borgès considérait comme commerciaux tous les contrats d'assurance, quelle qu'en fût l'espèce. Le Code civil, au contraire, ne considère comme commerciaux que ceux qui concernent des objets commerciaux. Ce dualisme engendra des conflits, de sorte que le législateur de 1888 dut se préoccuper, avant tout, de fixer la nature juridique du contrat : toutes les assurances, à l'exception des mutuelles, ont été déclarées commerciales à l'égard de l'assureur, quelle qu'en fût la nature; à l'égard des autres parties, lorsqu'elles se réfèrent à un acte commercial. Sans entrer ici dans le détail des dispositions intéressantes ou ingénieuses que le code contient sur les diverses espèces d'assurances, nous en signalerons cependant une ou deux qui tranchent dans un sens libéral des questions encore controversées : ainsi il oblige l'assureur à répondre, en matière d'assurance contre l'incendie, non seulement des dommages directs causés par le feu, mais encore des dommages indirects causés par la chaleur, la fumée, la vapeur, ou par les moyens employés pour combattre l'incendie, par le déplacement des meubles, et par les démolitions ordonnées en vue d'arrêter le fléau (art. 443). D'autre part, conformément à la doctrine italienne et belge [1], qui, malgré sa sagesse, est loin d'être admise sans contestation, l'assureur répond *ipso facto* des dommages causés par la foudre, par des explosions ou autres accidents semblables, encore qu'il ne se soit pas déclaré d'incendie proprement dit (art. 443, 4°). Le nouveau code a également emprunté à la loi belge et au Code italien leurs règles concernant les assurances sur les récoltes, dont la plupart des autres codes récents ne parlent point encore.

Le contrat de report, qui a pris une place si considérable dans les opérations de bourse, n'avait été jusqu'à présent, sauf erreur, réglementé que par le Code italien de 1882 (art. 73 et suiv.), et par le Code de commerce roumain de 1887 (art. 74 à 76). Le législateur portugais a jugé avec raison que, en le reconnaissant comme un contrat *sui generis*, on éviterait les difficultés nées des incertitudes sur sa véritable nature juridique. Il l'a défini et délimité en s'appropriant à peu près textuellement les dispositions du Code italien.

C'est également de ce code qu'il s'est inspiré pour régler le contrat de transport et notamment les transports par chemins de fer. Tout était à faire dans ce chapitre-là, par suite du changement de conditions amené depuis 1833 par les nouveaux moyens de communication. Il fallait déterminer à nouveau les droits et les obligations de l'expéditeur, du voiturier ou des voituriers successifs, et du destinataire. Le *Projet* du gouvernement y avait pourvu avec sagacité; les Cortès l'ont amélioré. En ce qui concerne, en particulier, le recours du destinataire qui a pris livraison, contre le

---

[1] Loi belge de 1874, art. 34; C. com. italien de 1882, art. 442. *Contra :* C. com. espagnol de 1885, art. 394.

voiturier, la commission de la Chambre des députés l'a subordonné à la question de savoir si les dommages allégués étaient ou non visibles extérieurement; dans le premier cas, elle refuse toute action postérieure à la réception des marchandises; dans le second cas, elle permet au destinataire de rechercher le voiturier dans la huitaine (art. 385, § 2), ce qui, par rapport au droit antérieur, constitue une équitable prolongation de délai. Dans les transports par chemins de fer, le législateur a résolu négativement la question, si controversée, de savoir si les compagnies peuvent modifier dans leurs règlements les conditions posées par le droit commun en matière de responsabilité, et déclaré nulles toutes stipulations tendant à limiter cette responsabilité. « Le monopole des compagnies, a dit avec beaucoup de raison la commission de la Chambre des députés [1], empêche que les clauses inscrites dans leurs règlements ne soient considérées comme librement acceptées par les deux parties; car, en fait, elles sont dictées exclusivement par l'une d'elles, et l'autre est contrainte de s'y soumettre sans y avoir réellement adhéré. » Le Parlement s'est même montré plus absolu à cet égard que le gouvernement; dans le *Projet* de code, toute exemption ou limitation de responsabilité prévue par les règlements d'une compagnie était nulle « à moins qu'elle ne répondît à une diminution proportionnelle des tarifs ordinaires »; cette dernière phrase a été supprimée dans l'article 393 définitif.

[1] *Parecer* du 14 janvier 1888.

## VI

Les règles relatives aux privilèges et aux hypothèques sur des navires peuvent, à divers égards, être considérées comme nouvelles. Sans doute les navires étaient déjà, en Portugal, susceptibles d'hypothèque d'après la législation antérieure : les décrets du 26 octobre 1836 et du 3 janvier 1837 avaient expressément statué dans ce sens. Néanmoins, par suite du caractère mobilier des navires, l'institution se heurtait contre le principe général du droit portugais qui considérait les immeubles comme seuls susceptibles d'hypothèque, et, dans la pratique, elle était restée à l'état de lettre morte : les navires n'étaient hypothéqués que dans des cas tout à fait spéciaux et exceptionnels; d'ordinaire, on procédait par voie de prêt à la grosse. Lorsque, après la promulgation du Code civil, la règle que l'hypothèque ne peut être établie que sur des immeubles se trouva confirmée par l'article 889 de ce code, l'hypothèque maritime fut généralement considérée comme abolie *ipso facto*. Dans l'état actuel de la science et en tenant compte des intérêts du commerce, il a paru au gouvernement qu'il convenait de permettre formellement cette hypothèque en lui faisant sa place dans le nouveau Code de commerce, de régler le mode de sa constitution et de son inscription, et d'en déterminer les effets juridiques. C'est donc moins une innovation absolue qu'une confirmation de l'ancien droit devenu douteux. La France, qui a exercé sur le droit portugais une si grande influence, a suivi, on le sait, une marche analogue. Le principe du droit romain, qui admettait l'hypothèque des meubles, par conséquent des navires, y avait été admis fort longtemps. Puis l'ordonnance de 1681 prohiba ces hypothèques, et cette prohibition ne fut pas révoquée par le Code de commerce. Mais, en 1874, la loi du 10 septembre, revenant à l'ancien droit, rétablit l'hypothèque maritime, et ce retour en arrière fut jugé si opportun qu'une seconde loi récente, du 10 juillet 1885, a perfectionné et développé l'institution. D'autres pays sont entrés dans la même voie, notamment l'Angleterre [1], la Belgique [2], l'Italie [3]. D'ailleurs, en cas d'insuffisance des prêts à la grosse, le propriétaire d'un navire peut se trouver absolument contraint d'emprunter directement sur son bâtiment; et, en tout état de cause, il est presque toujours préférable que l'hypothèque maritime prenne la place des emprunts à la grosse; comme le dit très bien le Ministre dans son *Exposé des motifs* [4], « l'incertitude de l'ordre dans lequel s'effectuera le payement, l'impossibilité de connaître les charges antérieures qui grèvent le navire, les risques et les chances à courir, et, comme conséquence finale, le taux élevé de l'intérêt réclamé pour les prêts à la grosse font de ces contrats un instrument de crédit des plus défectueux ». Le navire peut parfaitement, par sa nature spéciale, servir de base à un système hypothécaire complet. L'hypothèque est spéciale sur un navire comme sur un immeuble. L'inscription se fait de la même manière. Le droit conféré au créancier est à l'abri de toute incertitude. La réalisation en

---

[1] *Merchant Shipp. Act* (St. 17 et 18, Vict., c. 104), art. 66 et 67.

[2] Loi du 21 août 1879, art. 1er.

[3] *Pegno sulla nave*, C. com., art. 485 et suiv.

[4] *Relatorio*, p. 28.

est aisée. Dans l'espèce, on transportera donc dans le droit maritime les principes du droit civil, ce qui sera d'autant plus facile, en Portugal, que le régime hypothécaire, sans être parfait, est l'un des meilleurs de l'Europe. « Par suite de la création de l'hypothèque maritime, lisons-nous encore dans l'*Exposé des motifs*, le prêt à la grosse se trouvera limité aux circonstances dans lesquelles il est indispensable et ne saurait être remplacé par cette hypothèque ; il ne sera admis que sur le chargement et sur le fret échu, fait par le capitaine pendant le voyage, quand il n'aura pas d'autre ressource. » Ces considérations ont vivement frappé la Chambre des députés, et, dans son rapport du 14 janvier 1888, sa commission a tenu à donner à l'institution de l'hypothèque maritime la plus expresse adhésion, en ajoutant qu'elle y voyait le meilleur moyen de prévenir les aliénations non volontaires.

Quant aux privilèges, ils avaient trouvé place depuis longtemps dans le droit maritime, et le nouveau code n'a guère eu qu'à reviser et à coordonner des dispositions déjà anciennes et très généralement adoptées.


## VII


La matière des sociétés était l'une des plus défectueuses du Code de commerce portugais de 1833. Dès 1843, un spécialiste distingué, M. Teixeira Duarte, écrivait dans son commentaire que certains points de la législation étaient à peine compréhensibles et qu'il était souvent impossible de concilier les diverses dispositions de la loi. En 1886, M. le conseiller Hintze Ribeiro signalait, à son tour, les obscurités et les contradictions du Code de 1833. Une première réforme, tentée par la loi du 22 juin 1867 relative aux sociétés anoymes, n'avait pas été suffisante, et, en 1882, M. Ribeiro, alors ministre des travaux publics, avait soumis à la Chambre des députés un projet modifiant et complétant la législation antérieure. Avant tout, il fallait déterminer avec précision ce qui caractérise les sociétés commerciales et les diverses formes sous lesquelles elles peuvent se constituer. On décida que toute société ayant pour objet un ou plusieurs actes de commerce et constituée conformément au Code de commerce serait commerciale. Puis on prit pour base de classification la responsabilité des associés : cette responsabilité est-elle illimitée et solidaire, la société est en nom collectif; la responsabilité est-elle limitée aux apports, la société est anonyme; enfin, si la responsabilité est limitée pour certains associés et illimitée pour d'autres, la société est en commandite. Pour cette dernière forme de société, le nouveau code, se conformant aux idées de M. Hintze Ribeiro et aux règles admises, d'ailleurs, dans un grand nombre de législations commerciales, porte que la commandite peut se constituer par actions, ce qui jusqu'alors n'était pas le cas en Portugal (art. 105, 199). Les sociétés civiles peuvent se constituer sous l'une des trois formes prescrites pour les sociétés commerciales (art. 106), notamment sous la forme de sociétés par actions; dans ce cas, elles sont soumises aux dispositions du Code de commerce, excepté — et cette exception se fonde sur des considérations d'ordre public — en ce qui concerne la juridiction et la faillite [1].

_______

[1] *Parecer,* p. 83.

Les changements ou additions que le nouveau code fait à celui de 1833 et à la loi spéciale du 22 juin 1867 ont surtout pour but de permettre au public de se rendre un compte plus exact des entreprises et de la loyauté apportée à leur exécution, puis de donner aux souscripteurs d'actions les moyens de contraindre les fondateurs à tenir leurs promesses. La loi de 1867 subordonnait la validité de la constitution d'une société anonyme au versement de 5 p. o/o du capital souscrit; le code porte cette proportion à 10 p. o/o, excepté pour les sociétés anonymes d'assurances et pour celles dont le capital ne doit pas être immédiatement employé; et il exige que les souscriptions soient versées à la Caisse générale des dépôts, à la disposition du futur conseil d'administration (art. 162). Il supprime l'émission « par séries », autorisée par la loi de 1867, parce qu'elle fournissait un moyen de réduire indirectement le capital primitivement souscrit. Les actions, négociables d'après la même loi dès le versement de leur valeur nominale, ne le sont plus, d'après le code, qu'après un versement de 30 p. o/o (art. 169); le gouvernement avait même proposé 50 p. o/o : ce sont les Cortès qui ont jugé que l'on pouvait se montrer un peu moins rigoureux. On a aussi résolu une question controversée que la loi ancienne avait laissée dans le doute, quant à la responsabilité du vendeur et de l'acquéreur d'une action non encore libérée : d'après l'article 9, § unique, de la loi de 1867, lorsqu'une de ces actions était transmise sans l'autorisation du conseil d'administration, le vendeur restait tenu des versements non effectués par l'acquéreur, sans jouir d'aucun recours contre les cessionnaires négligents; il en résultait, *a contra-*

*rio*, que le vendeur était dégagé s'il y avait eu autorisation, et il se pouvait que le conseil se laissât entraîner à donner cette autorisation sans connaître exactement la solvabilité de l'acheteur ou même par l'effet d'une connivence; la loi nouvelle pare à cette éventualité en permettant de réclamer les versements arriérés tant aux souscripteurs primitifs qu'aux cessionnaires successifs; mais ceux qui auront dû effectuer un versement sur une action aliénée par eux redeviendront copropriétaires de cette action au prorata de leurs débours (art. 170).

Toutes les législations commerciales reconnaissent aux actionnaires, sous certaines conditions, le droit de formuler des protestations dans les assemblées générales. Mais, en vertu d'une disposition expresse, qui, à notre connaissance, n'a encore son équivalent dans aucun autre pays et qui nous paraît excellente, les porteurs d'obligations sont admis, eux aussi, à assister à ces assemblées et à prendre part aux délibérations avec voix consultative (art. 185). De plus, les sociétés qui ont émis des obligations sont tenues de publier, dans la première quinzaine de chaque mois, la situation de leur actif et de leur passif (art. 195).

Un chapitre spécial et intéressant est réservé aux sociétés coopératives, « caractérisées par la variabilité du capital social et par le nombre illimité des associés » (art. 207 et suiv.).

## VIII

La lettre de change, qui, à son origine, n'était destinée qu'à effectuer un payement de place en place, en évitant les dangers de la circulation du numéraire, s'est considérablement modifiée et perfectionnée. Aujourd'hui elle remplace le numéraire et constitue, entre commerçants, sinon l'unique moyen de payement, du moins le mode de libération le plus usuel. Nous sommes loin de l'époque où elle n'était considérée que comme un simple instrument du contrat de change et où l'on exigeait que le tiré en eût préalablement reçu la contre-valeur. Après avoir trouvé sa première formule officielle dans la *Wechselordnung* allemande, la nouvelle conception de la lettre de change a servi de base aux législations promulguées en Belgique en 1872, en Hongrie en 1875, dans les États scandinaves en 1880, en Suisse en 1881, en Italie en 1882, en Espagne en 1885, ainsi qu'au *Projet d'une loi uniforme sur les lettres de change et les billets à ordre* adopté, en septembre 1885, à Bruxelles, par l'Institut de droit international[1]. Le Portugal a jugé utile de suivre en cette matière, plus que toute autre d'intérêt international, le courant que la science et la pratique ont imprimé aujourd'hui à cette branche du droit commercial. La lettre de change est devenue, dans le nouveau code, un simple contrat *litteris*, indépendant, obligatoire par lui-même, valable par le seul fait des stipulations qu'il renferme et des signatures qu'il porte.

Conformément au *Projet* de l'Institut de droit international et à l'article 251 du Code italien, l'existence de la provision n'est plus requise. La traite n'étant plus un simple titre de change, au sens étroit de cette expression, ou une simple obligation entre le tireur et le preneur, mais bien un instrument de crédit et de circulation, peu importait aux

---

[1] *Annuaire de l'Institut de droit international*, t. VIII, p. 96 et suiv.

porteurs successifs ou même à l'accepteur que le preneur eût ou non fourni d'avance la contre-valeur de la lettre : les droits et les devoirs sont les mêmes dans les deux cas; la clause *valeur reçue* ou *valeur en compte* était donc inutile. On a renoncé aussi à la condition, réputée jadis essentielle, de la remise de place en place ou de la *distantia loci*.

On n'a pas cru devoir, à l'exemple du même *Projet*, de l'Allemagne (*Wechselordnung*, art. 4), de l'Italie (C. com., art. 251), etc., exiger que la lettre contînt une expression qui en précisât la nature spéciale.

En ce qui concerne la capacité requise pour s'obliger par lettre de change, on sait que le Congrès d'Anvers de 1885, l'Institut de droit international, les lois allemande et suisse [1] avaient posé en principe que l'étranger, incapable d'après sa loi nationale, mais capable d'après celle du pays où il souscrit la lettre, ne saurait invoquer son incapacité pour échapper à ses obligations : le Code portugais s'est prononcé en sens contraire, par la raison que, tout peuple ayant en vertu de sa souveraineté le droit de régler la capacité de ses ressortissants, tout autre peuple est tenu de respecter les limites imposées à cette capacité; en conséquence, pour les lettres de change comme en toute autre matière commerciale, la capacité des étrangers reste régie par leur loi nationale, alors même qu'ils agissent sur territoire portugais (art. 12). On s'était demandé, d'autre part, s'il convenait de restreindre aux commerçants seuls la faculté de s'obliger par lettre de change; pour l'affirmative, on avait fait valoir qu'accorder cette faculté aux non-commer-

---

[1] *Wechselordnung*, art. 84; loi fédérale sur la capacité civile du 18 juin 1881, art. 10.

çants, c'était leur permettre de se dérober aux garanties et aux justifications imposées par le droit civil et entraîner des imprévoyants — femmes ou mineurs — dans la misère et dans la ruine. Le gouvernement a répondu, dans l'*Exposé des motifs* du code[1], qu'à ce compte, et la lettre de change étant le plus puissant des instruments du commerce, il faudrait interdire aux non-commerçants tout acte quelconque de commerce, ce qui serait contraire au principe de liberté absolue inscrit au frontispice même du code (art. 7) en faveur de tous les citoyens civilement capables, et qu'il était préférable de faire dépendre le caractère commercial d'un acte de son essence même que de la qualité de la personne dont il émane; s'il y a simulation, l'acte sera manifestement nul, mais il le sera aussi bien s'il a pour auteur un commerçant qu'un non-commerçant; en ce qui concerne notamment la femme, il faudrait logiquement, si l'on redoute pour elle les entraînements, lui interdire non seulement la signature de lettres de change et, en général, le commerce, mais encore toute espèce d'engagement, et la remettre, pour ainsi dire, en tutelle; quant au mineur, ou bien il n'est pas émancipé et sa lettre de change serait *ipso facto* entachée de nullité, ou bien il est émancipé et il n'y a pas de raison pour restreindre sur ce point sa capacité, entière sur tous les autres. L'*Exposé des motifs* rappelle, d'ailleurs, qu'il est très difficile, en Portugal, de postdater un acte pour se donner, étant encore mineur, l'apparence de l'avoir souscrit en pleine capacité : le nouveau système du timbre des traites et les changements fréquents apportés au type

---

[1] *Relatorio,* p. 45.

du papier spécial rendent cette fraude à peu près impossible. Pour toutes ces raisons, la nouvelle loi, comme d'ailleurs les Codes de commerce italien et espagnol, est muette sur les conditions de capacité et s'en tient, par là même, aux principes généraux sur la matière.

Nous devons mentionner également quelques innovations importantes relatives aux protêts. Le délai a été allongé : il suffira désormais que le protêt soit fait le lendemain *ou le surlendemain* du jour de l'échéance, non compris les jours fériés (art. 327); c'est le système proposé par l'Institut de droit international (art. 87) et adopté en Italie et en Belgique [1]. Le code régularise la forme de l'acte, et, de même que dans la plupart des autres pays [2], impose maintenant à l'officier public l'obligation de l'inscrire sur un registre *ad hoc* (art. 329). Enfin, d'après le *Projet* de code, on pouvait, en apposant sur la lettre la clause «sans protêt» ou «sans frais», dispenser le porteur de l'obligation de la faire protester; mais, sur la proposition de la commission de la Chambre des pairs, cette latitude a été supprimée : le porteur ne peut plus être dispensé de cette obligation (art. 331).

## IX

En présence du développement considérable qu'ont pris les opérations de bourse depuis une cinquantaine d'années, les dispositions de l'ancien code étaient devenues absolument insuffisantes, non seulement quant à ces opérations

---

[1] C. com. italien, art. 296; loi belge du 20 mai 1872, art. 53.

[2] C. com. français, art. 176; *Wechselordnung*, art. 90; C. féd., Oblig., art. 817; C. com. italien, art. 306, etc.

elles-mêmes, mais encore quant aux bourses où elles se font, et aux agents de change ou courtiers qui y interviennent. Plusieurs questions délicates se posaient au législateur : comment convenait-il de régler les négociations à terme afin d'éviter qu'elles ne dégénérassent en des jeux de bourse? Fallait-il laisser la profession de courtier entièrement libre ou la soumettre à certaines conditions et restrictions légales? De même les bourses devaient-elles rester des marchés absolument libres ou faire, de la part de l'État, l'objet d'une surveillance spéciale? Dès 1875, ces diverses questions avaient vivement préoccupé le gouvernement, et M. le conseiller A. Cardoso Avelino, alors ministre du commerce, avait fait rendre un décret proclamant la nécessité d'une réforme législative. Le projet de réforme élaboré à cette occasion par M. J.-M. Teixeira de Queiroz a servi de base aux dispositions insérées aujourd'hui dans le nouveau Code de commerce, et l'*Exposé des motifs* reproduit textuellement les considérations développées alors par ce jurisconsulte.

Pour les marchés à terme, le code impose à l'acheteur l'obligation absolue de payer intégralement le prix et au vendeur celle de livrer les titres; le *Projet* du gouvernement admettait que les titres fussent remplacés par leur valeur, au cours du jour; mais la Chambre des pairs s'est opposée à cette substitution, afin, dit le rapport de sa commission, de mieux accentuer encore la prohibition de ce qu'on appelle jeu de bourse dans le mauvais sens de cette expression; faute d'exécution du contrat, le dommage qui en résulte pour l'une des parties ne peut être compensé par le payement de la différence dans la cote (art. 335). Les

marchés à terme sur des fonds publics n'engendrent pas
d'action, en faveur du vendeur, si, au moment de la liquidation, il n'a pas en sa possession les titres par lui vendus,
ni en faveur de l'acheteur, si, au même moment, il ne justifie pas qu'il est en mesure de payer le prix d'achat; en
outre, ils sont soumis à une publication en bourse et à une
inscription sur un registre *ad hoc*, sous peine, pour les parties, d'être privées de toute action en justice et, pour le courtier négligent, d'être tenu des dommages et intérêts. Il est
intéressant de placer, à côté de ces dispositions rigoureuses,
l'article 75 du Code de commerce espagnol de 1885, qui
est ainsi conçu : « Les opérations qui se font en bourse
s'effectuent dans des conditions et sous la forme convenues par les parties; elles peuvent être au comptant ou
à terme, fermes ou à volonté, avec ou sans prime; il faut
seulement, au moment où on les annonce, avoir soin
d'en indiquer les conditions convenues. Toutes ces opérations engendrent des actions et des obligations dont
l'exécution peut être poursuivie devant les tribunaux. » Le
Code suisse des obligations (de 1881) refuse toute action
« pour ceux des marchés à terme sur des marchandises ou
valeurs de bourse qui présentent les caractères du jeu ou
du pari ».

A l'égard des courtiers, le gouvernement s'était demandé
s'il convenait de maintenir une différence entre les courtiers
proprement dits et les agents de change. La négative a prévalu, d'abord dans son *Projet,* puis dans le code lui-même,
pour les raisons indiquées par M. Teixeira de Queiroz dans
le travail auquel nous avons fait allusion plus haut : « J'ai
cru, disait M. de Queiroz, devoir désigner tous les agents

publics qui servent d'intermédiaires sous un même nom générique (*corretores*), parce qu'ils ont tous le même caractère pour l'échange de valeurs diverses. Anciennement il pouvait y avoir lieu de faire une distinction entre les agents de change et les courtiers de marchandises, parce que l'argent et les titres n'étaient pas considérés comme une marchandise. Mais aujourd'hui, la science économique reposant sur d'autres principes, ce serait un anachronisme que d'établir une différence entre ces fonctions. Il est d'autant moins nécessaire d'avoir deux ou plusieurs dénominations pour des professions identiques dans leurs résultats que, par respect pour la liberté du travail, il est juste de permettre à ces intermédiaires d'exercer cumulativement le courtage de changes, de marchandises, d'assurances ou de toutes autres valeurs. » Quant à la question de savoir s'il convenait d'inscrire dans le code le principe de la liberté du courtage ou de conserver des courtiers officiers publics, le gouvernement portugais s'est prononcé, toujours d'accord avec le même jurisconsulte, pour le second système : « L'expérience a démontré que les opérations dans lesquelles les courtiers interviennent dans des conditions fixées par la loi offrent généralement plus de garanties et donnent rarement lieu à des contestations. Le courtier, officier public, présente plus que le courtier libre les garanties de moralité et d'intelligence indispensables en matière de transactions commerciales. Aujourd'hui qu'une grande partie des opérations de bourse portent sur les actions de compagnies commerciales et industrielles, le courtier doit connaître ces compagnies, leur nature, leurs statuts et jusqu'à la confiance que peuvent inspirer leurs directeurs. Ces connaissances se rencontrent plutôt chez des courtiers nommés par le gouvernement sous certaines conditions de capacité que chez des courtiers libres. D'ailleurs ce sont les courtiers qui certifient le prix du change et la cote des marchandises, des actions industrielles et des fonds publics; s'il n'existe pas de courtiers officiels qui puissent délivrer un certificat de la cote ou lui donner un caractère authentique, il sera très difficile d'administrer la preuve légale de la cote. Les usages et coutumes de nos marchés et l'absence d'études et d'une éducation proprement commerciales ne permettent pas d'établir un régime de courtage libre... La garantie de la capacité des courtiers se trouve dans l'examen auquel ils sont astreints et dans la pratique qu'ils doivent avoir du commerce; quant à leur moralité, c'est au gouvernement à l'apprécier par les moyens dont il dispose [1]. »

En ce qui concerne les bourses, convenait-il, comme nous le disions, de les laisser libres ou d'en subordonner l'institution à une autorisation préalable? Le législateur a adopté sur ce point, comme sur le précédent, les doctrines restrictives formulées par M. T. de Queiroz: « Pour contenir les bourses dans les limites qu'exige l'intérêt public et réprimer toute ingérence pernicieuse, directe ou indirecte, dans les affaires de l'État, il faut les soumettre à la surveillance et à l'action immédiate du gouvernement, tant pour leur fonctionnement que pour leur institution même... et prohiber l'établissement de deux ou plusieurs bourses dans la même localité... La présence de plusieurs bourses dans une même ville constituerait un véritable danger et pourrait

----

[1] *Relatorio* de M. Beirão, p. 53 et suiv.

amener des perturbations désastreuses pour le commerce; car, si les cotes des marchandises, actions de compagnies et fonds publics n'étaient pas identiques sur le même marché, le même jour et à la même heure, il deviendrait impossible de déterminer avec exactitude la valeur respective de ces objets et de préciser les droits et les engagements des parties dans les marchés à terme, si fréquents aujourd'hui parmi les opérations de bourse. » Conformément à ces principes, le *Projet* de code présenté par M. Beirão subordonnait l'ouverture d'une bourse à l'autorisation du gouvernement, en confiait l'administration supérieure à un inspecteur spécial, et prohibait, dans les villes où il y aurait une bourse, toute autre réunion publique où l'on se livrerait à des opérations analogues. Les Cortès ont accepté sans observation le premier et le troisième point. Mais, sur le second, elles ont amendé la proposition du gouvernement en substituant à un inspecteur spécial, fonctionnaire public, l'Association commerciale de la localité (*associação commercial*), s'il y en a été formé une, et, à défaut, le greffier du tribunal de commerce (art. 84). Les contrats conclus dans une réunion publique non autorisée ne confèrent aucune action en justice (art. 85, § unique); mais le commerçant demeure parfaitement libre de faire en dehors de la bourse toutes les opérations de bourse que bon lui semble, par lui-même ou par personne interposée (art. 86).

Le cours ou prix courant des valeurs et effets publics est arrêté chaque jour, avant la clôture de la bourse, par la chambre des courtiers et forme ce que le code appelle bulletin de la cote (*boletim da cotação*) (art. 88 et 89).

## X

La législation des faillites avait soulevé, en Portugal, depuis le Code de 1833, d'incessantes réclamations. On lui reprochait d'entraver la liquidation, de favoriser par là même des abus, d'occasionner des frais inutiles. La plupart des pays de l'Europe ont reconnu, dans les trente dernières années, la nécessité de reviser leurs lois sur la matière et étudié les réformes dont elles sont susceptibles : les travaux faits en France, en Italie, en Belgique, en Allemagne, en Angleterre, sans parler du récent Code de commerce espagnol et des travaux législatifs des deux Amériques, rempliraient une bibliothèque. Le législateur portugais a mis largement à profit ces études et ces expériences.

Le code étant, comme on l'a vu plus haut, une loi d'exception, purement commerciale, n'a pas tranché la question controversée de savoir si les non-commerçants insolvables doivent subir les mêmes interdictions ou incapacités que les commerçants faillis ; les règles de la déconfiture sont d'ailleurs tracées par le Code de procédure civile. La commission de la Chambre des députés, après s'être demandé s'il convenait, suivant l'avis du gouvernement, de laisser quant à présent cette question en suspens ou de la résoudre, à l'exemple de l'Allemagne, des États-Unis, de l'Angleterre, de l'Autriche-Hongrie, dans le sens de l'assimilation des non-commerçants, s'est décidée, elle aussi, à la réserver pour le moment où l'on reviserait la procédure civile [1].

[1] *Parecer* du 14 janvier 1888, p. 85.

Nous résumerons très brièvement les principales modications apportées par le nouveau code à l'état actuel des choses.

Tout d'abord la faillite peut être déclarée avant la cessation des payements quand il est reconnu que l'actif ne couvre plus le passif et que, par suite, en payant certains de ses créanciers, le commerçant doit nécessairement faire tort aux autres (art. 692, § unique).

L'administration de la masse est confiée, non plus à des créanciers, mais, dit l'*Exposé des motifs*[1], à une personne « honorable et désintéressée », ayant une expérience professionnelle de ce genre d'affaires, rétribuée au taux fixé par le tribunal et, par là même, responsable, « étrangère aux créanciers et non parente du failli jusqu'au quatrième degré ». L'administrateur est choisi par le tribunal de commerce sur une liste dressée d'avance par les soins de l'Association commerciale (*associação commercial*) et renouvelée tous les trois ans (art. 702 et ses paragraphes). Le failli peut d'ailleurs, s'il le désire, être autorisé par l'administrateur à l'assister dans sa gestion et à faire certains actes d'administration, moyennant la rétribution fixée par le tribunal, ouï les représentants des créanciers (art. 705).

Les créanciers sont représentés auprès de l'administrateur par deux ou plusieurs « curateurs fiscaux » désignés parmi eux par le tribunal. Ces curateurs ont pour mission : 1° de délibérer sur les questions que leur soumet le tribunal; 2° d'assister de leurs conseils l'administrateur; 3° de veiller à ce qu'il s'acquitte ponctuellement de toutes ses obliga-

______
[1] *Relatorio*, p. 58.

tions légales; 4° de demander, au besoin, son remplacement (art. 706 et suiv.).

Il peut être intéressant de faire observer, et la commission de la Chambre des députés a soin de relever ce point dans son rapport, qu'en matière de faillite le nouveau code ne crée « aucune, absolument aucune » condition d'infériorité quant à la position juridique des créanciers étrangers. « L'esprit de franche égalité de droits entre les nationaux et les étrangers dont s'est déjà inspiré le Code civil et qui se justifie mieux encore, s'il est possible, dans le droit commercial — cosmopolite de sa nature, comme les transactions auxquelles il s'applique — n'a pas besoin d'être défendu devant les Chambres législatives portugaises [1]. »

Les réunions des intéressés, si souvent tumultueuses et médiocrement utiles, sont supprimées; on y a substitué, pour l'admission et la contestation des créances, une procédure simple et expéditive, analogue à celle qui est déjà prescrite par le droit commun en matière de concours des créanciers. Les créanciers produisent leurs réclamations, avec telles justifications qu'ils jugent utiles ou que l'administrateur exige d'eux. L'administrateur formule son avis sur chaque créance produite; puis le tribunal statue, après avoir entendu le ministère public, sauf aux créanciers qu'il évince le droit de faire valoir leurs prétentions par une action séparée (art. 713 et suiv.). Chacune de ces opérations doit s'effectuer dans un bref délai, généralement fixé par la loi elle-même.

---

[1] *Parecer* du 14 janvier 1888, p. 85.

Dans la remise des biens du failli à l'administration de la masse, on a supprimé toutes les formalités que l'intérêt public ne justifiait pas et qui n'étaient souvent, dit l'*Exposé des motifs*, « qu'une vaine fantasmagorie et une pure perte de temps [1] ».

Le code décide, dans le même but de simplification, que l'atermoiement ou le concordat peut être accordé extra-judiciairement, mais sous certaines conditions qui permettent de contrôler l'accomplissement des formalités prescrites par la loi. Ces conditions sont assez rigoureuses : l'un ou l'autre de ces arrangements exige l'adhésion des deux tiers des créanciers non privilégiés, représentant au moins les deux tiers des créanciers ordinaires, un acte « authentique ou authentiqué » et l'homologation du tribunal ; l'atermoiement ne peut être accordé que pour un an et prorogé que d'une seconde année ; le concordat présuppose le payement d'un dividende d'au moins 5o p. o/o à effectuer dans un délai de cinq ans (art. 73o et 731). « La manière dont ces dispositions ont été accueillies par les associations commerciales de Lisbonne et de Porto a prouvé, dit l'*Exposé des motifs*, que de nombreux abus constatés dans le passé exigeaient une certaine rigueur dans la législation sur ces matières [2]. » Au surplus, et après avoir pourvu à ce que lui paraissait commander l'intérêt général, le code a laissé la plus grande latitude aux intérêts particuliers, « se bornant à subordonner au vote des majorités les exigences ou prétentions déraisonnables de petites minorités qui, sans motifs et peut-être par un simple caprice, ren-

_______

[1] *Relatorio*, p. 58. — [2] *Ibid.*, p. 58.

verseraient des combinaisons avantageuses et aggraveraient les pertes [1] ».

Conformément à la doctrine généralement adoptée, le code distingue trois espèces de faillites : la faillite accidentelle, la faillite fautive et la faillite frauduleuse. Le tribunal classe la faillite dans l'une des trois catégories après avoir entendu les intéressés. La faute et la fraude entraînent toujours une condamnation pénale, qui, pour éviter toute perte de temps inutile, est prononcée par le tribunal même qui connaît de la faillite [2]. La spécialité de ce tribunal, où siège un jury de commerçants, assure aux inculpés l'avantage d'être jugés par leurs pairs, avec une entière compétence. Ce système, en vigueur dans plusieurs pays étrangers, était depuis longtemps réclamé en Portugal.

Il nous reste quelques mots à dire de la réhabilitation du failli et de la levée de l'interdiction dont il se trouve frappé. Ces deux termes n'ont pas le même sens et la même portée que, par exemple, en France, et correspondent à deux choses distinctes et différentes : le failli réhabilité peut demeurer interdit; d'autre part, il peut obtenir la levée de l'interdiction avant d'être réhabilité. La réhabilitation résulte, *ipso jure*, de la constatation de l'absence de faute ou de fraude de la part du failli ou de l'accomplissement de la peine qu'il avait encourue; s'il est reconnu que la faillite

[1] *Relatorio.*

[2] Les tribunaux de commerce se composent, en Portugal, d'un magistrat, *juge de droit*, assisté dans la plupart des cas, et notamment en matière de faillite, d'un nombre de jurés commerçants variant, suivant les localités, de quatre à douze. Cette organisation est maintenue dans la loi sur l'organisation judiciaire qui est actuellement soumise aux délibérations des Cortès (art. 76 à 79).

provient de circonstancés accidentelles, si le failli fautif ou frauduleux a subi sa peine ou en a obtenu la remise, il est réhabilité sans cesser pour cela seul d'être interdit (art. 743). L'interdiction, en effet, est régie par d'autres principes; elle ne peut être levée, sur la demande du failli, que s'il a obtenu un atermoiement ou un concordat dûment homologués par le tribunal de commerce, et elle recommence à produire ses effets si ces arrangements sont annulés (même art. et son paragraphe). Elle est également levée, non seulement, cela va de soi, s'il s'est libéré envers tous ses créanciers ou obtient d'eux la remise de leurs créances, mais encore si les créanciers ont obtenu un certain tant pour cent de leurs créances et qu'il se soit écoulé un temps suffisamment long pour faire présumer que le failli aura profité des leçons de l'expérience et acquis la capacité professionnelle qui lui manquait lors de la déclaration de la faillite; le délai est de dix ans si les créanciers ont touché la moitié de leurs créances, de vingt ans s'ils n'en ont touché que le quart (art. 744).

Telle est, dans ses parties essentielles, la nouvelle législation commerciale dont le Ministre de la justice et les Cortès viennent de doter le royaume de Portugal. Assurément les œuvres humaines ne sauraient prétendre à la perfection ou, pour mieux dire, elles sont indéfiniment perfectibles. Les institutions commerciales sont de celles qui, de nos jours, se développent et se transforment le plus rapidement; l'œuvre du législateur, excellente aujourd'hui, comportera peut-être un jour une nouvelle revision et de nouveaux progrès. Mais nous ne croyons pas nous tromper en affirmant que le code, si savamment et si patiemment élaboré, dont nous essayons de donner la traduction, est l'un des meilleurs qui aient été publiés et qu'il fait honneur à l'auteur et au pays [1].

[1] Qu'il nous soit permis de consigner ici l'expression de notre reconnaissance envers les divers fonctionnaires et jurisconsultes portugais ou français qui ont bien voulu nous assister de leur expérience dans cette œuvre toujours délicate d'interprétation juridique.

# LISTE

## DE QUELQUES EXPRESSIONS JURIDIQUES PORTUGAISES

### AVEC LA TRADUCTION EN REGARD.

---

## A

| | |
|---|---|
| *Abalroação* . . . . . . . . . . . . | Abordage. |
| *Abandono* . . . . . . . . . . . . . | Délaissement. |
| *A esmo.* . . . . . . . . . . . . . | En bloc. |
| *Apolice de seguro.* . . . . . . . | Police d'assurance. |
| *Apprehensão judicial* . . . . . | Saisie par le juge. |
| *A pranchá.* . . . . . . . . . . . | (Contrat d'affrètement) à cueillette. |
| *Arribada forçada.* . . . . . . . | Relâche forcée. |
| *Associação commercial.* . . . | Association commerciale. |

## C

| | |
|---|---|
| *Caixa de parceria* . . . . . . . | Caissier, gérant d'une association en participation maritime. |
| *Caixero.* . . . . . . . . . . . . . | Caissier, commis. |
| *Cartorio.* . . . . . . . . . . . . | Étude de notaire. |
| *Cautela de penhor* . . . . . . . | Warrant. |
| *Comarcas* . . . . . . . . . . . . | Subdivisions du ressort d'une cour d'appel. |
| *Conhecimento da carga.* . . . | Connaissement. |
| *Conhecimento de deposito.* . . | Récépissé de dépôt. |
| *Conselho fiscal.* . . . . . . . . | Conseil de surveillance d'une société. |
| *Conselhos.* . . . . . . . . . . . | Cantons, subdivisions d'un district. |
| *Contrato a partes.* . . . . . . . | Engagement à la part. |
| *Contrato de risco* . . . . . . . | Contrat, prêt à la grosse. |
| *Copiador.* . . . . . . . . . . . . | Livre de copie de lettres. |
| *Corretor.* . . . . . . . . . . . . | Courtier. |

## D

| | |
|---|---|
| *Deduzir artigos* . . . . . . . . | Articuler des faits en vue de . . . |
| *Del credere.* . . . . . . . . . . | Ducroire. |
| *Despacho de pronuncia.* . . . | Arrêt de mise en accusation. |
| *Diario.* . . . . . . . . . . . . . | Livre journal. |
| *Diario de navegação.* . . . . | Journal de navigation. |

## E

| | |
|---|---|
| *Endossados* ............ | Personnes à qui une lettre de change a été endossée. |
| *Endossantes* .......... | Endosseurs. |
| *Endosso* ............... | Endossement. |
| *Escrivão* ............. | Greffier, avoué. |
| *Estações* ............. | Magasins. |

## F

| | |
|---|---|
| *Fallencia* ............. | Faillite. |
| *Falta* ............... | Absence, manque. |
| *Firma* ............... | Raison commerciale. |

## G

| | |
|---|---|
| *Generos* .............. | Denrées. |
| *Guia de transporte* ....... | Lettre de voiture. |

## I

| | |
|---|---|
| *Incumbencia* ........... | Mission, commission donnée. |

## J

| | |
|---|---|
| *Joia* ................ | Cadeau, don. |
| *Juiz de direito* ......... | Juge de droit; magistrat de carrière, présidant le tribunal de commerce. |

## L

| | |
|---|---|
| *Letra* ............... | Lettre de change. |
| *Leventamento de capitaes* .. | Perception, prélèvement de capitaux. |
| *Livrança* ............. | Billet. |
| *Louvação para exame* ..... | Nomination d'experts. |

## M

| | |
|---|---|
| *Meação* ............... | Part d'un époux dans les biens communs. |
| *Misericordia* .......... | Institution pieuse en faveur des pauvres, des enfants trouvés, etc. |
| *Moratoria* ............ | Atermoiement. |

## P

| | |
|---|---|
| *Parceria* | Association en participation maritime. |
| *Parecer* | Rapport parlementaire. |
| *Particulares (documentos)* | Actes sous seing privé. |
| *Por balanzo* | En portant en compte. |
| *Por uma ou mais vias* | Par première, seconde, troisième, etc. |
| *Proponente* | Patron, chef de maison, mandant. |

## Q

| | |
|---|---|
| *Quebra casual* | Faillite accidentelle. |
| *Quebra culposa* | Faillite fautive (banqueroute simple). |
| *Quebra fraudulenta* | Faillite ou banqueroute frauduleuse. |

## R

| | |
|---|---|
| *Razão* | Grand livre. |
| *Reforma* | Reconstitution d'un titre. |
| *Registo predial* | Registre foncier. |
| *Relatorio de mar* | Rapport de mer. |
| *Repartições* | Autorités publiques. |
| *Reporte* | Report. |
| *Resaque* | Retraite. |

## S

| | |
|---|---|
| *Salvação* | Sauvetage. |
| *« Salva cobrança »* | Sauf recouvrement. |
| *Saque* | Tirage d'une lettre de change. |
| *Segurado* | Assuré. |
| *Segurador* | Assureur. |
| *Seguro* | Assurance. |
| *Sociedades* | Sociétés. |
| *Sustento* | Nourriture, entretien. |

## T

| | |
|---|---|
| *Termo de identidade* | Certificat d'identité. |
| *Ter vista* | Prendre communication (d'un dossier). |
| *Transpordador* | Voiturier. |

## V

| | |
|---|---|
| *Vencimento* | Échéance. |
| *Viril* | Réservé aux hommes (emploi). |

# BIBLIOGRAPHIE.


*Codigo commercial; projecto apresentado á Camera dos senhores deputados em Sessão de 17 de maio de 1887,* pelo Ministro e Secretario d'Estado dos Negocios ecclesiasticos e de Justiça Francisco Antonio da Veiga Beirão; 1 vol. in-8°, Lisbonne, Imprimerie nationale, 1887.

Le *Projet* a paru en français, sans nom de traducteur; 1 vol. in-8°, Bruxelles, imprimerie veuve Monnom, 1887. L'*Exposé des motifs* a également été publié, presque textuellement, en français, sous la signature de M. Beirão, dans la *Belgique judiciaire* du 18 mars 1888 (2ᵉ série, t. XXI, n° 23).

*Codigo commercial portuguez, copiado da edição official,* etc.; 1 vol. in-8°, librairie Gutenberg, 1888. Ce volume contient, outre le texte officiel du Code et de la loi de promulgation, le texte de l'Exposé des motifs du Ministre, le rapport de la commission de législation commerciale de la Chambre des députés et l'avis de la commission spéciale de la Chambre des pairs; pour les rapports supplémentaires, il faut recourir au Journal officiel (*Diario do governo*), qui a aussi publié plusieurs errata.

*Regulamentos e providencias para a execução do Codigo commercial,* 1ᵉʳ fascicule contenant le Règlement sur le registre du commerce; Lisbonne, Imprimerie nationale, 1888.

*Le Code de commerce portugais; du commerce maritime,* livre III du Code traduit, annoté et mis en concordance avec les législations française et italienne, par Julien Goujon, avocat à la Cour de Rouen; in-4°, Paris, Duchemin, 1889.

# CODE DE COMMERCE
# PORTUGAIS.

## LOI DU 28 JUIN 1888

### (*CARTA DE LEI*).

Don Luiz, par la grâce de Dieu, roi de Portugal et des Algarves, etc. Faisons savoir à tous nos sujets que les Cortès générales ont décrété et nous sanctionnons la loi suivante :

ARTICLE PREMIER. Est approuvé le Code de commerce qui fait l'objet de la présente loi.

ART. 2. Les dispositions de ce code seront considérées comme promulguées et entreront en vigueur, sur tout le continent du royaume et dans les îles adjacentes, à partir du 1er janvier 1889.

ART. 3. Dès que ce code sera en vigueur, toute la législation antérieure relative aux matières qu'il comprend et, en général, toute la législation commerciale antérieure demeureront abrogées.

§ 1er. Restent toutefois en vigueur les lois de procédure dont les dispositions ne seraient pas contraires à celles du nouveau code et les lois qui régissent le commerce entre les ports du Portugal, des îles et des possessions portugaises dans les diverses parties du monde, soit pour l'exportation, soit pour l'importation, et réciproquement.

§ 2. Le gouvernement pourra suspendre temporairement, pour

l'île de Madère, l'application de la législation réservée dans la dernière partie du paragraphe précédent, à la charge de rendre compte aux Cortès de l'usage qu'il aura fait de cette autorisation.

ART. 4. Toute modification qui, à l'avenir, sera apportée aux dispositions du Code de commerce, sera considérée comme faisant partie de ce code et devra être insérée à la place voulue, au moyen, soit de la substitution des dispositions nouvelles aux articles modifiés, soit du retranchement des articles devenus inutiles, soit de l'intercalation de ceux qui seront nécessaires.

ART. 5. Une commission composée de jurisconsultes et de commerçants sera chargée par le gouvernement, pendant les cinq premières années qui suivront la mise en vigueur du Code de commerce, de recevoir toutes les représentations, rapports des tribunaux et observations quelconques relatives à l'amélioration dudit code, et à la solution des difficultés auxquelles pourrait donner lieu son application.

§ *unique.* Cette commission adressera chaque année un rapport au gouvernement et lui soumettra les propositions qu'elle jugera nécessaires ou convenables pour atteindre ce but.

ART. 6. Le gouvernement fera les règlements nécessaires pour assurer l'exécution de la présente loi.

ART. 7. Le gouvernement est autorisé à étendre l'application du Code de commerce aux provinces d'outre-mer, après avoir entendu les autorités compétentes et en apportant à la loi les modifications que nécessiteront les conditions spéciales dans lesquelles se trouvent placées ces provinces.

ART. 8. Le gouvernement demeure autorisé, après avoir entendu les rapporteurs des commissions parlementaires spéciales qui ont eu à donner leur avis sur le Code de commerce, à reviser ce code, afin, en tant que ce sera reconnu nécessaire, de corriger les erreurs de rédaction, de coordiner le numérotage des articles, d'éliminer des références à des dispositions supprimées, de telle sorte qu'il puisse procéder à la publication officielle du code.

Art. 9.  La législation contraire à la présente est abrogée.

Mandons, en conséquence, à toutes les autorités à qui il appartient d'exécuter la présente loi de l'appliquer et de la respecter, et de la faire appliquer et respecter dans tout son contenu.

Les ministres et secrétaires d'État des affaires ecclésiastiques et de justice, de la marine et d'outre-mer, des affaires étrangères et des travaux publics, commerce et industrie, sont chargés d'en assurer l'impression, la publication et la mise en vigueur.

(*L. S.*) Le Roi (avec parafe et *guarda*).

Francisco Antonio da Veiga Beirão.
Henrique de Macedo.
Henrique de Barros Gomes.
Emygdio Julio Navarro.

Suivent l'acte d'enregistrement de la loi, puis le décret de publication ainsi conçu :

## DÉCRET DU 23 AOÛT 1888.

Le gouvernement ayant usé des pouvoirs que lui a conférés l'article 8 de la loi du 28 juin de l'année courante, je juge bon, au nom du Roi, d'ordonner, en vue d'en assurer tous les effets, la publication officielle du Code de commerce, en en chargeant par le présent décret le ministre secrétaire d'État des affaires ecclésiastiques et de justice.

Le même ministre et secrétaire d'État, le ministre des affaires étrangères, chargé de l'intérim du ministère de la marine et d'outre-mer, et le ministre des travaux publics, commerce et industrie, sont chargés de l'exécution du présent décret.

Au palais, le 23 août 1888.

Le Prince régent.

Francisco Antonio da Veiga Beirão.<br>Henrique de Barros Gomes.<br>Emygdio Julio Navarro.

# CODE DE COMMERCE
# PORTUGAIS.

## LIVRE PREMIER.
### DU COMMERCE EN GÉNÉRAL.

#### TITRE PREMIER.
##### DISPOSITIONS GÉNÉRALES.

ARTICLE PREMIER. La loi commerciale régit les actes de commerce, que les personnes qui interviennent dans ces actes soient des commerçants ou non.

ART. 2. Seront considérés comme actes de commerce tous ceux qui seront spécialement réglementés par le présent code et, en outre, tous les contrats et engagements des commerçants qui n'auront pas un caractère exclusivement civil, si le contraire ne résulte pas de l'acte lui-même [1].

ART. 3. Lorsque des questions relatives à des droits et engagements commerciaux ne pourront être résolues ni par le texte de la loi commerciale, ni par son esprit, ni par les cas analogues

[1] Le législateur, en se plaçant sur le terrain concret et en s'abstenant de toute définition et de toute énumération, a suivi l'exemple donné par l'article 2 du Code de commerce espagnol de 1885. Voir, en sens contraire, C. com. argentin, art. 2 à 4; et C. com. italien, art. 3.

qu'elle a prévus, elles seront vidées d'après les règles du droit civil[1].

Art. 4. Les actes de commerce sont régis :

1° Quant à la substance et aux effets des obligations, par la loi du lieu où ils seront passés, s'il n'y a convention contraire;

2° Quant au mode de leur exécution, par la loi du lieu où elle se réalisera;

3° Quant à la forme extérieure, par la loi du lieu où ils auront été passés; sauf les cas où la loi a expressément ordonné le contraire.

§ *unique*. La disposition du n° 1 du présent article cessera d'être applicable, s'il résulte de cette application une violation du droit public portugais ou des principes d'ordre public.

Art. 5. Les Portugais qui, entre eux ou avec des étrangers, contracteront des obligations commerciales hors du royaume, et les étrangers qui en contracteront entre eux ou avec des Portugais dans le royaume, peuvent être cités devant les tribunaux compétents du royaume, par les nationaux ou par les étrangers avec lesquels ils auront traité, s'ils y ont un domicile ou s'ils y sont rencontrés.

Art. 6. Toutes les dispositions du présent code sont applicables

---

[1] Le projet du gouvernement, s'inspirant de l'article 1er du Code de commerce italien, subordonnait la solution des questions non résolues expressément ou implicitement par le code *aux usages du commerce* et, seulement à défaut d'usages, aux règles du droit civil. Cette doctrine a été rejetée par la Chambre des députés comme dérogeant sans utilité au principe fondamental admis en Portugal, à savoir, que le droit civil, en tant que droit commun et général, doit s'appliquer à tous les cas qui n'ont pas été formellement soustraits à son autorité par une loi spéciale. (*Parecer* du 14 janvier 1888, p. 65.)

aux relations commerciales avec des étrangers, sauf les cas où la loi aura expressément ordonné le contraire, et ceux où il existe un traité ou une convention spéciale qui établit et détermine d'autres règles.

## TITRE II.

### DE LA CAPACITÉ COMMERCIALE ET DES COMMERÇANTS.

#### CHAPITRE PREMIER.

##### DE LA CAPACITÉ COMMERCIALE.

Art. 7. Tout individu, Portugais ou étranger, qui sera civilement capable de s'engager, pourra faire des actes de commerce, dans quelque partie que ce soit du royaume et de ses possessions, en se conformant aux dispositions du présent code, et sauf les exceptions qu'il prévoit.

Art. 8. Le mineur qui, par l'émancipation, a été habilité à administrer ses biens, est apte à faire des actes de commerce, comme s'il était majeur [1].

Art. 9. La femme qui fait des actes de commerce, pour son compte ou associée avec d'autres personnes, dans les conditions où elle y est autorisée, ne peut, pour se soustraire aux conséquences qui en résultent, se prévaloir des bénéfices accordés par la loi nationale ou étrangère aux personnes de son sexe.

---

[1] D'après le Code de commerce italien (art. 9), comme d'après le Code français (art. 2), le mineur émancipé n'est réputé majeur que s'il a obtenu l'autorisation de son père ou du conseil de famille. Le Code de commerce espagnol ne reconnaît comme capables d'exercer le commerce par eux-mêmes que les majeurs de vingt et un ans (art. 4 et 5); c'est un âge intermédiaire entre celui de la majorité proprement dite (vingt-trois ans; C. civ. de 1888, art. 320), et celui de l'émancipation (dix-huit ans; *ibid.*, art. 318, 323).

Art. 10. Le payement des dettes commerciales du mari qui doit être effectué sur sa part dans les biens communs peut être exigé avant la dissolution du mariage ou la séparation [1], à condition que la femme soit citée à l'effet de requérir, si elle le juge à propos, sa séparation de biens judiciaire dans les dix jours qui suivent la saisie.

§ 1er. Si la femme requiert sa séparation de biens judiciaire, cette demande sera jointe au procès sur l'exécution, qui demeurera suspendu jusqu'au partage; et le payement n'aura lieu qu'après ledit partage, et uniquement sur la part du mari dans les biens communs, la saisie pratiquée sur celle de la femme demeurant sans effet.

§ 2. Lorsque la femme n'a ni provoqué sa séparation, ni expressément assumé aucune responsabilité quant à la dette réclamée, tout payement effectué dans les conditions prévues par le présent article sera imputé sur la part du mari dans les biens communs, à quelque époque qu'ait lieu la liquidation de la communauté.

Art. 11. Le conjoint judiciairement séparé de corps et de biens, ou de biens seulement, répond de ses obligations commerciales sur tous ses biens non dotaux; il peut, pour des actes de commerce, les engager, les vendre, les hypothéquer et les aliéner de quelque manière que ce soit, sans autorisation de l'autre conjoint.

Art. 12. La capacité commerciale des Portugais qui con-

---

[1] *Séparation de corps et de biens;* C. civ. portugais, art. 1204 et suiv. La législation portugaise reconnaît, comme la loi française, deux espèces de séparation, suivant qu'elle concerne tout à la fois les personnes et les biens ou les biens seulement. L'article 9 déroge, à raison des besoins spéciaux du commerce, à l'article 1114 du Code civil d'après lequel, dans le cas indiqué, le recouvrement des dettes se trouve ajourné jusqu'à la dissolution du mariage ou à la séparation de biens. (*Parecer* du 14 janvier 1888, p. 68.)

tractent des obligations de commerce en pays étranger, et celle des étrangers qui en contractent sur le territoire portugais, sera réglée par la loi nationale de chacun d'eux; sauf, à l'égard de ces derniers, le cas où cette loi serait contraire au droit public portugais.

## CHAPITRE II.

### DES COMMERÇANTS.

ART. 13. Sont commerçants :

1° Les personnes qui, ayant la capacité requise pour se livrer à des actes de commerce, en font leur profession [1];

2° Les sociétés commerciales.

ART. 14. L'exercice de la profession de commerçant est interdite :

1° Aux associations ou corporations qui n'ont pas pour objet des intérêts matériels;

2° A ceux à qui la loi ou des dispositions spéciales ont refusé ce droit [2].

ART. 15. Les dettes provenant d'actes de commerce accomplis exclusivement par le mari commerçant, sans le consentement de sa femme, seront présumées avoir été faites dans l'intérêt commun des conjoints.

[1] La Chambre des députés a supprimé, comme inutile, le qualificatif *habituelle*, qui figurait dans le projet du gouvernement, ainsi que dans le Code de commerce italien, article 8, et dans le Code espagnol, article 1er.

[2] Le projet indiquait spécialement les ecclésiastiques, les magistrats de l'ordre administratif et judiciaire dans leur ressort, les «officiers de justice» et les agents des finances dans leur circonscription.

La commission de la Chambre des députés a supprimé cette énumération comme inutile et dangereuse. Cf. art. 17 ci-après.

Art. 16. La femme mariée, régulièrement autorisée, conformément à la loi civile[1], à faire le commerce, peut, sans autorisation spéciale de son mari, ester en justice, engager ses biens mobiliers, hypothéquer ses immeubles propres, non dotaux, pourvu que ce soit à raison de son commerce.

§ *unique.* La femme mariée, bien que commerçante, ne peut contracter une association commerciale, et assumer par là une responsabilité illimitée, sans une autorisation spéciale du mari.

Art. 17. L'État, le district, la municipalité et la paroisse[2] ne peuvent être commerçants; mais ils peuvent, dans les limites de leurs attributions, faire des actes de commerce, et, par rapport à ces actes, ils sont soumis aux dispositions du présent code.

§ *unique.* La même disposition s'applique aux établissements d'assistance publique connus sous le nom de *misericordias*[3], aux asiles et aux autres institutions de bienfaisance et de charité.

Art. 18. Les commerçants sont spécialement tenus :

1° D'adopter une raison commerciale (*firma*);

2° De tenir des livres de commerce;

3° De faire inscrire sur le registre du commerce[4] les actes soumis à cette formalité;

4° De dresser des bilans et de fournir des comptes.

---

[1] C. civ. portugais, art. 1194. L'autorisation du mari doit être donnée «par acte authentique ou authentiqué».

[2] D'après le Code administratif en date du 6 mai 1878, le royaume et les îles voisines se divisent en districts, les districts en communes ou cantons (*conselhos*), le *conselho* en paroisses (*parochias*).

[3] Les *misericordias* sont des institutions pieuses pour le soulagement des pauvres et des malades, pour l'éducation des enfants trouvés et des orphelins, etc.

[4] Voir, ci-dessous, art. 45 et suiv.

## TITRE III.

### DE LA RAISON DE COMMERCE [1].

Art. 19. Tout commerçant devra exercer le commerce et signer toutes les pièces qui s'y rapportent sous un nom qui constituera sa raison de commerce.

§ *unique*. Toutefois les sociétés anonymes existeront indépendamment de toute raison commerciale et devront être désignées par une dénomination particulière à laquelle sont néanmoins applicables les dispositions du présent code sur la raison de commerce.

Art. 20. Le commerçant qui n'aura pas d'associé ne pourra prendre pour raison de commerce que son propre nom, complet ou abrégé, selon que ce sera nécessaire pour la parfaite identification de sa personne, sauf à ajouter, s'il le juge à propos, la désignation de l'espèce de commerce qu'il exerce.

Art. 21. La raison commerciale d'une société en nom collectif, quand elle n'indique pas tous les associés, doit contenir tout au moins le nom ou la raison de l'un d'eux, avec addition des mots *et compagnie* en toutes lettres ou en abrégé.

Art. 22. La raison commerciale des sociétés en commandite doit contenir tout au moins le nom de l'un des associés sur lesquels pèse une responsabilité illimitée, suivi d'une addition indiquant l'existence d'une société en commandite.

§ *unique*. Les noms des associés commanditaires ne peuvent figurer dans la raison sociale.

[1] Cf. C. com. allemand, art. 15 et suiv.

Art. 23. La dénomination des sociétés anonymes doit, autant que possible, faire connaître leur objet; en aucun cas, elle ne peut contenir des noms d'associés ou d'autres personnes, et elle sera toujours précédée ou suivie des mots : « Société anonyme, responsabilité limitée. »

Art. 24. Le nouvel acquéreur d'un établissement de commerce peut continuer à le gérer sous la même raison commerciale, si les intéressés y consentent, en y ajoutant la déclaration qu'il exerce à titre de successeur et en se conformant aux dispositions des articles précédents.

§ *unique*. Il est défendu d'acquérir une raison commerciale sans acquérir en même temps l'établissement auquel elle est liée.

Art. 25. Lorsqu'une société se trouve modifiée par suite de l'entrée, de la sortie ou de la mort d'un associé, la raison sociale peut cependant être maintenue sans changement; mais, dans le cas où le nom de l'associé qui se retire ou qui est mort y figure, il faudra son assentiment ou celui de ses héritiers, et cet accord devra être consigné par écrit et publié.

Art. 26. Tout commerçant, pour jouir des droits que le présent code lui reconnaît en cette qualité, et de la protection qu'il attache à la raison commerciale, devra la faire inscrire sur le registre du commerce des circonscriptions dans lesquelles il aura son principal établissement et des succursales.

Art. 27. La raison commerciale adoptée par un commerçant doit être complètement distincte de celles qui se trouveraient déjà inscrites sur le registre de la circonscription respective.

Art. 28. L'usage illicite d'une raison de commerce autorise les intéressés à en faire interdire la continuation et à demander des dommages et intérêts; sans préjudice de l'action criminelle, s'il y a lieu.

## TITRE IV.

### DES LIVRES DE COMMERCE [1].

Art. 29. Tout commerçant est tenu d'avoir des livres qui permettent de connaître facilement, clairement et avec précision ses opérations commerciales et sa situation financière.

Art. 30. Le nombre et les espèces de livres que peut avoir un commerçant, et la manière dont ils doivent être tenus, sont entièrement laissés à son choix, pourvu qu'il tienne ceux que la loi spécifie comme indispensables.

Art. 31. Aucun commerçant ne peut se dispenser de tenir les livres suivants :

Livre des inventaires et bilans;
Livre journal;
Grand livre [2];
Livre de copie des lettres.

§ *unique*. Les sociétés sont tenues d'avoir, en outre, un registre contenant les procès-verbaux de leurs séances.

Art. 32. Avant qu'aucune mention ne soit portée sur le livre d'inventaire et le livre journal, ils devront être présentés au juge président du tribunal de commerce dans la circonscription duquel

[1] Cf. C. com. français, art. 8 et suiv.; C. com. italien, art. 21 et suiv.; C. com. espagnol, art. 33 et suiv.; C. com. allemand, art. 28 et suiv.; C. com. néerlandais, art. 6 et suivants.

[2] Livre ajouté à la liste par la commission de la Chambre des députés.

ils devront servir, afin que ce magistrat, ou l'un de ses greffiers, qu'il aura délégué, cote et parafe les feuilles, et que l'un des greffiers du tribunal inscrive sur la première page une formule d'ouverture, et sur la dernière une formule de clôture, qui seront contresignées par le juge.

§ 1er. Dans les circonscriptions (*comarcas*)[1] de Lisbonne et de Porto, un tabellion (*tabellião de notas*) pourra être chargé, par délégation, de coter et de parafer.

§ 2. Si, après avoir commencé de coter et de parafer, le juge ou son délégué ne peut achever le travail, il sera continué par leur remplaçant légal ou par un nouveau délégué, et le greffier fera mention de cette circonstance dans la formule de clôture.

Art. 33. Le livre des inventaires et bilans devra commencer par un relevé complet de l'actif et du passif du commerçant, la différence qui existe entre eux indiquant le capital avec lequel il entre dans le commerce. Le commerçant y inscrira ensuite, dans les délais légaux, les bilans qu'il est tenu de dresser.

Art. 34. Le livre journal servira aux commerçants à inscrire, jour par jour, par ordre de date, et par article distinct, tous les actes modifiant ou pouvant modifier leur avoir.

§ 1er. Si les opérations relatives à certains comptes sont excessivement nombreuses ou si elles ont lieu hors du domicile commercial, les diverses inscriptions qu'elles comportent pourront être

[1] Les comarques sont les circonscriptions judiciaires en lesquelles se divisent les ressorts des cours d'appel et à la tête desquelles il y a un tribunal où est placé un juge de droit (*juiz de direito*). Les tribunaux de commerce, là où il en existe, sont composés de ce magistrat et d'un jury de commerçants. Voir Demombynes, *Les Constitutions européennes*, 2e édition, Paris, 1883, tome I, p. 533 et suiv.

portées sur le journal dans un article unique, toutes les semaines, tous les quinze jours ou tous les mois, pourvu qu'il soit tenu en même temps des livres auxiliaires, où se trouvent inscrites régulièrement, clairement et dans leur ordre de date, toutes les opérations partielles englobées dans l'article du journal.

§ 2. Les commerçants au détail ne sont pas tenus d'énoncer sur leur journal, par des mentions distinctes, toutes les ventes qu'ils font; il suffit qu'ils enregistrent le produit ou l'argent perçu chaque jour, ainsi que le montant de leurs ventes à crédit.

ART. 35. Le grand livre servira à passer écriture du mouvement de toutes les opérations consignées dans le journal, en les classant par doit et avoir dans chaque compte respectif, de façon qu'on puisse connaître l'état et la situation de chacun d'eux, sans avoir besoin de faire l'examen et le dépouillement de toutes les inscriptions portées par ordre chronologique sur le journal.

ART. 36. Le livre de copie des lettres servira à transcrire à la main, ou par un procédé mécanique, en entier, par ordre chronologique et successivement, toute la correspondance et les télégrammes que le commerçant expédiera.

ART. 37. Les livres des procès-verbaux des sociétés serviront à inscrire les procès-verbaux des réunions des associés, intéressés ou administrateurs. Chaque procès-verbal indiquera la date de la réunion, les noms des personnes présentes, les votes émis, les délibérations prises et, en général, tout ce qu'il est utile de faire connaître et de constater; il devra être signé par les membres du bureau, lorsqu'il y en aura un, et, à défaut, par les personnes présentes.

ART. 38. Tout commerçant peut tenir ses écritures lui-même,

ou les faire tenir par une autre personne qu'il aura autorisée à cet effet.

§ *unique.* Si le commerçant ne tient pas lui-même ses écritures, il est présumé avoir autorisé la personne qui les tient.

Art. 39. Les livres de commerce seront tenus, sans blancs, interlignes, ratures, ni renvois sur les marges.

§ *unique.* Les erreurs ou omissions que contiendrait un article seront réparées au moyen d'une nouvelle passation (*por meio d'estorno*).

Art. 40. Tout commerçant est tenu de classer et de conserver pendant vingt ans les lettres et télégrammes qu'il reçoit, les pièces justificatives de payement et ses livres de commerce.

Art. 41. Aucune autorité, juridiction, ni tribunal ne peut faire ou ordonner des perquisitions ou des recherches pour s'assurer si un commerçant tient ou non, comme il le doit, ses livres de commerce.

Art. 42. La production en justice des livres de commerce, dans leur entier, ou des documents qui s'y rapportent, ne peut être ordonnée en faveur des intéressés qu'à l'occasion de débats à raison de succession universelle, de communauté ou de société, et en cas de faillite [1].

Art. 43. En dehors des cas prévus dans l'article précédent, il ne pourra être procédé à un examen des livres et documents des commerçants, à la requête de la partie ou d'office, que lorsque

[1] La commission de la Chambre des députés a rayé de la liste les cas de direction ou de gestion commerciale pour le compte d'autrui, et celui de liquidation.

l'intérêt ou la responsabilité de la personne à laquelle ils appartiennent est engagée dans la question pour laquelle cette production sera exigée.

§ *unique.* L'examen des livres et documents du commerçant, lorsqu'il y a lieu d'y procéder, devra se faire dans son bureau, en sa présence, et se borner à vérifier et extraire ce qui touche aux points spécifiés qui ont rapport à la question[1].

Art. 44. Les livres de commerce peuvent être produits en justice pour faire preuve entre commerçants, à raison des faits de leur commerce, conformément aux règles qui suivent :

1° Les énonciations portées sur des livres même tenus irrégulièrement font preuve contre les commerçants auxquels appartiennent les livres; mais les parties qui voudraient s'en prévaloir devront également accepter celles qui leur seront préjudiciables.

2° Les énonciations des livres de commerce tenus régulièrement font foi en justice, au profit de ceux qui les auront tenus; à moins que la partie adverse n'oppose les énonciations contraires portées sur ses livres également réguliers, ou ne fasse la preuve contraire.

3° Quand du rapprochement des livres de commerce des deux parties, tenus régulièrement, il résultera une preuve contradictoire, le tribunal prononcera d'après telle autre des preuves admises en justice.

4° S'il y a désaccord entre les livres des deux commerçants, ceux de l'un étant tenus régulièrement, alors qu'il en est autre-

---

[1] Le projet du gouvernement attachait au refus de production des livres une présomption contre le commerçant et le droit pour le juge de déférer le serment à l'autre partie. Cette disposition a été effacée par la commission de la Chambre des députés. Cf. art. 44, § *unique.*

ment des livres de l'autre, les livres du premier feront foi contre ceux du second; à moins que celui-ci ne fasse la preuve contraire par d'autres moyens légaux.

§ *unique*. Si un commerçant n'a pas de livres, ou se refuse à les présenter lorsqu'il en a, ceux de l'autre partie feront foi contre lui; à moins que l'absence de livres ne provienne d'un cas de force majeure, et sans préjudice du droit pour la partie adverse de détruire par les voies autorisées en justice la foi due aux énonciations portées sur les livres.

### TITRE V.

#### DU REGISTRE DU COMMERCE[1].

Art. 45. Au greffe de chaque tribunal de commerce, il y aura un registre du commerce; il sera tenu par le greffier, dont, en cette qualité, les actes feront foi comme ceux des officiers publics.

Art. 46. Le registre du commerce comprendra :

1° La matricule des commerçants sous leur nom individuel;

2° La matricule des sociétés;

3° La matricule des navires marchands, dans les greffes des tribunaux de commerce établis dans les localités désignées par le gouvernement;

4° L'inscription des actes soumis à cette formalité[2].

Art. 47. L'immatriculation des commerçants sous leur nom

---

[1] Cf. C. com. allemand, art. 12 à 14; C. fédéral des obligations, art. 859 et suiv.; C. com. espagnol, art. 16 et suiv. Les dispositions du code ont été développées et complétées par un Rè-glement d'exécution du 15 novembre 1888, en 89 articles.

[2] Disposition ajoutée par la commission de la Chambre des députés. Cf. art. 49.

individuel est facultative; celle des sociétés et des navires est obligatoire.

Art. 48. Les commerçants non immatriculés sous leur nom individuel ne pourront faire inscrire aucun acte sur le registre du commerce [1].

Art. 49. Doivent être inscrits sur le registre du commerce :

1° L'autorisation pour la femme d'exercer le commerce, ou de faire partie d'une société commerciale dans laquelle elle assume une responsabilité illimitée; l'habilitation conférée judiciairement à la femme, pour administrer ses biens en cas d'absence ou d'empêchement du mari; et la révocation d'une semblable autorisation;

2° Les contrats de mariage des commerçants;

3° Les actions en séparation et en interdiction concernant des commerçants;

4° Les procurations données par écrit aux divers mandataires commerciaux, ainsi que les modifications, renonciations et révocations dont elles sont l'objet;

5° Les actes de constitution et de prorogation de société; de changement de raison sociale, d'objet, de siège ou de domicile social; de modification des statuts; de réforme, réduction ou reconstitution du capital; de dissolution et de fusion; de cession de la part d'un associé en nom collectif à une tierce personne; et, en général, de tous actes portant une modification quelconque au pacte social;

6° Les émissions d'actions, obligations, titres (*cedulas*) ou actes d'obligation générale des sociétés ou de particuliers;

[1] Le projet proposait, en outre, de leur enlever le droit de concourir à l'élection des jurés ou juges consulaires, qui, avec le juge de droit du ressort, constituent le tribunal de commerce; mais cette disposition a été effacée par commission de la Chambre des députés.

7° Les émissions de billets des banques;

8° Les contrats relatifs à la construction, aux grosses réparations, à l'achat, à la transmission, à l'hypothèque des navires; ainsi que les modifications et révocations dont ils sont l'objet;

9° L'arrêt ou la saisie des navires.

§ *unique*. On peut également inscrire sur le registre du commerce le contrat de mariage d'un fiancé ou conjoint qui n'est pas commerçant [1].

Art. 50. Les livres qui doivent servir pour le registre du commerce doivent être préalablement légalisés, conformément aux dispositions de l'article 32.

Art. 51. La matricule des commerçants indiquera la raison commerciale de l'immatriculé, la nature du commerce qu'il exerce, la date à laquelle il a commencé ou il doit commencer ses opérations, son domicile et, s'il y a lieu, les succursales qu'il aura établies; sans préjudice de l'immatriculation de ces dernières sur les registres de leur circonscription respective.

§ 1er. Lorsqu'un commerçant qui obtient son immatriculation n'est pas encore porté sur le rôle de la contribution industrielle, le greffier du tribunal en informe l'agent des finances compétent.

§ 2. Toute modification, mutation ou extinction d'une raison commerciale doit être mentionnée avec référence à la matricule à laquelle elle se rattache.

Art. 52. La matricule des navires indiquera le nom du navire, son tonnage brut, ses apparaux, le système et la force des

[1] Cette inscription facultative a été introduite par la commission de la Chambre des pairs, afin de garantir les droits de la femme dans le cas où son mari deviendrait plus tard négociant. Cf. art. 57, § 2.

machines, s'il est à vapeur; le lieu et la date de la construction de la coque et des machines; le matériel de la coque, ses dimensions principales; le signe distinctif qui lui est attribué dans le Code international des signaux; les nom et domicile du propriétaire, et ceux des copropriétaires, s'il y en a.

§ *unique*. Si le navire est assuré ou classé, on devra présenter les divers documents qui le constatent, afin qu'ils soient mentionnés par extrait sur le registre.

ART. 53. Les matricules et inscriptions seront faites par extrait et avec référence aux documents et déclarations correspondantes, en suivant l'ordre chronologique des présentations.

§ 1<sup>er</sup>. Les inscriptions relatives aux commerçants et aux navires seront toujours faites avec référence à leurs matricules respectives; et les inscriptions concernant les non-commerçants, avec référence à l'indication de leurs nom, état, profession et domicile.

§ 2. Les pièces et déclarations produites resteront déposées au greffe qui les aura reçues.

ART. 54. Les sociétés constituées en pays étranger, qui veulent établir une succursale ou n'importe quelle espèce de représentation dans le royaume, présenteront au registre du commerce, outre les pièces exigées des nationaux, un certificat de l'agent consulaire portugais compétent, déclarant qu'elles sont constituées et fonctionnent en conformité de leur loi nationale.

ART. 55. Il y aura un enregistrement provisoire qui sera effectué sur le même livre que les inscriptions définitives.

§ *unique*. Peuvent être enregistrés provisoirement :

1° Les contrats de mariage;

2° Les actions mentionnées sous le n° 3 de l'article 49;

3° Les actes de transmission et d'hypothèque de navires;

4° Les titres de constitution provisoire des sociétés par actions;

5° Les procès-verbaux des délibérations d'une société portant sur la réduction du capital social, la fusion ou la prorogation de la société;

6° En général, tous les actes mentionnés dans l'article 49, sur la légalité de l'inscription définitive desquels le greffier a des doutes.

Art. 56. Les enregistrements faits provisoirement, aux termes de l'article précédent, sont convertis en inscriptions définitives, sous les conditions suivantes :

Pour le n° 1, par la présentation d'un certificat constatant le mariage;

Pour le n° 2, par celle du jugement rendu par le tribunal compétent et passé en force de chose jugée;

Pour le n° 3, par la présentation du titre constatant l'existence du contrat;

Pour le n° 4, par la présentation des pièces énumérées dans l'article 164, § 8;

Pour le n° 5, par la production d'un certificat constatant qu'il n'a été fait aucune opposition à ces délibérations, ou que l'opposition faite en conformité de l'article 116, § unique, a été jugée mal fondée;

Pour le n° 6, par la présentation d'un jugement définitif, déclarant mal fondées les hésitations du greffier.

§ 1er. Les enregistrements provisoires, convertis en inscriptions définitives, conservent l'ordre de priorité qu'ils avaient comme provisoires.

§ 2. Les enregistrements provisoires qui, dans le délai de six mois, à partir de leur date, n'auront pas été déclarés définitifs, sont annulés.

§ 3. Sont exceptés de la disposition contenue dans le précédent paragraphe :

1° L'enregistrement provisoire d'une action en justice, qui continuera à produire ses effets tant que durera le procès;

2° L'enregistrement provisoire des actes sur la légalité de l'enregistrement définitif desquels le greffier a des doutes. Cet enregistrement provisoire conservera tous ses effets, tant que la réclamation motivée par la résistance du greffier n'a pas été vidée définitivement, pourvu que mention ait été faite sur le registre à ce destiné, dans les trente jours de sa date, d'un certificat constatant que cette réclamation a été effectivement produite.

Art. 57. Les actes soumis à l'inscription sur le registre du commerce n'auront d'effet à l'égard des tiers qu'à partir de la date de l'inscription et dans l'ordre où elle aura eu lieu.

§ 1er. Toutefois, si les actes précités faisaient également partie de ceux qui sont soumis à l'inscription sur le registre foncier (*predial*), et s'ils s'y trouvent inscrits, ils produiront leurs effets en matière de commerce et dans les termes du présent article, à dater de cette inscription, indépendamment de celle qui aura lieu sur le registre du commerce.

§ 2. Les contrats de mariage des non-commerçants continueront à produire, conformément à la loi civile, tous leurs effets, même en matière commerciale, indépendamment de leur inscription sur le registre du commerce, qui est facultative d'après l'article 49, § unique, sauf à compter du jour où les intéressés seront commerçants, s'ils le deviennent ultérieurement.

Art. 58. Ont qualité pour requérir l'inscription des actes qui y sont soumis :

1° Les commerçants immatriculés, quant aux actes qui les concernent;

2° La fiancée (*esposa*) ou la femme mariée, sans qu'elle ait besoin en pareil cas de l'autorisation du mari, ses père et mère, frères, enfants majeurs, ou tous autres parents, ses représentants légaux ou ceux qui l'ont été, quant à l'inscription du contrat de mariage;

3° Les propriétaires et les acquéreurs de navires, ou leurs consignataires et correspondants, quant à l'immatriculation et à la transmission de ces navires;

4° Les créanciers qui ont un droit d'hypothèque, de saisie ou d'arrêt sur un navire, quant à l'inscription de ces actes.

§ *unique*. Dans les cas prévus par les nᵒˢ 2 et 4 du présent article, l'inscription se fera en ouvrant, à cette occasion, s'il n'en existe point encore, une matricule au commerçant ou au navire, ou en indiquant sur le registre les non-commerçants dont il s'agira, sur le vu des pièces et déclarations fournies par les requérants.

Art. 59. Les inscriptions peuvent être rayées en tout ou en partie s'il est justifié par des pièces probantes de l'extinction complète de l'obligation ou de la charge qui l'avait motivée, ou si le fait qui y avait donné lieu a cessé.

§ 1ᵉʳ. La radiation consistera dans la déclaration faite par le greffier, en marge de l'article dont il s'agit, qu'il est annulé en tout ou en partie.

§ 2. Est applicable à la radiation la disposition du paragraphe 2 de l'article 53 [1].

---

[1] Cet article et ses paragraphes ont été intercalés dans le projet par la commission de la Chambre des députés.

Art. 60. Les greffiers des tribunaux de commerce sont tenus de communiquer les registres, pièces et déclarations déposés dans leurs greffes à toutes les personnes qui le leur demanderont, et de délivrer, sans formalités préalables, les certificats positifs ou négatifs qui leur seront réclamés.

Art. 61. Dans les cas où les greffiers des tribunaux de commerce hésiteraient ou se refuseraient à procéder à une inscription ou radiation, le recours sera porté devant le juge compétent.

## TITRE VI.

### DU BILAN ET DES COMPTES À ÉTABLIR.

Art. 62. Tout commerçant est tenu de faire annuellement le bilan de son actif et de son passif, dans les trois premiers mois de chaque année, et de le porter, dûment signé, sur son livre des inventaires et bilans.

Art. 63. Les commerçants sont astreints à établir des comptes : pour les négociations, à la fin de chacune d'elles; pour les transactions commerciales de longue durée, à la fin de chaque année; et, en matière de compte courant, au moment de sa clôture.

## TITRE VII.

### DES COURTIERS [1].

Art. 64. L'office de courtier est personnel, public, réservé aux hommes (*viril*), et à la nomination du Roi.

---

[1] C. com. français, art. 74 à 90; C. com. allemand, art. 66 à 84; C. com. italien, art. 29 à 35; C. com. espagnol, art. 88 à 115; C. com. néerlandais, art. 62 à 72.

Art. 65. Pour être nommé courtier, il faut être citoyen portugais, par la naissance ou la naturalisation, jouir de la capacité requise pour exercer le commerce, avoir une bonne réputation, et avoir été reconnu apte dans un concours.

§ *unique.* Un courtier en titre peut avoir un commis agréé par le gouvernement, qui le remplacera en cas d'empêchement justifié, et des actes duquel il sera responsable.

Art. 66. Les opérations des courtiers consistent en :

1° Achats ou ventes, pour leurs commettants, de marchandises, navires, fonds publics, actions de sociétés légalement constituées, titres de risques maritimes, lettres de change, mandats, chèques et autres créances et obligations commerciales;

2° Négociations d'escomptes, assurances, affrètements et emprunts;

3° Ventes de fonds publics, actions ou obligations de banques et compagnies, ordonnées par l'autorité judiciaire de la comarque respective [1];

4° Intervention, en général, dans toutes les opérations de bourse, et dans tous les cas où la loi l'exige.

§ *unique.* Les courtiers de toute place procéderont également aux ventes des titres mentionnés au n° 3 du présent article, lorsqu'ils auront été commis à cet effet par l'autorité judiciaire compétente d'une comarque quelconque.

Art. 67. Avant d'entrer en fonctions, les courtiers donneront un caution pouvant garantir la bonne gestion de leur office.

§ 1er. Cette caution est spécialement engagée à raison des res-

[1] Voir ci-dessus la note à l'article 32, § 1er.

ponsabilités encourues par les courtiers dans les opérations où ils doivent intervenir.

§ 2. La caution ne peut être recherchée à raison des responsabilités encourues avant ou après sa constitution, pour des contrats dans lesquels le courtier n'interviendrait pas en cette qualité.

Art. 68. Les courtiers sont tenus :

1° De s'assurer de l'identité et de la capacité légale de contracter des personnes, dans les affaires où ils interviendront; et, le cas échéant, de l'authenticité des signatures des contractants;

2° De présenter avec exactitude et clarté les affaires dont ils seront chargés, en procédant de façon que les contractants ne puissent être induits en erreur;

3° De garder un secret absolu sur les négociations dont ils se chargeront;

4° De ne point faire connaître les noms de leurs commettants, lorsque la loi ou la nature de l'affaire ne l'exigera pas, et qu'ils n'y auront pas été autorisés par eux;

5° De garantir l'authenticité de la signature du dernier endosseur apposée sur les titres qui se négocient par voie d'endossement;

6° D'obtenir du cédant, lors des négociations dont il s'agit dans le précédent numéro, les titres respectifs, de les remettre au cessionnaire, d'en recevoir le prix et d'en tenir compte au cédant; sauf les usages contraires de la place, ou le cas où les contractants seraient convenus d'un autre mode de procéder;

7° D'assister à la livraison des choses vendues, toutes les fois que l'un des contractants l'exigera, ou que ce sera conforme aux usages de la place;

8° De délivrer, d'après leurs livres, et aux frais des intéressés, des certificats des énonciations relatives aux contrats qui concernent ces personnes et à fournir toutes autres attestations qui leur seraient demandées par l'autorité compétente.

Art. 69. Les courtiers devront avoir :

Un carnet manuel (*caderno manual*), sur lequel ils inscriront, ne fût-ce qu'au crayon, au moment où elles auront été conclues, toutes les opérations faites par leur intermédiaire, en en indiquant sommairement l'objet et les principales conditions;

Un protocole (*protocollo*), légalisé conformément aux dispositions de l'article 32, sur lequel ils inscriront d'une façon plus développée, jour par jour, par ordre de date, et par article distinct, sans abréviations ni chiffres, toutes les conditions des ventes, achats, assurances, négociations, et, en général, toutes les opérations faites par leur entremise.

Art. 70. Les courtiers remettront aux parties, au moment où le contrat sera définitif, une copie des articles inscrits sur leur carnet et, si celles-ci l'exigent, une copie du contrat tel qu'il est consigné sur le registre du protocole, signé par eux et les parties, si celles-ci y consentent.

§ *unique*. Demeurent réservées les dispositions spéciales aux opérations de bourse.

Art. 71. Les protocoles des courtiers qui seront tenus régulièrement et qui concorderont avec les notes du carnet, ainsi que les copies qui en seront fidèlement extraites, feront, en justice, entre les contractants la même preuve que les documents authentiques extra-officiels[1], quand la validité des contrats dont il s'agit n'aura pas été subordonnée à une autre formalité intrinsèque.

[1] En matière de preuve par écrit, le Code civil portugais distingue les actes authentiques des actes sous seing privé (*particulares*), et, parmi les premiers, il admet deux catégories :

1° Les actes authentiques officiels

Art. 72. Les courtiers ne peuvent invoquer en justice, comme formant preuve à leur profit, les mentions qui se trouvent portées sur leur carnet ou leur protocole.

Art. 73. Ces mentions, ainsi que toutes notes ou minutes émanées des courtiers à l'occasion des négociations dans lesquelles ils seront intervenus, feront preuve contre eux en cas de contestation.

Art. 74. Les livres des courtiers sont soumis à l'examen des tribunaux de commerce et à celui des arbitres, lorsqu'il en est ainsi ordonné par justice.

Art. 75. Les courtiers ne peuvent, sans motif légal, refuser de prêter leur ministère à ceux qui le réclament en offrant les sûretés qu'ils ont le droit d'exiger; sous peine de répondre de toutes les pertes et de tous les dommages auxquels leur refus donnerait lieu.

§ *unique.* Sont exceptées de cette disposition les opérations concernant l'escompte de lettres de change, relativement auxquelles les courtiers peuvent refuser de prêter leur ministère, lorsque les maisons de commerce dont elles portent la signature sont inconnues sur la place, ou qu'ils n'ont aucune connaissance des circonstances ou de la solvabilité de ces maisons [1].

(*officiaes*), qui émanent des autorités (*repartições*) de l'État, des chambres municipales et des autorités diocésaines, y compris les actes judiciaires et tous autres inscrits sur des registres publics;

2° Les actes authentiques extra-officiels (*extra-officiaes*), rédigés par des officiers publics ou avec leur intervention, et destinés à la constatation des conventions, ou à la conservation et la transmission des droits. Les actes officiels «font, en général, preuve pleine et entière»; les actes extra-officiels font preuve entière quant à l'existence de l'acte, excepté en ce qui pourrait préjudicier aux droits des tiers qui n'y sont pas intervenus. (C. civ. portugais, art. 2421 à 2426.)

[1] Disposition ajoutée à l'article 75 par la Chambre des députés.

Art. 76. Le courtier qui ne fera pas connaître à l'un des contractants le nom de l'autre se rend responsable de l'exécution du contrat; et, dès qu'il l'aura exécuté, il se trouve subrogé dans les droits de celui auquel il est substitué contre l'autre.

§ 1er. Dans les cas prévus par le présent article, le courtier pourra exiger de son commettant les sûretés qu'il jugera nécessaires pour couvrir sa responsabilité.

§ 2. Lorsqu'il s'agit d'une négociation à terme de fonds publics, si, avant l'expiration du terme, il se produit un changement dans les changes ou dans les cours, le courtier pourra exiger un supplément de garanties, et, si elles ne lui sont pas données, procéder immédiatement à la liquidation.

§ 3. Afin de pouvoir établir en justice ou extrajudiciairement que les contractants connaissaient la personne pour le compte de laquelle la négociation avait lieu, le courtier pourra exiger de cette personne les déclarations écrites qu'il jugera nécessaires pour couvrir sa responsabilité.

Art. 77. Outre la responsabilité que les courtiers encourent en cette qualité, pour manquement aux obligations qui leur sont imposées par les articles 68 et 76, ils seront encore soumis à celle qui découle des contrats de mandat et de commission, en tant qu'elle est applicable aux négociations dans lesquelles ils interviendront; et, d'un autre côté, ils auront contre leurs commettants les droits qui résultent pour eux desdits contrats.

Art. 78. La responsabilité qui pèse sur les courtiers à raison des affaires dans lesquelles ils sont intervenus en leur qualité se prescrit par six mois à compter du jour de la conclusion du contrat.

Art. 79. La faillite des courtiers est toujours présumée frauduleuse.

Art. 80. Il est interdit aux courtiers :

1° De faire le commerce pour leur propre compte[1];

2° D'assurer ou de prendre à leur compte des risques commerciaux;

3° D'acquérir pour eux-mêmes les valeurs ou les titres de la négociation dont ils ont été chargés, à moins qu'ils n'aient à répondre des fautes de l'acquéreur envers le vendeur;

4° De se porter caution des contrats faits par leur entremise, soit dans le contrat lui-même, soit par acte séparé;

5° De délivrer des certificats qui ne se référeraient pas aux mentions portées sur leurs livres; sauf, lorsqu'il n'y aura aucun article porté sur leurs livres, à attester ce qu'ils sauront pour l'avoir vu ou entendu, s'ils en sont requis par l'autorité compétente;

6° Et, en général, de faire tout ce qui est contraire aux prescriptions des lois et à l'intérêt de leurs commettants.

Art. 81. Les courtiers auront droit à un courtage qui sera fixé par un tarif spécial.

§ 1er. Quand un seul courtier interviendra dans une affaire, il recevra un courtage de chacun des contractants; s'il en intervient plus d'un, chacun d'eux ne recevra que le courtage dû par son propre commettant.

§ 2. Sauf convention contraire, le courtage est dû à celui qui a commencé la négociation, alors même que le commettant termine l'affaire lui-même, ou par l'entremise d'un autre, ou que la négociation échoue par suite d'un accident imprévu ou par la

[1] Le projet leur défendait en outre d'être teneurs de livres, gérants, caissiers ou employés de commerce, sans toute autre dénomination; la Chambre des députés a supprimé cette disposition.

faute de l'un des contractants; à moins que, dans ces cas, il n'y ait une négligence imputable au courtier.

## TITRE VIII.

### DES LIEUX DESTINÉS AU COMMERCE.

#### CHAPITRE PREMIER.

##### DES BOURSES [1].

#### SECTION PREMIÈRE.

##### DISPOSITIONS GÉNÉRALES.

ART. 82. Les établissements publics légalement autorisés, où se réunissent les commerçants et les agents commerciaux pour concerter ou conclure les opérations commerciales prévues au titre VIII du livre II, prendront le nom générique de bourses, en y ajoutant celui de la place où elles seront situées, et, de plus, le nom de la catégorie d'opérations auxquelles elles seront destinées, lorsqu'elles auront été établies pour une ou plusieurs espèces d'opérations spéciales.

ART. 83. L'institution des bourses dépend de l'autorisation du gouvernement, auquel il appartient de faire les règlements nécessaires pour leur régime, police et fonctionnement.

ART. 84. L'administration supérieure de chaque bourse sera confiée à l'association commerciale (*associação commercial*), quand il y en aura une, ou à la plus ancienne, s'il y en a plusieurs, et, à défaut, au greffier du tribunal de commerce du ressort [2].

---

[1] C. com. français, art. 71 et suiv.; C. com. espagnol, art. 64 et suiv.; C. com. néerlandais, art. 59 et suiv.

[2] Le projet remettait l'administration des bourses à un inspecteur spécial, et la commission de la Chambre des députés avait adhéré à ce système. C'est la Chambre elle-même qui a mieux aimé laisser les associations commerciales maîtresses du terrain, dans la limite des rè-

Aʀᴛ. 85. Dans toute localité où il y aura une bourse, toute réunion publique dans laquelle se traiteraient des opérations de bourse est interdite.

§ *unique.* Tout traité conclu dans une réunion publique, en contravention à cette disposition, ne pourra donner lieu à aucune action en justice.

Aʀᴛ. 86. Les dispositions des articles précédents n'interdisent pas aux commerçants le droit de faire, en dehors du local de la bourse, des opérations de bourse, soit directement, soit par l'entremise d'un tiers.

Aʀᴛ. 87. Dans les bourses où il y aura un nombre suffisant de courtiers, on organisera une chambre, composée de cinq d'entre eux, élus annuellement par l'assemblée générale des courtiers, à la majorité absolue des suffrages. Les élus choisiront parmi eux un syndic qui remplira les fonctions de président, un secrétaire et un trésorier.

### SECTION II.

#### DU COURS DE LA BOURSE.

Aʀᴛ. 88. Le prix courant ou cours des négociations sur les fonds publics et valeurs de crédit sera fixé tous les jours avant la clôture de la bourse, au moyen d'un bulletin de cote.

§ *unique.* En ce qui concerne le cours des changes, il s'établira sur le vu des renseignements que les établissements de banque seront tenus d'envoyer au syndic de la chambre des courtiers, là

---

glements. Ces associations, qu'on a par- fois comparées à tort à nos chambres de commerce françaises, n'ont pas le caractère officiel de celles-ci. Ce sont, d'après des indications que nous devons à l'obli-geance de notre éminent confrère, M. Henri Midosi, de simples associations particulières, constituées comme toutes autres associations et régies par des statuts approuvés par le gouvernement.

où il y en aura une, et, à défaut, au greffier du tribunal de commerce.

Art. 89. La chambre des courtiers établira le bulletin de la cote, avec le concours des courtiers qui seront intervenus dans les diverses négociations, et sur leur déclaration expresse :

1° Du mouvement de hausse et de baisse qui se sera produit sur les titres négociables, en indiquant l'espèce et la valeur de chacun;

2° Des prix les plus élevés et les plus bas des espèces métalliques et de toutes les valeurs de commerce qui auront été négociées.

Art. 90. Le bulletin de cote sera rédigé par le courtier secrétaire de la chambre, qui est responsable de sa régularité et de son exactitude.

Art. 91. Le bulletin de cote sera fidèlement transcrit sur un registre à ce destiné, coté et parafé sur chaque feuille par le syndic.

§ *unique*. La transcription sur le registre sera faite par le secrétaire de la chambre des courtiers, et signée par les courtiers qui auront établi la cote.

Art. 92. Il sera fait trois copies de chaque bulletin, signées par le syndic de la chambre des courtiers; une d'elles sera transmise au ministère des travaux publics, l'autre au ministère des finances, et la troisième sera affichée dans le lieu le plus apparent de la bourse.

## CHAPITRE II.

### DES MARCHÉS, FOIRES, MAGASINS ET BOUTIQUES.

Art. 93. Les marchés et les foires seront établis dans les lieux, pendant le temps et dans les conditions prescrits par les lois et par les règlements administratifs.

Art. 94. Seront considérés, quant aux effets du présent code et spécialement quant aux opérations mentionnées au titre XIV du livre II, comme magasins généraux du commerce, tous ceux où l'on aura été autorisé par le gouvernement à recevoir en dépôt des denrées et marchandises, moyennant caution, pour le prix fixé dans les tarifs respectifs.

Art. 95. Seront considérés, quant aux effets du présent code, comme magasins ou boutiques de vente ouverts au public :

1° Ceux qui seront établis par les commerçants immatriculés ;

2° Ceux qui seront établis par des commerçants non immatriculés, toutes les fois que les établissements resteront ouverts au public pendant huit jours consécutifs, ou qu'ils auront été annoncés par des avis distribués ou insérés dans les journaux, ou qu'ils auront des enseignes conformes aux usages.

# LIVRE DEUXIÈME.

## DES CONTRATS SPÉCIALEMENT COMMERCIAUX.

---

### TITRE PREMIER.
#### DISPOSITIONS GÉNÉRALES.

Art. 96. Les titres commerciaux seront valables quelle que soit la langue en laquelle ils auront été rédigés.

Art. 97. La correspondance télégraphique sera admise dans le commerce aux conditions et avec les effets suivants :

§ 1er. Les télégrammes dont les originaux auront été écrits et signés, ou seulement signés ou affirmés par la personne au nom de laquelle ils sont faits, et ceux que l'on prouvera avoir été expédiés par la personne désignée comme expéditeur, ou par son ordre, auront la force probante que la loi attribue aux documents sous seing privé [1].

§ 2. Un mandat et tout autre consentement donné même en justice, transmis télégraphiquement, avec la signature reconnue authentiquement par notaire, sont valables et font foi en justice.

---

[1] Les documents sous seing privé (*particulares*) écrits et signés par la personne au nom de qui ils sont faits, et reconnus par les parties ou tenus judiciairement pour reconnus, ont, entre les signataires et leurs héritiers et ayants cause, la même force probante que les documents authentiques, hormis les cas où la loi en ordonne autrement. Les documents sous seing privé, simplement signés ou affirmés par la personne au nom de qui ils sont faits, ne font preuve que contre le signataire, s'il les a reconnus ou s'ils l'ont été par ses ayants cause. (C. civ. portugais, art. 2432 et suiv.)

§ 3. Toute erreur, altération ou retard dans la transmission des télégrammes, s'il y a une faute, sera imputable, selon les règles générales du droit, à la personne qui en sera cause.

§ 4. Est présumé exempt de toute faute l'expéditeur d'un télégramme qui l'aura fait collationner conformément aux règlements sur la matière.

§ 5. La date du télégramme fixe, jusqu'à preuve contraire, le jour et l'heure auxquels il a été effectivement transmis ou reçu dans les stations respectives.

Art. 98. S'il y a divergence entre les exemplaires des contrats présentés par les parties et qu'un courtier soit intervenu dans leurs stipulations, ce qui résultera de ses livres prévaudra, pourvu qu'ils soient tenus régulièrement.

Art. 99. Bien que l'acte ne soit un acte de commerce qu'à l'égard de l'une des parties, il sera régi, relativement à tous les contractants, par les dispositions de la loi commerciale, à l'exception de celles qui seraient exclusivement applicables à celui ou à ceux d'entre eux à l'égard desquels l'acte est commercial; ainsi ils sont tous justiciables des tribunaux de commerce.

Art. 100. Dans les engagements commerciaux, les coobligés sont solidaires. sauf stipulation contraire.

§ *unique.* Cette disposition ne doit pas être étendue aux non-commerçants, quant aux contrats qui, par rapport à eux, ne constituent pas des actes de commerce.

Art. 101. Celui qui s'est porté garant d'une obligation commerciale, bien qu'il ne soit pas commerçant, est tenu solidairement avec la personne qu'il a garantie.

Art. 102. Les intérêts courront et devront être payés, dans toutes les affaires commerciales dans lesquelles ils auront été convenus, ou lorsqu'ils sont de droit, ainsi que dans les cas spéciaux déterminés par le présent code.

§ 1er. Le taux des intérêts commerciaux ne peut être fixé que par écrit.

§ 2. Lorsque des intérêts ont été stipulés, sans que le taux en ait été fixé, ou lorsqu'ils sont dus en vertu d'une disposition de la loi, ils seront de 5 p. o/o en matière commerciale [1].

Art. 103. Les contrats spéciaux au commerce maritime feront l'objet de dispositions spéciales dans le livre III de ce code.

---

[1] Le projet de code proposait de fixer le taux de l'intérêt légal, en matière commerciale, à 6 p. o/o, comme il l'est en France, d'après la loi du 3 septembre 1807 (art. 2), en Autriche, suivant la loi du 14 juin 1868, n° 62 (art. 2), en Hollande, d'après la loi du 22 décembre 1857, n° 171 (art. 2), et, en Allemagne, en vertu de l'article 287, al. 2 du Code de commerce. Ce taux avait été accepté, en première lecture, par la Chambre des députés et par la Chambre des pairs; il a été abaissé à 5 p. o/o, sur la proposition de l'un des pairs, M. Pereira de Miranda, appuyée par la commission de la Chambre haute dans son second et dernier rapport. C'est celui qui est fixé par le Code de commerce italien (art. 768, modifiant à cet égard l'article 1831 du Code civil), et que, dans la discussion qui précéda le vote de la loi française du 12 janvier 1886, sur le taux de l'intérêt, la commission de la Chambre des députés avait proposé, sans succès, d'adopter dans notre pays. En Espagne, le Code de commerce de 1885 ne fixe pas le taux de l'intérêt légal; ce taux est de 6 p. o/o, mais le gouvernement peut le changer au commencement de chaque année, sur l'avis du Conseil d'État (loi du 14 mars 1856, art. 6 et suiv.). En Suisse, le Code fédéral des obligations s'en réfère «au taux usuel au temps et dans le lieu» pour les opérations de même nature (art. 334). En Angleterre, si nous nous en rapportons soit au st. 3 et 4, Guill. IV, c. 42, art. 28, soit au st. 1 et 2, Vict., c. 110, art. 17, le taux est tantôt déterminé par le jury, *not exceeding the current rate*, ce qui est la même règle qu'en Suisse, tantôt fixé à 4 p. o/o pour les *judgment debts*. Cf. Laserna y Montalban, *Elementos de derecho civil y penal*, t. II, p. 331; Stephen, *Comm. on the laws of England*, t. II, p. 97.

# TITRE II.
## DES SOCIÉTÉS [1].

### CHAPITRE PREMIER.
#### DISPOSITIONS GÉNÉRALES.

#### SECTION PREMIÈRE.
##### DE LA NATURE DES SOCIÉTÉS ET DE LEURS ESPÈCES.

Art. 104. Les conditions essentielles pour qu'une société soit considérée comme commerciale sont :

1° Qu'elle ait pour objet de faire un ou plusieurs actes de commerce;

2° Qu'elle se constitue en conformité des dispositions du présent code.

Art. 105. Les sociétés commerciales seront de l'une des espèces suivantes :

Société en nom collectif;

Société anonyme;

Société en commandite.

§ 1er. La société en nom collectif est caractérisée par la responsabilité solidaire et illimitée de tous les associés.

§ 2. La société anonyme est celle dans laquelle les associés limitent leur responsabilité à la valeur des actions qu'ils ont souscrites pour constituer le capital social.

§ 3. Une société est en commandite, quand un ou plusieurs

---

[1] Cf. C. com. français, art. 18 et suiv.; C. com. allemand, art. 85 et suiv.; C. com. espagnol, art. 116 et suiv.; C. com. argentin, art. 387 et suiv.; C. com. italien, art. 76 et suiv.; C. com. néerlandais, art. 14 et suiv.; loi belge du 18 mai 1873.

des associés sont tenus comme dans une société en nom collectif, tandis qu'un ou plusieurs autres se bornent à fournir une valeur déterminée et ne sont engagés que jusqu'à concurrence de cette valeur.

Art. 106. Les sociétés civiles pourront se constituer sous l'une des formes prévues par l'article précédent. Mais, dans ce cas, elles seront soumises aux dispositions du présent code, à l'exception de celles qui concernent la faillite et la juridiction.

Art. 107. Les sociétés ayant un but commercial, qui ne se constitueraient pas conformément aux règles posées par le présent code, seront considérées comme non existantes; et tous ceux qui contracteraient en leur nom demeureront obligés à raison de leurs actes, personnellement, indéfiniment et solidairement.

Art. 108. Les sociétés commerciales constituent à l'égard des tiers une personnalité juridique distincte de celle des associés [1].

Art. 109. Les sociétés légalement constituées en pays étranger, qui n'auront pas de siège, de succursale ou toute autre espèce de représentation sociale dans le royaume, pourront néanmoins y faire les actes de commerce qui ne seront pas contraires à la loi nationale [2].

Art. 110. Les sociétés qui se sont constituées en pays étranger, mais qui doivent avoir un siège dans le royaume et y exercer leur principal commerce, seront considérées, pour tous effets, comme sociétés nationales et seront soumises à toutes les dispositions du présent code.

[1] Cf. C. com. italien, art. 77. — [2] C'est-à-dire à la loi portugaise.

Art. 111. Les sociétés, légalement constituées en pays étranger, qui établiront dans le royaume une succursale ou toute autre espèce de représentation sociale, sont soumises aux dispositions du présent code, concernant l'inscription et la publication des actes sociaux et des pouvoirs de leurs représentants, dans les mêmes termes que les sociétés nationales de même espèce, et quant à la faillite, dans les termes du paragraphe unique de l'article 745.

§ *unique*. Les représentants des sociétés auxquelles s'applique le présent article assument vis-à-vis des tiers la même responsabilité que les administrateurs des sociétés nationales.

Art. 112. Les sociétés constituées en pays étranger, qui n'auront pas satisfait aux prescriptions des deux articles précédents, seront soumises aux mesures répressives édictées par la loi portugaise; et leurs représentants, à quelque titre que ce soit, seront personnellement et solidairement responsables de toutes les obligations sociales contractées dans l'exercice de leurs fonctions.

SECTION II.

DE LA FORME DU CONTRAT DE SOCIÉTÉ.

Art. 113. Le contrat de société devra toujours être constaté par écrit.

§ *unique*. Les sociétés anonymes et les sociétés en commandite par actions ne pourront être constituées que par acte authentique.

Art. 114. Le titre constitutif des sociétés devra spécifier :

1° Les noms ou raisons de commerce et les domiciles des associés à responsabilité illimitée, et ceux des associés à responsabilité limitée; le nombre et la valeur nominale des actions;

2° La raison ou dénomination sociale, le siège, les établissements et les succursales de la société;

3° L'objet de la société;

4° Sa durée;

5° L'organisation de l'administration et de la surveillance, en désignant celui des associés qui a le droit d'user de la signature sociale, lorsque ce droit n'appartiendra pas à tous;

6° Les avantages particuliers qui pourraient être attribués à certains associés;

7° Les pouvoirs des assemblées générales, les conditions nécessaires à leur constitution, à leur fonctionnement et à l'exercice du droit de vote, ainsi que la forme en laquelle les associés peuvent se faire représenter;

8° Le mode de procéder à la liquidation et au partage, en cas de dissolution.

§ 1ᵉʳ. Le titre constitutif des sociétés en nom collectif et des sociétés en simple commandite devra spécifier en outre :

1° La quote-part du capital à fournir par chacun des associés, en argent, créances ou autres biens, la valeur attribuée à ces apports, la manière de la calculer, et les termes du payement;

2° La proportion suivant laquelle doivent être répartis les bénéfices et les pertes.

§ 2. Le titre constitutif des sociétés anonymes et des sociétés en commandite par actions devra spécifier en outre :

1° L'importance du capital social, en argent, créances ou autres biens, la valeur attribuée à ces apports, et la manière de la calculer, en distinguant ce qui a été souscrit et ce qui aura été réalisé;

2° Les avantages spécialement accordés aux fondateurs;

3° Si les actions sont nominatives ou au porteur, et réciproquement convertibles ou non, ainsi que les termes et le montant des versements qui restent encore à opérer.

Art. 115. Si la société se constitue par acte sous seing privé, il doit en être fait autant d'exemplaires qu'il y a d'associés; tous les exemplaires seront signés par eux et les signatures reconnues authentiquement.

Art. 116. Toute prorogation de société; tout changement de raison sociale, d'objet, de siège, de domicile ou de gérance sociale; toute modification dans les statuts; toute augmentation, réduction ou reconstitution de capital; toute dissolution ou fusion, et, en général, toute altération, quelle qu'elle soit, du pacte social, devront être effectuées en la forme prescrite pour la constitution de la société dont il s'agit.

§ *unique*. Toutefois l'acte de fusion, celui de prorogation de sociétés quelconques, et celui de réduction du capital social, ne pourront être dressés qu'après que la délibération les concernant aura été inscrite provisoirement et publiée, et à condition qu'aucune opposition ne se soit produite contre ces actes, ou qu'elle ait été jugée inadmissible.

Art. 117. Dans tous les contrats relatifs aux sociétés, dans toute la correspondance, toutes les publications ou annonces et, en général, dans tous les actes quelconques qui y auront rapport, l'espèce et le siège de la société doivent être clairement indiqués.

§ *unique*. Le capital des sociétés anonymes et des sociétés en commandite par actions, qui se trouve réalisé et qui existe d'après le dernier bilan approuvé, doit être indiqué conformément aux dispositions du présent article.

### SECTION III.

**DES OBLIGATIONS ET DES DROITS DES ASSOCIÉS.**

Art. 118. Tout associé est tenu :

1° De faire un apport à la société, en capital ou industrie;

2° De participer aux pertes dans la proportion convenue et, à défaut de convention, dans la proportion de son apport;

3° De remplir les emplois auxquels il aura été nommé par la société;

4° De rendre des comptes justifiés de l'exercice d'un mandat social.

§ 1er. Le capital auquel se rapporte le n° 1 du présent article peut consister en argent, en titres de créances, en biens ou en valeurs réalisables en argent.

§ 2. Le capital représenté par des titres de créances qui sont cotés est réputé effectif et réel, pour le montant de la cote au moment de l'apport, quand la société ne les a pas acceptés pour un prix inférieur; le capital représenté par d'autres titres n'est réputé effectif et réel que lorsqu'il a été réalisé pour le compte et aux frais de l'associé, et sous sa responsabilité personnelle.

§ 3. Les biens ou valeurs livrés ou promis par les associés et qui feront partie intégrante du capital social seront dûment décrits et évalués dans l'acte de société, et, quand il y aura lieu de les réaliser, les associés répondront du montant de cette évaluation.

§ 4. L'industrie qu'un associé aura apportée dans la société sera estimée conformément à la disposition de l'article 1263 du Code civil [1].

§ 5. Les associés qui n'apporteront pas à la société le capital par eux promis, dans les délais et en la forme stipulés, répondront,

---

[3] Art. 1263 :

« Si l'un des associés n'apporte que son industrie, sans que la valeur en ait été préalablement fixée, ou sans qu'on ait déterminé la quote-part à laquelle il a droit, et qu'il n'arrive pas à s'entendre sur ce point avec les autres associés, il recevra la part qui lui aura été attribuée par des arbitres. »

indépendamment du capital échu, des intérêts en dérivant et du préjudice que cette inexécution de leurs engagements aura causé à la société; sauf ce qui est réglé par le présent code pour les actionnaires en retard[1].

§ 6. Sont exceptés de la disposition du n° 2 du présent article les associés qui n'apportent que leur industrie; sauf convention contraire, ils ne répondent pas des pertes sociales.

Art. 119. Tout associé a droit :

1° A prendre une part dans la répartition des bénéfices, suivant les principes posés dans le n° 2 de l'article précédent;

2° A choisir les administrateurs de la société et à leur demander compte de leur gestion à l'époque et dans la forme déterminées dans l'acte de société ou dans la loi, et, en cas de silence de l'un et de l'autre, toutes les fois que la majorité des associés le jugera convenable;

3° A examiner les écritures et les documents concernant les opérations sociales, aux époques auxquelles l'acte de société ou la loi le lui permet et, en cas de silence de l'un et de l'autre, toutes les fois qu'il le désire;

4° A faire, à cette occasion, les réclamations et propositions qu'il jugera convenable.

§ *unique*. Est prohibée toute stipulation par laquelle un associé devrait recevoir des intérêts ou une part certaine en rémunération de son capital ou de son industrie.

SECTION IV.

DE LA DISSOLUTION.

Art. 120. Les sociétés commerciales finissent :

[1] Voir, ci-dessous, art. 170.

1° Par l'expiration du terme pour lequel elles ont été constituées, s'il n'a été prorogé;

2° Par l'extinction ou la cessation de leur objet;

3° Par l'accomplissement de leur objet ou l'impossibilité d'y satisfaire;

4° Par la faillite de la société;

5° Par la diminution du capital social au delà des deux tiers, si les associés ne font pas immédiatement des versements suffisants pour maintenir au moins au tiers le capital social;

6° Par l'accord des associés;

7° Par la fusion avec d'autres sociétés.

§ 1er. Les sociétés en nom collectif finissent par la mort ou l'interdiction de l'un des associés et, si elles ont été constituées pour un temps indéterminé, par la seule volonté de l'un des associés.

§ 2. Les sociétés en commandite finissent par la mort ou l'interdiction de l'un des associés à responsabilité illimitée.

§ 3. Les sociétés anonymes finissent lorsqu'elles auront existé pendant plus de six mois avec un nombre d'actionnaires inférieur à dix et que l'un des intéressés en requiert la dissolution.

§ 4. Les créanciers d'une société anonyme peuvent en demander la dissolution, en prouvant que, depuis sa constitution, la moitié du capital social a été perdue; mais la société peut s'opposer à la dissolution en donnant à ses créanciers les garanties de payement nécessaires.

§ 5. Les dispositions des paragraphes 1 et 2 doivent s'entendre sans préjudice de toutes stipulations contraires.


Art. 121. A partir de la dissolution de la société, toutes les opérations entreprises par les administrateurs sont réputées leur être propres et engagent leur responsabilité personnelle et solidaire.

§ *unique.* Cette disposition commencera à sortir effet, comme suit :

1° Dès l'expiration du temps pour lequel la société avait été constituée ou prorogée;

2° Du jour où son but aura été atteint;

3° Du jour de la mort ou de l'enregistrement du jugement d'interdiction de l'associé qui en rendra la continuation impossible;

4° De la date à laquelle elle aura été déclarée en liquidation par les associés ou par le tribunal.

ART. 122. A partir de sa dissolution, la société n'a plus d'existence juridique que pour la liquidation et le partage.

§ *unique.* Les administrateurs de la société continueront à la représenter tant que les liquidateurs ne seront pas entrés en fonction et, en cas de dissolution pour cause de faillite, jusqu'à ce que les opérations de la faillite soient terminées.

ART. 123. La dissolution de toute société sera dûment publiée.

### SECTION V.

**DE LA FUSION.**

ART. 124. La fusion de deux ou plusieurs sociétés doit être délibérée par chacune des sociétés qui se proposeront de fusionner.

§ *unique.* La délibération finale et conjointe des sociétés qui veulent fusionner sera dûment publiée.

ART. 125. La fusion n'aura d'effet que trois mois après, à compter de la date de la publication de ladite délibération, à moins qu'il ne soit constaté par acte authentique que toutes les dettes de chacune des sociétés fusionnées ont été acquittées, ou que le montant en a été déposé dans la Caisse générale des dépôts.

Art. 126. Pendant le délai fixé par l'article précédent, tout créancier des sociétés pourra former opposition à la fusion.

§ *unique.* L'opposition suspendra la fusion tant qu'il n'aura pas été statué par justice.

Art. 127. A l'expiration du délai fixé par l'article 125, ou lorsqu'il aura été satisfait à ses autres prescriptions, la fusion sera considérée comme définitivement opérée, et la société ainsi créée succédera à tous les droits et obligations des sociétés dissoutes.

## SECTION VI.
### DE LA PROROGATION.

Art. 128. A l'expiration du terme fixé dans l'acte constitutif pour la durée de la société et en l'absence de tout autre motif de dissolution, cette durée pourra être prorogée, si les associés en conviennent unanimement, ou si ceux qui se retirent ne représentaient pas plus d'un tiers du capital social et que leur part soit liquidée par les associés restants, dans les conditions voulues par la loi.

§ *unique.* La prorogation sera dûment publiée.

Art. 129. Les créanciers particuliers de l'un des associés à responsabilité illimitée, habilités par une sentence passée en force de chose jugée, peuvent s'opposer à la prorogation de la société.

• § *unique.* Cette opposition, pour sortir effet, doit être produite dans les dix jours qui suivent la publication de la délibération autorisant la prorogation.

## SECTION VII.

### DE LA LIQUIDATION ET DU PARTAGE.

Art. 130. Le mode de liquidation et partage d'une société commerciale, pour tout ce qui ne sera pas prévu par le contrat social, sera réglé par des délibérations prises dans des réunions ou assemblées générales des associés, en ce qui ne sera pas contraire aux dispositions du présent code.

Art. 131. Il appartient aux associés légalement réunis de nommer les liquidateurs, sauf l'exception prévue par le paragraphe 2 du présent article et les dispositions spéciales qui régissent le cas de faillite[1].

§ 1er. La nomination de liquidateurs ne sera valable que si elle est faite par la moitié au moins des associés, possesseurs des trois quarts du capital social.

§ 2. Quand la société aura été judiciairement déclarée non existante à cause de la nullité radicale de sa constitution, ou dans le cas où l'on ne peut obtenir le nombre de suffrages exigé par le paragraphe précédent, les liquidateurs devront être nommés par le juge compétent.

§ 3. Les dispositions du présent article et de ses paragraphes seront applicables lorsqu'il s'agira de substituer un liquidateur à un autre.

Art. 132. A la dissolution de la société, les administrateurs soumettront à l'approbation des associés, en réunion ou assemblée générale, l'inventaire, le bilan et les comptes de leur gestion dé-

---

[1] Art. 700 et suiv.; art. 746 et suiv.

finitive, en suivant la même voie et les mêmes formes que pour les inventaires, bilans et comptes annuels.

Art. 133. Après l'approbation des comptes de gestion, de l'inventaire et du bilan, ils effectueront la remise aux liquidateurs de tous les documents, livres, papiers, fonds et avoir de la société, afin que la liquidation puisse commencer.

Art. 134. Sauf les stipulations et déclarations contraires, il appartient aux liquidateurs :

1° De représenter la société en justice et extrajudiciairement;

2° De provoquer et réaliser le recouvrement des dettes actives de la société;

3° De vendre les biens meubles ;

4° De s'entendre avec les débiteurs ou les créanciers de la société, en justice ou extrajudiciairement, sur le mode de payement de leurs dettes ou créances; ils peuvent, dans ce but, tirer, endosser et accepter des lettres de change ou titres de créance;

5° De partager l'avoir liquide de la société.

§ 1er. Sans une autorisation expresse, conférée en réunion ou assemblée générale des associés, les liquidateurs ne peuvent :

1° Continuer jusqu'au partage le commerce de la société, et poursuivre jusqu'à leur réalisation définitive les opérations pendantes;

2° Contracter des emprunts pour le payement des dettes de la société;

3° Grever, hypothéquer ou aliéner les biens immeubles de la société, ni transiger quant à ces biens;

4° Se désister de procès dans lesquels la société est partie.

§ 2. L'aliénation des biens immeubles devra avoir lieu aux enchères publiques, à moins qu'une autorisation de la société ne permette de les vendre de gré à gré.

Art. 135. Les associés détermineront, dans l'acte de nomination des liquidateurs, le délai dans lequel la liquidation devra être achevée.

§ 1<sup>er</sup>. Lorsque les liquidateurs n'ont pas été nommés par les associés, ou qu'il ne leur a pas été fixé de délai pour la liquidation, ce délai sera déterminé par le tribunal compétent, les associés entendus, lesquels seront convoqués à cet effet par des avis insérés dix jours à l'avance dans la feuille officielle.

§ 2. Si la liquidation ne peut être achevée dans le délai fixé par les associés ou par le tribunal, ce délai pourra être prorogé une fois seulement et pour un temps n'excédant pas la moitié de celui qui avait été primitivement fixé.

§ 3. Si, à l'expiration de ce délai, la liquidation n'est pas terminée, elle sera continuée judiciairement, conformément aux dispositions de l'article 138, § unique [1].

Art. 136. Les liquidateurs exigeront des associés le payement des sommes dont ils sont débiteurs envers la société et qui seront nécessaires pour faire face aux divers arrangements et aux dépenses de la liquidation.

Art. 137. Les créanciers de la société sont préférés aux créanciers personnels des associés, sur les biens sociaux; mais, lorsque ces derniers ne peuvent être payés sur le restant de la

_______

[1] L'article 135 a été intercalé dans le projet par la commission de la Chambre des députés.

part revenant à leur débiteur, ils seront subrogés aux droits que celui-ci pourrait avoir contre ses anciens coassociés, à raison de ce qu'il aurait payé pour les dettes sociales en sus de la part contributive à sa charge.

Art. 138. Lorsque les dettes sont payées ou que l'on a consigné les sommes nécessaires pour en assurer le payement, on procédera au partage des valeurs liquides dans la proportion de la part revenant à chacun des associés.

§ *unique*. Seront applicables aux partages entre les associés commerciaux les règles générales établies pour les partages entre cohéritiers [1].

Art. 139. Les liquidateurs présenteront chaque mois une balance de leurs opérations, et rendront leurs comptes tous les ans, dans les conditions prescrites aux administrateurs des sociétés.

Art. 140. La liquidation terminée, les liquidateurs soumettront à l'approbation de ceux qui les auront nommés les comptes définitifs et un rapport détaillé sur l'accomplissement de leur mandat, en y joignant toutes les pièces de nature à l'éclaircir et à le justifier.

Art. 141. La responsabilité des liquidateurs subsiste, conformément aux règles générales concernant le mandat, jusqu'à l'approbation définitive de leurs comptes de liquidation et au partage; sauf les actions compétant aux anciens associés, à raison des erreurs ou fraudes qui s'y trouveraient contenues et qu'on découvrirait ultérieurement.

Art. 142. Le procès-verbal d'approbation définitive des comptes

---

[1] Voir C. civ. portugais, art. 2126 et suiv.

de liquidation et de partage, ou la sentence judiciaire qui sera rendue à cet effet, sera publiée et inscrite sur le registre à ce destiné, comme fixant le terme de l'existence juridique de la société.

Art. 143. Dans leur dernière réunion ou assemblée générale, les associés désigneront la personne qui devra rester dépositaire des livres, papiers et documents de la société, pour tous les effets légaux.

§ 1er. Si la liquidation a été faite en justice ou si la désignation prévue au présent article n'a pas eu lieu, le dépôt sera effectué dans les archives de l'étude (*cartorio*) où le procès aura été suivi.

§ 2. Les livres, papiers et documents dont il est question dans cet article seront conservés pendant cinq ans.

Art. 144. Seront applicables aux sociétés en liquidation toutes les dispositions relatives aux sociétés en activité qui ne sont pas incompatibles avec la liquidation, et sauf les dispositions spéciales.

§ 1er. Les charges des administrateurs passent avec la même responsabilité aux liquidateurs.

§ 2. La liquidation ne libère pas les associés et n'empêche pas l'ouverture de la faillite.

§ 3. En cas de liquidation, la raison sociale sera toujours accompagnée des mots « en liquidation ».

### SECTION VIII.

#### DES PUBLICATIONS.

Art. 145. Les publications concernant les sociétés, prescrites par le présent code, devront avoir lieu :

1° Dans la feuille officielle du gouvernement et dans un des journaux les plus répandus de la localité, quand la société a son siège dans la partie continentale du royaume;

2° Dans la gazette officielle de la localité ou, à défaut, dans un des journaux qui y sont le plus répandus, quand le siège de la société sera dans l'une des îles adjacentes ou des provinces d'outre-mer.

§ 1er. Toutes les fois qu'un tiers, ou plus, du capital social sera souscrit ou fourni par des associés résidant dans la partie continentale du royaume, quand la publication doit se faire conformément au n° 2 du présent article, ou si, les associés résidant dans une des îles adjacentes ou des provinces d'outre-mer, la publication est faite en exécution du n° 1, les publications prescrites devront, autant que possible, être faites également dans la feuille officielle du gouvernement, ou, le cas échéant, dans la gazette officielle de la localité.

§ 2. Ces publications seront faites aux frais de la société.

SECTION IX.

**DES ACTIONS.**

Art. 146. Tout associé ou actionnaire qui aura protesté, dans une réunion ou assemblée générale des membres de la société, contre une délibération prise en opposition avec les dispositions expresses de la loi ou de l'acte de société, peut, dans les vingt jours, porter sa protestation, avec les preuves à l'appui, devant le tribunal de commerce compétent, et demander que, la société ayant été entendue, la délibération soit déclarée nulle.

Art. 147. Le gouvernement peut intenter devant les tribunaux compétents, par l'entremise du ministère public, les actions qui seront nécessaires pour faire déclarer non existantes les sociétés qui fonctionnent ou s'établissent en contravention aux dispositions du présent code.

Aʀᴛ. 148. Les créanciers de toute société pourront :

1° Exercer les droits de la société, relatifs aux versements de capital non effectués, et qui sont exigibles en vertu de l'acte de société, d'une délibération des sociétaires ou d'un jugement;

2° Réclamer en justice les versements de capital stipulés dans le pacte social qui seront nécessaires à la conservation de leurs droits.

§ 1ᵉʳ. Il incombe aux administrateurs de la société d'assurer l'exécution des décisions rendues par les tribunaux, aux termes du numéro précédent.

§ 2. La société peut néanmoins faire écarter la demande des créanciers, en leur remboursant le montant de leurs créances, avec les intérêts moratoires, lorsqu'elles sont échues, ou sous escompte de droit, si elles ne le sont pas, et de plus les frais.

Aʀᴛ. 149. Dans les sociétés où le capital social est représenté par des actions, les actionnaires qui en posséderont un cinquième peuvent requérir le juge compétent aux fins que, après avoir entendu les représentants de ces sociétés, il fasse procéder à une enquête judiciaire dans leurs livres, documents, comptes et papiers, à charge par eux d'indiquer les points de fait sur lesquels devra porter cette enquête.

## SECTION X.

### DES PRESCRIPTIONS.

Aʀᴛ. 150. Se prescrivent par cinq ans les actions auxquelles donnent lieu les contrats de société ou actes sociaux, si les inscriptions et publications ordonnées par le présent code ont été faites.

§ *unique.* La prescription commencera à courir :

1° Du jour de l'échéance de l'obligation dont il s'agit;

2° De la dernière publication de la dissolution de la société, quand cette dissolution aura lieu avant l'échéance de l'obligation;

3° De l'approbation du bilan définitif des liquidateurs, quant aux obligations résultant de la liquidation;

4° Du transfert des actions cédées, quant à la responsabilité du cédant, et, dans les sociétés coopératives, de l'exclusion ou de l'exonération de l'associé.

## CHAPITRE II.

### DES SOCIÉTÉS EN NOM COLLECTIF.

Art. 151. Dans une société en nom collectif, le droit de décision et la haute surveillance des affaires et intérêts sociaux appartiennent aux associés réunis en la forme prescrite par l'acte de société.

§ 1er. Les délibérations de la société seront prises à la pluralité des voix.

§ 2. La majorité des associés ne peut entreprendre des opérations différentes de celles qui sont expressément spécifiées dans l'acte de société, ni changer ou modifier l'espèce de la société ou les clauses du pacte social, contre la volonté de l'un des associés, fût-il seul; à moins de stipulation contraire dans l'acte de société.

§ 3. Les délibérations sociales seront insérées dans le registre des procès-verbaux, toutes les fois qu'il sera nécessaire de constater une décision expresse des associés.

Aʀᴛ. 152. L'associé ou les associés dûment désignés dans l'acte de société peuvent seuls faire usage de la signature sociale et, par suite, engager la société ainsi que les autres associés.

§ 1ᵉʳ. Les associés non autorisés à faire usage de la signature sociale n'obligent pas la société par les actes qu'ils font én son nom et sous sa signature; mais ils encourent la responsabilité civile et criminelle qui peut découler de ce fait.

§ 2. Dans le silence de l'acte de société, chaque associé peut faire usage de la signature sociale, conformément au présent article.

Aʀᴛ. 153. Chaque associé, dans une société en nom collectif, répondra solidairement de tous les engagements sociaux, bien qu'ils n'aient été souscrits que par l'un d'eux seulement, lorsqu'il aura agi avec la signature sociale et en vertu de pouvoirs dont il était investi.

§ 1ᵉʳ. Toutefois les créanciers d'une société en nom collectif ne seront pas admis à se faire payer sur les biens personnels des associés, avant d'avoir discuté le capital social.

§ 2. Si quelqu'un qui n'est pas associé dans une société en nom collectif fait figurer son nom ou sa raison de commerce dans la raison sociale, il encourt la responsabilité solidaire prévue par le présent article, sans préjudice de la responsabilité criminelle qu'il peut encourir.

§ 3. Le pouvoir d'administrer emportera toujours le droit exclusif d'user de la signature sociale; et il faudra une délégation expresse de la société pour qu'un associé non administrateur puisse en faire usage dans des actes expressément spécifiés dans la procuration qu'il aura reçue.

Aʀᴛ. 154. Les associés chargés de l'administration d'une société en nom collectif jouiront des mêmes droits que ceux qui sont attribués aux administrateurs des sociétés civiles par les articles 1268 à 1270 du Code civil[1].

Art. 155. L'administration de la société attribuée à un associé par une clause spéciale de l'acte de société ne peut être révoquée.

§ *unique.* Toutefois, si l'associé administrateur fait un mauvais usage du pouvoir qui lui a été conféré par l'acte de société, et que sa gestion mette manifestement en péril le fonds commun, les autres associés pourront nommer un administrateur chargé d'intervenir dans toutes les opérations de la société, ou demander judiciairement la rescision de l'acte de société.

Art. 156. Si le pouvoir d'administrer a été conféré par un acte postérieur au contrat primitif de société en nom collectif, il sera révocable, comme un simple mandat, au gré des associés.

§ *unique.* Pour que cette révocation ait lieu, il suffit qu'elle soit arrêtée par la majorité des associés non administrateurs.

Art. 157. Les associés d'une société en nom collectif qui n'exercera pas une espèce de commerce déterminée ne pourront pas faire des actes de commerce sans le consentement préalable de la société, sous peine de perdre au profit de celle-ci les béné-

---

[1] D'après ces articles, chacun des associés administrateurs est libre d'agir indépendamment de ses collègues, à moins qu'il n'ait été convenu que leur action devait toujours être collective ; il peut user des choses de la société, à condition de ne pas priver ses coassociés de la même faculté et de ne pas faire de tort à la société ; il peut contraindre ses coassociés à contribuer avec lui aux dépenses nécessaires à la conservation des biens sociaux ; mais il n'a pas le droit, sans leur consentement, d'aliéner ou d'hypothéquer les immeubles, si utile que lui paraisse l'opération. En cas de divergences de vues, c'est la majorité qui décide.

fices réalisés et de répondre personnellement du préjudice qu'elle en aura souffert.

Art. 158. Si la société en nom collectif a été constituée en vue d'un commerce d'une espèce déterminée, les associés pourront faire librement toutes opérations commerciales qui ne seront pas de la même espèce, sauf stipulation contraire.

Art. 159. Aucun associé d'une société en nom collectif ne pourra retirer ou distraire du fonds commun une somme supérieure à celle qui aura été fixée pour ses dépenses personnelles, sous peine d'avoir à réintégrer l'excédent retiré ou distrait, comme s'il n'avait pas complété sa mise sociale, et de répondre des pertes et dommages.

Art. 160. Tout associé d'une société en nom collectif a droit d'être indemnisé :

1° Par la société, pour toute somme déboursée au profit de cette société, en sus du capital qu'il s'était obligé de verser et des intérêts en dépendant; à raison des obligations contractées de bonne foi pour l'avantage commun des associés; à raison des pertes et dommages qu'il aura éprouvés par suite d'actes accomplis en sa qualité d'associé; enfin, à raison des frais de voyage, d'entretien et autres, motivés par des opérations intéressant la société;

2° Par ses coassociés, sauf convention contraire, pour toutes les sommes que, par suite de la responsabilité solidaire, il aura dû débourser, en cas de pertes éprouvées par la société, en sus de la part contributive qui lui incombait.

Art. 161. Pour qu'un associé puisse céder à autrui sa part dans une société en nom collectif, il faut qu'il y ait été autorisé par tous ses coassociés.

## CHAPITRE III.

### DES SOCIÉTÉS ANONYMES.

### SECTION PREMIÈRE.

#### DE LA CONSTITUTION DES SOCIÉTÉS ANONYMES.

ART. 162. Une société anonyme ne peut être définitivement constituée que lorsqu'elle remplit les conditions suivantes; il faut :

1° Que le nombre des associés soit de dix au moins;

2° Que le capital social ait été souscrit intégralement;

3° Que les souscripteurs aient versé 10 p. o/o en argent du montant de leur souscription, et que la somme versée ait été déposée à la Caisse générale des dépôts, à l'ordre de l'administration qui sera élue, avec déclaration expresse du montant de la somme souscrite par chaque associé;

4° Qu'on ait adopté une dénomination sociale qui ne soit pas identique à celle d'une autre société déjà existante, ou assez semblable pour pouvoir induire en erreur.

§ 1er. Les sociétés anonymes d'assurances et toutes celles dont le capital ne sera pas destiné immédiatement et directement à la réalisation de leur objet, mais servira uniquement de garantie subsidiaire aux opérations sociales, peuvent être constituées avec un dépôt de 5 p. o/o du capital souscrit.

§ 2. Les sociétés qui auront pour objet l'acquisition d'immeubles, en vue d'en conserver la propriété et la possession pendant plus de dix ans, ne pourront être constituées qu'avec une autorisation spéciale des pouvoirs exécutif et législatif, selon les lois en vigueur.

§ 3. Pour faciliter la vérification de l'accomplissement de la condition imposée par le n° 4 du présent article, on continuera à tenir au ministère des travaux publics, du commerce et de l'industrie, un registre spécial des dénominations des sociétés anonymes.

§ 4. Le dépôt dont il est question dans la troisième des conditions énoncées ci-dessus ne pourra être retiré par l'administration de la société qu'après l'inscription définitive de l'acte de société; et, si la société n'est pas définitivement constituée conformément aux dispositions du paragraphe 6 de l'article 164, chacun des souscripteurs pourra retirer, après due justification, les fonds par lui versés [1].

Art. 163. Si ceux qui se proposent de fonder une société anonyme ont souscrit le capital entier, ils pourront, dès que les conditions exigées par l'article précédent auront été remplies, constituer définitivement la société en passant l'acte authentique requis.

Art. 164. Quand, pour la constitution d'une société anonyme, on veut recourir à une souscription publique, les fondateurs doivent constituer provisoirement la société en faisant dresser l'acte authentique requis.

§ 1er. Cet acte sera publié et enregistré provisoirement au greffe du tribunal de commerce compétent.

§ 2. Les conditions imposées par le paragraphe précédent étant remplies, on pourra dresser le programme de la souscription; il devra indiquer :

1° La date de la constitution provisoire faite par les fondateurs et l'endroit où l'acte prescrit a été dressé, publié et enregistré;

---

[1] Le paragraphe 4 a été intercalé dans le projet sur la proposition de la Chambre des députés, et, quant à sa seconde partie, conformément à un amendement présenté à la Chambre des pairs par M. Fernandes Vaz.

2° L'objet de la société, le capital social et le nombre des actions;

3° Les versements à faire et les conditions dans lesquelles ils doivent être effectués;

4° Les avantages particuliers attribués aux fondateurs;

5° Les noms et domiciles des directeurs, si ceux-ci se trouvent nommés pour la première administration de la société;

6° La convocation des souscripteurs à une assemblée qui aura lieu dans le délai de trois mois, pour constituer définitivement la société;

7° L'indication de la personne qui devra présider cette assemblée.

§ 3. Il est défendu de réserver des actions ou obligations bénéficiaires (*beneficiarias*). Les fondateurs peuvent seulement réserver à leur profit un prélèvement qui ne soit pas supérieur au dixième des bénéfices nets de la société, pour un temps n'excédant pas un tiers de la période pour laquelle la société est constituée et ne dépassant jamais dix années. Ce dixième ne sera jamais payé qu'après l'approbation du bilan annuel.

§ 4. Les souscriptions étant recueillies, les fondateurs présenteront à l'assemblée, au jour fixé, les pièces justificatives constatant qu'ils ont satisfait aux prescriptions de l'article 162.

§ 5. Dans cette assemblée, chaque souscripteur aura droit à une voix, quel que soit le nombre des actions souscrites.

§ 6. Si la majorité des souscripteurs présents, en exceptant les fondateurs, se prononce pour la constitution définitive de la société, elle sera tenue pour constituée; on procédera à l'élection de la direction, si elle n'a pas été désignée dans l'acte de société, et l'on dressera procès-verbal du tout.

§ 7. La société gardera dans ses archives la liste des souscriptions, ainsi que toutes les pièces, dûment légalisées, constatant qu'il a été satisfait aux exigences de l'article 162.

§ 8. L'enregistrement[1] provisoire de l'acte de société deviendra définitif, lors de la présentation du procès-verbal dressé en conformité du paragraphe 6 et des pièces constatant l'accomplissement des conditions imposées par l'article 162.

ART. 165. Les fondateurs des sociétés anonymes sont responsables solidairement et indéfiniment de tous les actes faits jusqu'à la constitution définitive de la société, sauf leur recours contre elle, s'il y a lieu.

§ *unique.* Si la société n'est pas constituée définitivement aux termes du paragraphe 6 de l'article précédent, les conséquences et les frais des actes faits dans ce but par les fondateurs restent à leur charge, sans recours contre les simples souscripteurs.

SECTION II.

DES ACTIONS.

ART. 166. Le capital des sociétés anonymes, constitué en argent ou en valeurs de quelque autre nature, est toujours divisé en actions d'égale valeur, qui le représentent; toutefois le même titre peut représenter plus d'une action.

§ 1er. Les actions sont toujours nominatives, tant que la valeur nominale n'en a pas été intégralement versée.

§ 2. Après la libération des actions, les intéressés peuvent exiger qu'on leur remette des titres au porteur, quand il n'y aura pas dans les statuts de stipulation expresse en sens contraire.

---

[1] Le mot « enregistrement », employé indifféremment avec celui d'inscription, s'entend de l'inscription sur le registre du commerce et non de l'enregistrement, avec le sens qu'il a généralement en France de mesure fiscale.

§ 3. Avant de délivrer les actions aux souscripteurs, les sociétés pourront leur remettre des titres provisoires représentatifs des souscriptions, et qui équivaudront aux actions pour tous les effets.

Art. 167. Les actions seront signées par un ou plusieurs des directeurs, et elles devront mentionner :

1° La dénomination de la société;

2° La date de sa constitution et celle de sa publication;

3° L'indication du capital social, les espèces de valeurs qui ont servi à le réaliser et le nombre des actions;

4° La valeur nominale du titre et les versements effectués.

Art. 168. Il y aura au siège de la société un registre dont tous les actionnaires pourront prendre connaissance et qui constatera :

1° Les noms des souscripteurs et les numéros de leurs actions;

2° Les versements qu'ils auront effectués;

3° Le transfert des actions nominatives avec l'indication de la date;

4° La désignation précise des actions converties en titres au porteur et des titres créés à l'occasion de cette substitution;

5° Le nombre des actions consignées en garantie de la bonne exécution des engagements de la société.

§ 1er. La propriété et le transfert des actions nominatives n'auront d'effet à l'égard soit de la société, soit des tiers, qu'à dater de l'inscription qui en aura été faite sur le registre mentionné au présent article.

§ 2. Quand divers individus deviendront copropriétaires d'une même action ou d'un même titre au porteur, la société ne sera pas tenue d'enregistrer ni de reconnaître ce transfert, tant qu'ils ne choisiront pas l'un d'eux pour les représenter auprès de la société, quant à l'exercice de leurs droits et à l'accomplissement de leurs obligations.

Art. 169. Les actions ne peuvent être prises partie en souscription particulière, partie en souscription publique; elles ne sont négociables qu'après la constitution définitive de la société et le versement effectif de 3o p. o/o de leur valeur nominale[1].

§ 1er. Sont exceptées les actions des sociétés mentionnées au paragraphe 1er de l'article 162, qui seront négociables dès que le versement de 10 p. o/o de leur valeur nominale aura été effectué.

§ 2. Une société ne pourra acquérir ses propres actions et se livrer à des opérations sur lesdites actions qu'autant que ses statuts l'y autoriseront expressément; le silence des statuts équivaut à une prohibition absolue[2].

[1] La défense d'émettre des actions, partie en souscription particulière, partie en souscription publique, a été ajoutée au projet ministériel par la Chambre des députés. Ce projet subordonnait, d'autre part, la faculté de négocier les actions à un versement préalable de 5o p. o/o, et ce chiffre avait été accepté sans observations par la commission de la Chambre; mais, à la suite de la discussion en séance, il a été abaissé à 3o p. o/o et la Chambre des pairs a ratifié cette modification. On sait qu'en Italie, les actions doivent rester nominatives jusqu'à entière libération; si elles ont été aliénées antérieurement, les souscripteurs et les cessionnaires successifs sont tenus du montant total (C. com. italien, art. 166); en Espagne, les actions peuvent être mises au porteur dès qu'elles sont libérées de 5o p. o/o, et les porteurs seuls répondent des versements ultérieurs (C. com. espagnol, art. 164).

[2] La Chambre des députés avait proposé d'interdire absolument cet achat d'actions, sauf pour les amortir. C'est la Chambre des pairs qui a fait prévaloir la rédaction actuelle, «la publicité donnée, grâce à l'enregistrement, à toutes les clauses de l'acte de société lui ayant paru donner aux tiers assez de garanties pour que cette liberté pût être laissée à la société sans inconvénient pour personne».

**Art. 170.** Tant que les actions ne sont pas entièrement libérées, les actionnaires qui les ont souscrites demeureront responsables du montant de leur souscription.

§ 1ᵉʳ. Les versements en retard peuvent être exigés des souscripteurs primitifs et de tous ceux à qui les actions auront été successivement transférées.

§ 2. Celui qui, en vertu de l'obligation résultant du présent article, aura à effectuer un payement à raison d'une action dont il ne sera plus propriétaire, en deviendra copropriétaire dans la proportion du versement qu'il aura opéré.

§ 3. Les statuts peuvent établir les pénalités qui seront encourues par les actionnaires et les souscripteurs négligents, sauf cependant les droits reconnus aux créanciers dans l'article 148.

§ 4. Dans le cas spécial des sociétés auxquelles s'applique le paragraphe 1ᵉʳ de l'article 162, les statuts peuvent permettre d'exonérer de toute responsabilité ceux qui cèdent leurs actions, si la solvabilité des acquéreurs a été constatée, et sans préjudice du droit des personnes qui seraient alors créancières de la société [1].

SECTION III.

DE L'ADMINISTRATION ET DE LA SURVEILLANCE.

**Art. 171.** L'administration des sociétés anonymes est confiée à une direction et la surveillance de cette administration à un conseil de surveillance (*conselho fiscal*) élus par l'assemblée générale.

§ *unique*. La première direction peut être désignée dans l'acte constitutif de la société, pour une durée de trois ans au plus, et sans préjudice du droit de révocation, conformément à l'article suivant.

----

[1] Disposition ajoutée par la commission de la Chambre des députés.

Art. 172. Les directeurs seront choisis parmi les associés; ils seront nommés pour un temps fixe et déterminé, qui ne pourra pas excéder trois ans; leur mandat pourra toujours être révoqué par l'assemblée générale, si elle le juge convenable.

§ 1er. Les statuts détermineront si, à l'expiration du mandat, il pourra être renouvelé; à défaut, ce renouvellement devra être considéré comme interdit.

§ 2. Les statuts indiqueront aussi le moyen de suppléer aux absences (*faltas*) temporaires de l'un des directeurs; s'ils ne l'indiquent pas, il appartiendra au conseil de surveillance et, à défaut, au bureau de l'assemblée générale de pourvoir aux remplacements jusqu'à la réunion de cette assemblée.

Art. 173. Les directeurs des sociétés anonymes ne contractent aucune obligation personnelle ou solidaire à raison des opérations de la société; mais ils répondent personnellement et solidairement, vis-à-vis de la société et des tiers, de l'exécution de leur mandat et de la violation des statuts ou des prescriptions de la loi.

§ 1er. Sont exempts de cette responsabilité les directeurs qui n'auront point pris part à la résolution dont il s'agit, ou qui auront protesté contre les délibérations de la majorité avant qu'on se soit prévalu contre eux de cette responsabilité.

§ 2. Les directeurs d'une société anonyme ne peuvent faire pour son compte des opérations étrangères à son objet et à son but, sans être considérés comme ayant commis une violation expresse de leur mandat.

§ 3. Il est expressément défendu aux directeurs de ces sociétés de faire pour leur propre compte, directement ou indirectement, des affaires avec la société dont la gérance leur aura été confiée.

§ 4. Les directeurs d'une société anonyme ne peuvent exercer personnellement un commerce ou une industrie semblable à ceux de la société, à moins d'une autorisation spéciale et expresse de l'assemblée générale [1].

Art. 174. Les directeurs ne pourront jamais entrer en fonctions qu'après avoir fourni caution de leur gestion conformément aux statuts et, en cas de silence de ceux-ci, dans les conditions déterminées par l'assemblée générale.

Art. 175. Le conseil de surveillance sera composé de trois associés au moins, choisis par l'assemblée générale.

§ 1er. Les statuts indiqueront comment il doit être suppléé aux absences (*faltas*) temporaires de l'un des membres du conseil; à défaut, il appartiendra au bureau de l'assemblée générale de pourvoir à son remplacement jusqu'à la réunion de ladite assemblée.

§ 2. Sera applicable au conseil de surveillance la disposition de l'article 172 et de son paragraphe 1er [2].

Art. 176. Les attributions du conseil de surveillance sont :

1° D'examiner, toutes les fois qu'il le juge convenable et pour le moins de trois en trois mois, les écritures de la société;

2° De convoquer l'assemblée générale extraordinairement quand il le jugera nécessaire, à condition que, dans ce cas, le conseil soit unanime, quand il sera composé de trois membres

[1] Disposition introduite par la commission de la Chambre des pairs, à la suite d'un amendement de M. Silva Amado.

[2] Les deux paragraphes de l'article 175 ont été intercalés dans le texte sur la proposition de la commission de la Chambre des députés et rédigés en leur forme actuelle sur la proposition de la commission de la Chambre des pairs.

seulement, et que ce soit l'avis des deux tiers, lorsqu'il comptera un plus grand nombre de membres;

3° D'assister aux réunions de la direction toutes les fois qu'il le jugera convenable;

4° De contrôler l'administration de la société en vérifiant fréquemment l'état de la caisse, l'existence des titres ou valeurs de toute espèce confiés à la garde de la société;

5° De s'assurer de l'exécution des statuts relativement aux conditions fixées pour l'admission des associés dans les assemblées;

6° De surveiller les opérations de la liquidation de la société;

7° De donner son avis sur le bilan, l'inventaire et le rapport présentés par la direction;

8° Et, en général, de veiller à ce que les dispositions de la loi et des statuts soient observées par la direction.

§ *unique.* Chaque membre du conseil de surveillance peut exercer séparément le droit que donne au conseil le n° 3 du présent article.

ART. 177. Les fonctions de membre de la direction ou du conseil de surveillance sont rémunérées, à moins de disposition contraire dans les statuts.

§ *unique.* Si la rémunération ne se trouve pas fixée, dans le cas où elle est due, elle sera déterminée par l'assemblée générale.

ART. 178. Les sociétés anonymes qui exploiteront des concessions faites par l'État ou par un corps administratif, ou qui jouiront de quelque privilège ou monopole, pourront, suivant les cas, être contrôlées par les agents du gouvernement ou par ceux de ce corps, encore que le droit de surveillance n'ait pas été expressément établi par le titre constitutif.

§ 1ᵉʳ. Le contrôle se borne à s'assurer de l'exécution de la loi et des statuts, et spécialement de la manière dont il est satisfait tant aux conditions insérées dans les actes de concession qu'aux obligations stipulées en faveur du public : à cet effet, il pourra être procédé à toutes investigations dans les archives et les écritures de la société.

§ 2. Les agents spéciaux dont il s'agit dans le présent article pourront assister à toutes les réunions de la direction et de l'assemblée générale, et faire insérer dans les procès-verbaux leurs observations, à telles fins que de droit.

§ 3. Les agents spéciaux informeront toujours le gouvernement ou le corps administratif intéressé de toute faute commise par les sociétés et, à la fin de chaque année, lui enverront un rapport circonstancié.

### SECTION IV.

#### DES ASSEMBLÉES GÉNÉRALES.

Art. 179. Les assemblées générales des actionnaires sont ordinaires ou extraordinaires.

§ *unique.* L'assemblée ordinaire se réunit au moins une fois par an, dans les quatre premiers mois après la clôture de l'exercice précédent; elle devra :

1° Discuter, approuver ou modifier le bilan et le rapport du conseil de surveillance;

2° Remplacer les directeurs et les membres du conseil de surveillance arrivés au terme de leur mandat;

3° S'occuper de tout autre objet pour lequel elle aura été convoqué.

Art. 180. Les assemblées générales extraordinaires seront convoquées toutes les fois que la direction ou le conseil de surveillance le jugera nécessaire, ou qu'elles seront réclamées par des actionnaires représentant la vingtième partie du capital souscrit, à moins que les statuts n'exigent qu'ils représentent une quotité plus élevée de ce capital.

§ *unique.* Si la convocation provoquée par les actionnaires n'a pas eu lieu dans la huitaine, elle sera ordonnée par le juge du tribunal de commerce compétent, et elle sortira effet, dès que les conditions portées aux statuts auront été remplies.

Art. 181. La convocation des assemblées générales sera faite au moyen d'annonces publiées quinze jours au moins avant l'époque fixée, et sous les autres conditions prescrites par les statuts, l'objet à l'ordre du jour devant toujours être indiqué.

§ *unique.* Est nulle toute délibération prise sur un objet autre que celui pour lequel l'assemblée générale aura été convoquée, à moins qu'elle n'ait été portée à la connaissance des actionnaires absents, en la forme requise pour les convocations, et n'ait donné lieu à aucune protestation dans un délai de trente jours [1].

Art. 182. Sauf convention contraire, l'assemblée générale élira tous les deux ans, parmi les actionnaires, un président, un vice-président, deux secrétaires et deux vice-secrétaires.

§ 1er. Les titulaires sortants sont rééligibles.

§ 2. En cas d'absence ou d'empêchement du président et du vice-président, ils seront remplacés par le plus fort actionnaire, ou, lorsque celui-ci ne voudra ou ne pourra pas accepter cette charge, par l'associé qui viendra immédiatement après à raison du nombre de ses actions, et ainsi de suite, le plus âgé devant être préféré à circonstances égales.

[1] Cette atténuation à la règle absolue a été insérée dans la loi sur la proposition de la commission de la Chambre des députés.

§ 3. En cas d'absence ou d'empêchement des secrétaires et vice-secrétaires, le président invitera à remplir ces fonctions les deux actionnaires qu'il y jugera les plus aptes.

Art. 183. L'assemblée générale sera convoquée et dirigée par le président ou par son remplaçant.

§ 1er. Les secrétaires sont chargés de toutes les écritures auxquelles donnent lieu les assemblées générales.

§ 2. Les délibérations seront toujours prises à la majorité absolue des voix, excepté dans les cas où les statuts exigent une majorité plus forte.

§ 3. Aucun actionnaire, quel que soit le nombre de ses actions, ne pourra représenter plus du dixième des voix attribuées à l'ensemble des actions émises, ni plus du cinquième des voix des membres présents ou représentés (*votos que se apurarem*) à l'assemblée générale [1].

§ 4. Lorsque les statuts subordonneront le droit de suffrage dans les assemblées à la possession d'un certain nombre d'actions, les actionnaires possesseurs d'un nombre d'actions insuffisant pourront se grouper de manière à compléter le nombre voulu et se faire représenter par l'un des membres du groupe [2].

§ 5. Les procès-verbaux des diverses séances seront signés par le président et les secrétaires, et transcrits sur le registre à ce destiné.

---

[1] Le projet ministériel proposait respectivement un cinquième et deux cinquièmes; c'est la commission de la Chambre des députés qui a réduit de moitié les deux chiffres.

[2] Ce paragraphe est dû à l'initiative de la même commission, et il a été inspiré par la même pensée : assurer aux petits actionnaires leur légitime part d'intervention.

Art. 184. Quand une assemblée générale, régulièrement convoquée selon les règles prescrites par les statuts, ne pourra fonctionner parce que le nombre des actionnaires ou le chiffre du capital représenté ne sera pas suffisant, les intéressés seront immédiatement convoqués à une nouvelle réunion, qui se tiendra dans les trente jours, mais pas avant quinze; et les délibérations prises dans cette seconde réunion seront valables, quels que soient le nombre des actionnaires présents et la quotité du capital représenté.

§ *unique.* Demeure excepté de cette disposition le cas où la réunion générale a pour objet la nomination de liquidateurs; on appliquera alors la disposition de l'article 131, § 2.

Art. 185. Si les statuts n'en ont pas disposé autrement, les actionnaires qui n'auront pas droit de suffrage et les porteurs d'obligations pourront assister aux assemblées générales et discuter les questions portées à l'ordre du jour, mais sans prendre part au vote.

Art. 186. Tout actionnaire a le droit de protester contre les délibérations prises en opposition avec les dispositions expresses de la loi ou des statuts, et pourra demander au juge président du tribunal de commerce compétent d'en suspendre l'exécution, après une notification préalable aux directeurs.

§ 1er. Les délibérations des assemblées générales contraires aux prescriptions de la loi ou des statuts engagent indéfiniment la responsabilité de la société, mais seulement à l'égard des actionnaires qui les auront expressément acceptées.

§ 2. Les résolutions prises et les actes accomplis par la direction contrairement aux prescriptions de la loi ou des statuts, ou aux délibérations des assemblées générales, n'engagent pas la société, et tous ceux qui y participeront seront personnellement et solidairement responsables des conséquences; sauf le cas de protestation aux termes du présent code.

Art. 187. Quand, dans une société anonyme, il y aura des actionnaires résidant en pays étranger qui représenteront au moins 25 p. o/o du capital souscrit, ils pourront se réunir en conférence aux fins suivantes :

1° D'examiner et de discuter le rapport et les comptes annuels présentés par la direction, ainsi que l'avis émis sur ces documents par le conseil de surveillance;

2° De nommer parmi eux un ou plusieurs actionnaires qui viendront au siège de la société pour les représenter à l'assemblée générale ordinaire où cet avis sera discuté.

§ 1er. Les actionnaires choisis en exécution du n° 2 du présent article seront admis à l'assemblée générale sur le vu du procès-verbal de la conférence, dûment légalisé et contenant :

1° L'indication nominative des actionnaires qui se sont réunis;

2° Une déclaration qu'ils ont eu connaissance des documents auxquels se réfère le n° 1 du présent article;

3° L'indication des délégués choisis et des pouvoirs qui leur ont été conférés.

§ 2. Ces délégués auront, dans l'assemblée générale, autant de voix que les statuts en accordent à leurs commettants.

§ 3. Pour donner effet aux dispositions du présent article, ainsi que des numéros et paragraphes qu'il contient, les actionnaires résidant en pays étranger, dont s'occupe le présent article, en nommeront un parmi eux pour recevoir de l'administration centrale les exemplaires du rapport, des comptes et de l'avis, procéder à leur distribution, convoquer la conférence et correspondre avec le président de la direction.

§ 4. Dès que le rapport et les documents auxquels se réfère le présent article auront été examinés par le conseil de surveillance, la direction est tenue d'en remettre une copie à l'actionnaire qui aura été nommé en conformité et aux fins du paragraphe précédent.

§ 5. Les dispositions qui précèdent ne préjudicient pas au droit reconnu par les statuts aux actionnaires dont il s'agit, de prendre part personnellement aux travaux de l'assemblée générale, ou de s'y faire représenter par un mandataire spécial, quand ils n'auront pas voulu profiter des facilités que créent en leur faveur le présent article et ses paragraphes.

§ 6. Dans le cas prévu et réglé par le présent article, le délai entre la présentation de l'avis du conseil de surveillance et la discussion sera fixé de manière que les dispositions puissent en être complètement exécutées.

§ 7. Sauf le cas réglementé par le présent article, les actionnaires résidant en pays étranger sont assimilés, en tout et pour tout, aux actionnaires qui résident en Portugal.

SECTION V.

DES INVENTAIRES, DES BILANS, DES COMPTES, DES FONDS DE RÉSERVE ET DES DIVIDENDES.

Art. 188. Tous les semestres, les directeurs des sociétés anonymes présenteront au conseil de surveillance un résumé du bilan de la société.

Art. 189. A la fin de chaque année, la direction présentera à ce même conseil :

1° Un inventaire détaillé de l'actif et du passif de la société;

2° Un compte des profits et pertes;

3° Un rapport sur la situation commerciale, financière et économique de la société, avec l'indication succincte des opérations effectuées ;

4° Une proposition pour la fixation du dividende et des prélèvements à opérer pour constituer le fonds de réserve.

§ 1ᵉʳ. Dans les quinze jours qui suivront la présentation de ces pièces, le conseil de surveillance devra formuler sur elles un avis écrit et motivé.

§ 2. Ce délai expiré, les mêmes pièces demeureront exposées pendant quinze autres jours dans les bureaux de la société, en même temps que la liste des actionnaires appelés à constituer l'assemblée générale.

§ 3. Le bilan, avec l'avis du conseil de surveillance, sera envoyé à chaque actionnaire possesseur de titres nominatifs ou au porteur, qui les aura déposés dans la caisse de la société, huit jours au moins avant le délai fixé pour la réunion de l'assemblée générale [1].

§ 4. Lesdites pièces ne seront soumises à la délibération de l'assemblée générale qu'après l'expiration des délais ci-dessus fixés et l'accomplissement des autres prescriptions du présent article et de ses paragraphes.

ART. 190. L'approbation donnée par l'assemblée générale au bilan et aux comptes de gestion de l'administration libère les directeurs et les membres du conseil de surveillance de leur responsabilité envers la société, à l'expiration des six mois qui l'ont suivie; sauf le cas où il serait prouvé qu'il y a eu dans les inven-

---

[1] Le projet du gouvernement exigeait que ce dépôt fût fait quinze jours à l'avance.

taires et dans le bilan des omissions ou des indications fausses, ayant pour but de dissimuler la véritable situation de la société.

**Art. 191.** Il sera prélevé un vingtième au moins des bénéfices nets réalisés par la société, à l'effet de constituer un fonds de réserve, jusqu'à ce que ce fonds représente le cinquième au moins du capital social.

§ *unique.* Le fonds de réserve devra être reconstitué toutes les fois que, par une cause quelconque, il se trouvera réduit.

**Art. 192.** Il est expressément défendu de stipuler dans les statuts des intérêts fixes et déterminés pour les actions ; elles donnent uniquement droit à une part proportionnelle dans les bénéfices nets, résultant effectivement des opérations de la société, et tels qu'ils sont établis par les bilans.

§ 1er. La distribution de dividendes fictifs est considérée, de la part des directeurs qui l'ont consentie, comme une violation de mandat.

§ 2. Néanmoins, par exception à la disposition précédente, quand les sociétés sont obligées d'immobiliser de grands capitaux dans des constructions, les statuts peuvent accorder aux actionnaires un intérêt déterminé, sur le capital qu'ils ont souscrit et réellement versé, pour un temps qui ne dépassera pas trois ans, et à un taux moyen qui n'excédera pas 5 p. o/o.

§ 3. Dans le cas prévu au paragraphe précédent, les intérêts sont considérés comme des frais d'administration et restent à la charge des bilans postérieurs qui accuseront des dividendes réels supérieurs.

### SECTION VI.

DES PUBLICATIONS OBLIGATOIRES.

Art. 193. Dès que la société sera constituée, ses statuts devront être publiés.

§ 1er. Tous changements qui y seront apportés seront également publiés.

§ 2. En cas de dissolution de la société, ses représentants feront aussitôt publier le procès-verbal de la délibération prise à cet effet.

§ 3. Tous ces documents seront déposés dans les bureaux de la société, à la disposition de tous les intéressés qui voudront les examiner.

Art. 194. Les bilans des sociétés anonymes, après avoir été présentés et discutés en assemblée générale, seront publiés avec les rapports de l'administration et l'avis du conseil de surveillance.

§ *unique*. Une copie de toutes ces pièces, avec la liste générale des actionnaires indiquant les versements qu'ils ont effectués et ceux que la société a encore le droit d'exiger, sera déposée au greffe du tribunal de commerce du siège de la société, où toute personne pourra en réclamer des extraits.

### SECTION VII.

DE L'ÉMISSION D'OBLIGATIONS.

Art. 195. Les sociétés anonymes qui émettront des obligations devront publier, dans la première quinzaine de chaque mois, un état de situation arrêté au dernier jour du mois précédent.

Art. 196. Les sociétés anonymes peuvent émettre des obligations, nominatives ou au porteur, jusqu'à concurrence du capital déjà réalisé et existant d'après le dernier bilan approuvé.

§ *unique.* Seront considérés comme des obligations tous titres quelconques d'obligation générale, quelle qu'en soit la dénomination.

Art. 197. L'émission d'obligations, quoique prévue dans le titre constitutif, ne pourra avoir lieu qu'avec l'autorisation de l'assemblée générale.

Art. 198. L'émission et le transfert des obligations sont soumis aux règles établies pour les actions et aux dispositions suivantes :

1° Le type des obligations devra être identique pour chaque émission; mais elles pourront différer quant au taux de l'intérêt et au délai de l'amortissement;

2° On ne peut faire une émission nouvelle avant que la précédente n'ait été souscrite et réalisée, ni une émission avec primes tirées au sort [1].

§ *unique.* Une société qui a émis des obligations ne peut les racheter ou se livrer à des opérations sur ces titres que dans les conditions prévues par l'article 169, § 2, ou dans le but d'opérer une conversion ou un amortissement [2].

---

[1] L'article 198 a été introduit dans le code par la commission de la Chambre des députés.

[2] La Chambre des députés n'avait admis le rachat d'obligations que s'il avait lieu en vue d'une conversion ou d'un amortissement; c'est la Chambre des pairs qui, en dehors de ces cas, a prévu celui d'une autorisation insérée dans les statuts. Voir, ci-dessus, art. 169, note 2.

## CHAPITRE IV.

### DES SOCIÉTÉS EN COMMANDITE.

Art. 199. La société en commandite peut être constituée en commandite simple, lorsque le capital n'est pas représenté par des actions, et en commandite par actions, lorsque le capital social est représenté par des actions comprenant tout à la fois les mises des associés en nom collectif et les fonds fournis par les associés commanditaires.

Art. 200. Dans la société en commandite, il y a deux éléments distincts : la société en nom collectif et la commandite.

Art. 201. Pour tout ce qui ne se trouve pas spécialement réglé dans le présent chapitre, les sociétés en commandite sont respectivement régies par les dispositions applicables des chapitres ii et iii de ce même titre.

Art. 202. L'associé commanditaire qui consentira à ce que son nom figure dans la raison sociale, et ceux qui feront usage de cette raison, seront personnellement, indéfiniment et solidairement responsables des actes à raison desquels elle aura été employée.

Art. 203. Ne peuvent être gérants effectifs que les associés en nom collectif désignés par le contrat.

§ 1er. Les actes d'administration faits par des associés commanditaires, sans une délégation expresse des gérants autorisée par la réunion des associés ou par l'assemblée générale, n'obligent pas la société et engagent la responsabilité exclusive et personnelle de ceux qui les auront faits.

§ 2. Sauf stipulation contraire, le conseil de surveillance

pourra, en cas d'empêchement ou d'absence temporaire des gérants effectifs, désigner parmi les associés commanditaires ceux qui devront les remplacer pour les actes urgents ou l'expédition des affaires courantes (*actos de mero expediente*); mais il devra demander immédiatement la convocation des associés ou de l'assemblée générale, pour les confirmer dans la gérance provisoire ou pour en nommer d'autres.

§ 3. Les gérants provisoires répondent seulement de l'exécution de leur mandat, sans assumer une responsabilité illimitée.

Art. 204. La responsabilité des associés commanditaires est limitée au montant des fonds pour lesquels ils se sont engagés, et, sauf les cas de dol et de fraude, ils ne peuvent être contraints à rapporter les dividendes qu'ils auront touchés.

Art. 205. Dans les sociétés en commandite par actions, le gérant peut être relevé de ses fonctions, par délibération des associés ou d'une assemblée générale dans laquelle les trois quarts du capital social se trouveront représentés, et où les votants favorables à cette mesure représenteront la moitié de ce capital.

§ 1ᵉʳ. Les associés en minorité lors de cette délibération pourront se retirer de la société et réclamer le remboursement de leur capital dans la proportion déterminée par le dernier bilan approuvé.

§ 2. Si le remboursement dont il est question au numéro précédent entraîne une réduction du capital social, cette réduction ne pourra sortir effet que sous les conditions posées au paragraphe unique de l'article 116.

§ 3. Si la révocation n'est pas justifiée, le gérant a droit à des dommages-intérêts.

Art. 206. L'assemblée générale de la société en commandite

par actions peut, dans les conditions prescrites par l'article précédent, remplacer le gérant, relevé de ses fonctions, mort ou interdit; mais, s'il y a plus d'un gérant, ce remplacement devra être agréé par les autres.

§ *unique*. Le gérant nommé en remplacement est considéré comme associé à responsabilité illimitée.

## CHAPITRE V.
### DES DISPOSITIONS SPÉCIALES AUX SOCIÉTÉS COOPÉRATIVES [1].

Art. 207. Les sociétés coopératives sont caractérisées par la variabilité du capital social et par le nombre illimité des associés.

§ 1er. Les sociétés coopératives devront adopter, pour leur constitution, l'une des formes prescrites par l'article 105; elles seront régies par les dispositions relatives à l'espèce de société dont elles auront adopté la forme, sauf les modifications indiquées au présent chapitre.

§ 2. Quelle que soit, d'ailleurs, la forme adoptée par une société coopérative, elle sera soumise aux dispositions concernant les sociétés anonymes, en ce qui regarde la publication du titre constitutif et ses changements ultérieurs, ainsi que les obligations et responsabilités des administrateurs.

§ 3. Les sociétés coopératives doivent toujours faire précéder ou suivre leur raison sociale ou dénomination des mots *société coopérative à responsabilité limitée* ou *illimitée,* suivant leur constitution.

Art. 208. Les sociétés coopératives ne peuvent se constituer avec moins de dix membres.

[1] Cf. C. com. italien, art. 219 et suiv.

Art. 209. Le titre constitutif, indépendamment des indications prescrites par l'article 114, suivant l'espèce de la société, devra spécifier, en outre :

1° Les conditions pour l'admission, la démission ou l'exclusion des membres, et celles auxquelles ils pourront retirer leurs parts;

2° Le minimum du capital social et la forme sous laquelle ce capital se trouve constitué ou doit l'être.

§ *unique*. L'enregistrement et la publication des actes de ces sociétés dans la feuille officielle du gouvernement seront gratuits.

Art. 210. Ne sont pas applicables aux sociétés coopératives les dispositions de la partie finale du n° 5 de l'article 120, du n° 2 de l'article 162 et du n° 3 de l'article 167.

Art. 211. Il est permis de stipuler que le payement du capital se fera par versements hebdomadaires, mensuels ou annuels, et que, en dehors de ces versements, l'associé devra payer un droit d'admission ou faire un cadeau (*joia*)[1] destiné à constituer le fonds de réserve.

Art. 212. Dans une société coopérative, aucun membre ne peut avoir un intérêt supérieur à 500,000 reis[2].

Art. 213. Les actions ne pourront être de plus de 100,000 reis[3] chacune; elles seront nominatives et transmissibles seulement par voie d'inscription sur un registre à ce destiné, et moyennant l'autorisation de la société.

---

[1] Littéralement, joyau ou bijou.

[2] Environ 3,000 francs; en Portugal, le *milreis*, monnaie de compte, vaut, en monnaie française, 6 fr. 25; la couronne, monnaie d'or de 10,000 reis (ou 10 *milreis*), pèse 17 gr. 783 et vaut 55 fr. 90; la pièce d'argent de 5 testons ou de 500 reis pèse 12 gr. 5, au titre de 0,917 d'argent fin, et vaut 2 fr. 52.

[3] Environ 600 francs.

§ *unique.* L'acte de société pourra conférer à la direction le droit d'approuver les transferts d'actions.

Art. 214. Chaque associé n'aura qu'une seule voix, quel que soit le nombre de ses actions, et ne pourra pas représenter plus du cinquième des voix à compter à l'assemblée générale.

Art. 215. Si la responsabilité de l'associé est limitée, elle ne sera néanmoins jamais inférieure à sa souscription, encore que, à raison de sa démission ou de son exclusion, elle vînt à cesser d'être effective.

Art. 216. Il y aura, au siège de la société, un registre que l'on pourra toujours consulter et où seront constatés :

1° Les nom, profession et domicile de chaque associé ;

2° La date de son admission, de sa démission ou de son exclusion ;

3° Le compte courant des sommes versées ou retirées par lui.

Art. 217. L'admission des associés est constatée par l'apposition de leur signature sur ledit registre.

Art. 218. Les associés recevront des titres nominatifs qui, indépendamment de l'acte de société, contiendront les déclarations indiquées dans l'article 216, en ce qui concerne chacun d'eux spécialement ; ces titres devront être signés par eux et par les représentants de la société.

§ *unique.* Les indications des sommes versées ou retirées par les associés seront successivement faites et signées suivant l'ordre des dates ; la signature des représentants de la société, dans le premier cas, et celle de l'associé, dans le second, vaudront acquit de ces sommes.

Art. 219. Les associés admis après la constitution de la société répondent de toutes les opérations sociales antérieures à leur admission, conformément à l'acte de la société.

Art. 220. Sauf stipulation expresse contraire, les associés auront le droit de quitter la société aux époques convenues à cet effet, ou, à défaut de convention semblable, à la fin de chaque année sociale, en prévenant huit jours à l'avance.

Art. 221. L'exclusion des associés ne peut être prononcée qu'en assemblée générale et sous les conditions fixées à cet égard dans l'acte de société.

Art. 222. La démission d'un associé et son exclusion sont constatées au moyen, soit d'une inscription portée sur le registre et signée par lui, soit d'une notification judiciaire faite, dans le premier cas, à la société et, dans le second, à l'associé.

§ *unique.* L'associé démissionnaire ou exclu, sans préjudice de la responsabilité qui lui incombe, a le droit de retirer la part qui lui revient d'après le dernier bilan et son propre compte courant, abstraction faite du fonds de réserve.

Art. 223. Les sociétés coopératives sont exemptes de l'impôt du timbre et de toute contribution à raison des bénéfices qu'elles réaliseront.

## TITRE III.
### DU COMPTE EN PARTICIPATION.

Art. 224. Il y a compte en participation, quand un commerçant intéresse une ou plusieurs personnes ou sociétés dans ses profits et pertes, chaque intéressé, ou quelques-uns d'entre eux, ou tous agissant exclusivement en leur nom personnel.

§ *unique.* Le compte en participation peut être momentané, relatif à un ou plusieurs actes de commerce expressément déterminés, ou permanent, comprenant jusqu'à tout le commerce exercé par celui qui donne la participation.

Art. 225. Le compte en participation peut se former entre un commerçant et un non-commerçant; mais ce dernier ne pourra se livrer aux transactions commerciales.

Art. 226. Le compte en participation ne représente pas à l'égard des tiers une individualité juridique distincte de celles des personnes entre lesquelles il est formé; il ne comporte ni raison ou dénomination sociale, ni patrimoine collectif, ni domicile.

Art. 227. Le compte en participation se règle d'après les conventions des parties, sauf ce qui est prescrit par le présent titre.

Art. 228. La formation, la modification, la dissolution et la liquidation d'un compte en participation peuvent être établies par les livres de commerce, par la correspondance des parties et par témoins.

Art. 229. N'est responsable vis-à-vis des tiers que le participant qui a traité avec eux.

## TITRE IV.

### DES ENTREPRISES.

Art. 230. Seront considérées comme commerciales les entreprises individuelles ou collectives qui auront pour objet:

1° De transformer, dans des fabriques ou manufactures, des matières premières, en employant à cet effet soit seulement des ouvriers, soit des ouvriers et des machines;

2° De fournir, à des époques diverses, des denrées (*generos*) soit à des particuliers, soit à l'État, moyennant un prix convenu;

3° D'organiser des affaires ou ventes aux enchères pour compte d'autrui, dans des magasins ouverts au public et moyennant un salaire convenu;

4° D'exploiter des spectacles publics;

5° D'éditer, publier ou vendre des œuvres scientifiques, littéraires ou artistiques;

6° D'édifier ou construire des maisons pour autrui, avec des matériaux fournis par l'entrepreneur;

7° De transporter régulièrement, au moyen d'un service permanent par eau ou par terre, des personnes, des animaux, des meubles ou des marchandises appartenant à autrui.

§ 1er. Ne sera pas compris dans le n° 1 ci-dessus le propriétaire ou le chef d'une exploitation rurale, qui, accessoirement à son exploitation agricole, se borne à transformer dans une fabrique ou manufacture les produits du sol qu'il cultive; ni l'artiste, l'industriel ou l'artisan, ouvrier ou patron, qui exerce directement son art, industrie ou métier, encore qu'il emploie, à cet effet, soit seulement des ouvriers, soit à la fois des ouvriers et des machines [1].

§ 2. Ne sera pas compris dans le n° 2 du présent article le propriétaire ou le chef d'une exploitation rurale qui fera des fournitures de produits de la propriété.

§ 3. Ne sera pas compris dans le n° 5 l'auteur qui éditera, publiera ou vendra ses propres œuvres.

[1] Le 1° et le paragraphe 1er de l'article 230 ont reçu leur rédaction actuelle de la commission de la Chambre des pairs «afin que de simples actes d'industrie ne puissent être considérés comme des actes de commerce et que ce caractère soit réservé aux actes dans lesquels on avait en vue une spéculation mercantile, encore qu'elle s'exerçât sur des actes d'industrie».

## TITRE V.

### DU MANDAT.

### CHAPITRE PREMIER.

#### DISPOSITIONS GÉNÉRALES.

Art. 231. Un mandat est commercial, quand une personne se charge de faire un ou plusieurs actes de commerce sur l'ordre d'autrui.

§ *unique.* Un mandat commercial, encore qu'il contienne des pouvoirs généraux, n'autorise des actes non commerciaux qu'en vertu d'une déclaration expresse.

Art. 232. Le mandat commercial n'est pas présumé gratuit; tout mandataire a, par conséquent, droit à une rémunération pour son travail.

§ 1<sup>er</sup>. La rémunération sera fixée d'accord entre les parties et, à défaut, selon les usages de la place où le mandat sera exécuté.

§ 2. Si le commerçant ne veut pas accepter le mandat, mais se trouve obligé malgré cela de faire les diligences mentionnées dans l'article 234, il n'en a pas moins droit à une rémunération proportionnée au travail qu'il aura fait.

Art. 233. Le mandat commercial qui contiendra des instructions spéciales pour certaines particularités de l'affaire sera présumé suffisant pour l'ensemble de l'opération, et celui qui ne donne des pouvoirs que pour une affaire déterminée s'étend à tous les actes nécessaires à son exécution, bien que non expressément indiqués.

Art. 234. Le commerçant qui voudra refuser le mandat commercial qui lui est conféré doit en informer le mandant par le moyen le plus rapide qu'il lui sera possible d'employer, et il n'en est pas moins tenu de faire toutes les diligences qui sont d'une indispensable nécessité pour la conservation des marchandises qui lui auront été remises, jusqu'à ce que le mandant y pourvoie.

§ 1er. Si le mandant, dûment avisé, n'agit pas, le mandataire qui aura reçu les marchandises s'adressera au juge compétent pour en faire ordonner le dépôt et la mise en sûreté pour compte de qui il appartiendra, et la vente de celles qu'il ne sera pas possible de conserver ou qu'il faudra réaliser pour couvrir les frais.

§ 2. Le commerçant qui ne remplirait pas les obligations découlant du présent article et du paragraphe 1er est tenu des pertes et dommages éventuels.

Art. 235. Si les marchandises que le mandataire reçoit pour le compte du mandant présentent des signes apparents d'avaries souffertes pendant le transport, il doit faire les actes nécessaires pour sauvegarder les droits du mandant, sous peine d'être responsable des marchandises reçues, telles qu'elles seront désignées dans les pièces y relatives.

§ *unique*. Si les avaries sont de telle nature qu'elles exigent des mesures urgentes, le mandataire pourra les faire vendre par ministère de courtier ou judiciairement.

Art. 236. Pendant que le mandataire est chargé de la garde et de la conservation des marchandises, il répond des dommages ne résultant pas du temps écoulé, de cas fortuit, de force majeure, ou d'un vice inhérent à la nature de la chose.

§ *unique*. Le mandataire devra faire assurer contre l'incendie les marchandises du mandant, qui reste tenu de payer la prime et les autres dépenses; il ne cesse d'être responsable de l'omission et de l'interruption de l'assurance que s'il a reçu du mandant l'ordre formel de ne pas l'effectuer, ou si celui-ci refuse de remettre les fonds nécessaires pour le payement de la prime.

ART. 237. Quelle que soit la cause des avaries souffertes par les marchandises que le mandataire détient pour compte de son mandant, il est obligé de les faire constater en la forme légale, et d'en aviser ce mandant.

ART. 238. Le mandataire qui n'accomplira pas le mandat conformément aux instructions qu'il a reçues, et, en cas d'absence ou d'insuffisance de ces instructions, conformément aux usages du commerce, répondra des pertes et dommages.

ART. 239. Le mandataire est tenu d'informer le mandant de tous les faits qui pourraient le porter à modifier ou à révoquer le mandat.

ART. 240. Le mandataire doit informer sans retard le mandant de l'exécution du mandat; si le mandant ne répond pas immédiatement, il est présumé avoir ratifié l'opération, alors même que le mandataire aurait excédé ses pouvoirs.

ART. 241. Le mandataire est tenu de payer les intérêts des sommes appartenant au mandant, à partir du jour où, conformément à ses ordres, il aurait dû les remettre ou les expédier.

§ *unique.* Si le mandataire distrait les sommes reçues de la destination qui leur était assignée, pour les employer à ses propres affaires, il est tenu, à dater du jour où elles lui ont été remises, au payement des intérêts et à la réparation du préjudice résultant de l'inexécution des ordres qu'il avait reçus; sans préjudice de l'action criminelle, s'il y a lieu.

Art. 242. Le mandataire devra, lorsqu'ils l'exigent, produire aux tiers avec lesquels il traite son mandat écrit, et il ne pourra leur opposer les instructions qu'il aurait pu recevoir en dehors de cet acte, à moins qu'il ne justifie qu'ils en avaient connaissance au moment du contrat.

Art. 243. Le mandant est tenu de fournir au mandataire les moyens nécessaires à l'exécution du mandat, sauf convention contraire.

§ 1er. L'exécution d'un mandat qui exige une avance de fonds ne sera pas obligatoire, encore qu'il ait été accepté, tant que le mandant n'aura pas mis à la disposition du mandataire les sommes dont celui-ci a besoin.

§ 2. Même alors qu'il a reçu des fonds pour l'exécution du mandat, le mandataire peut suspendre ses diligences, si, une nouvelle remise étant nécessaire, le mandant refuse de la faire.

§ 3. S'il a été convenu que le mandataire ferait l'avance des fonds, il est tenu de les fournir, sauf le cas de cessation de payements ou de faillite du mandant.

Art. 244. Lorsque plusieurs personnes ont été chargées d'un même mandat, sans qu'il ait été déclaré qu'elles doivent agir conjointement, il est présumé qu'elles doivent agir l'une à défaut de l'autre, suivant l'ordre de leur nomination.

§ *unique*. S'il a été déclaré qu'elles doivent agir conjointement, et que le mandat n'ait pas été accepté par toutes, celles qui l'ont accepté, si elles constituent la majorité, devront en assurer l'accomplissement.

Art. 245. La révocation du mandat et la renonciation du mandataire, lorsqu'elles ne sont pas justifiées, donnent lieu, à défaut de peine conventionnelle, à la réparation des pertes et dommages qui en résultent.

Art. 246. Si le mandat prend fin par la mort ou l'interdiction de l'une des parties, le mandataire, ses héritiers ou représentants auront droit à une indemnité proportionnelle à celles qu'ils auraient dû recevoir en cas d'exécution complète.

Art. 247. Le mandataire commercial jouit des privilèges mobiliers spéciaux suivants :

1° Pour ses avances et ses frais, pour l'intérêt des sommes déboursées et pour sa rémunération, — sur les marchandises qui lui auront été remises d'une autre place, pour être vendues pour le compte du mandant, et qui se trouveront à sa disposition dans ses magasins ou dans un dépôt public, et sur celles que, par une lettre de voiture, il prouvera lui avoir été expédiées, et auxquelles se rapporteront lesdites créances;

2° Pour le prix des marchandises achetées pour le compte du mandant, — sur ces mêmes marchandises, tant qu'elles se trouveront à sa disposition dans ses magasins ou dans un dépôt public;

3° Pour les diverses créances mentionnées aux numéros précédents, — sur le prix des marchandises appartenant au mandant, lorsqu'elles auront été vendues.

§ *unique.* Les créances mentionnées au n° 1 seront préférées à toutes créances contre le mandant, autres que celles qui proviennent des frais de transport ou d'assurance, qu'elles aient pris naissance avant ou après l'arrivée des marchandises en la possession du mandataire.

## CHAPITRE II.

### DES GÉRANTS, AUXILIAIRES ET COMMIS.

Art. 248. Est gérant de commerce tout individu qui, sous une dénomination quelconque, conforme aux usages du commerce, est préposé aux opérations commerciales d'autrui, dans l'endroit où le commerce est exercé ou ailleurs.

Art. 249. Le mandat conféré au gérant, verbalement ou par écrit, quoique non enregistré, est présumé général et applicable à tous les actes que comporte l'exercice du commerce pour lequel il aura été donné et qui seront nécessaires pour cet exercice, sans que celui qui l'a donné puisse exciper envers les tiers d'aucune limitation desdits pouvoirs; sauf le cas où il prouverait que ceux-ci ont eu connaissance de cette limitation au moment où ils ont traité.

Art. 250. Les gérants traitent et négocient au nom de ceux qui les en ont chargés; dans les pièces qu'ils signeront pour ceux-ci, ils devront déclarer qu'ils signent en vertu des pouvoirs reçus de la personne ou de la société qu'ils représentent.

Art. 251. Lorsque les gérants se conforment aux dispositions de l'article précédent, toutes les obligations qu'ils contractent incombent à ceux dont ils sont les préposés.

§ 1er. S'ils ont été délégués par plusieurs personnes, celles-ci sont tenues solidairement.

§ 2. S'ils sont les préposés d'une société commerciale, la responsabilité des associés sera réglée conformément à la nature de la société.

Art. 252. En dehors du cas prévu par l'article précédent, tout contrat conclu par un gérant, en son nom, l'oblige directement envers la personne avec laquelle il traite.

§ *unique.* Toutefois, si l'opération était faite pour compte du chef de la maison et que l'autre partie en justifie, elle aura le droit de poursuivre, à son choix, le gérant ou celui dont il est le préposé; mais elle ne pourra les actionner tous deux.

Art. 253. Aucun gérant ne pourra entreprendre pour son compte des affaires du même genre et de la même espèce que celles dont il se trouve chargé, ni s'y intéresser soit en son nom propre, soit sous le nom d'une autre personne, à moins d'une autorisation expresse de la personne qui l'a investi de la gérance.

§ *unique.* Si le gérant enfreint la disposition du présent article, il sera tenu d'indemniser celui qui l'a délégué des pertes ou dommages qu'il lui aura causés, et ce dernier pourra s'appliquer l'opération, comme si elle avait été faite en son nom.

Art. 254. Le gérant peut intenter une action en justice au nom de la personne dont il est le préposé, et être actionné comme la représentant, à raison des obligations résultant du commerce qui lui a été confié.

Art. 255. Les dispositions qui précèdent sont applicables aux représentants des maisons de commerce ou des sociétés constituées à l'étranger, qui traiteront habituellement dans le royaume, au nom de celles-ci, des affaires relatives à leur commerce.

Art. 256. Les commerçants peuvent charger des personnes autres que leurs gérants de la conduite habituelle, en leur nom et pour leur compte, d'une ou plusieurs des branches de leur commerce, à charge pour ceux qui font le commerce sous leur propre nom d'en donner avis à leurs correspondants.

§ *unique*. Les sociétés qui veulent user de la faculté qui leur est accordée par le présent article doivent la mentionner dans leurs statuts.

Art. 257. Un commerçant peut également envoyer dans une localité autre que celle où il a son domicile un de ses employés en l'autorisant, au moyen de lettres, avis, circulaires ou tous autres documents analogues, à faire des opérations de commerce.

Art. 258. Les actes des mandataires mentionnés dans les deux articles précédents n'obligent le mandant que relativement à l'affaire dont il les a chargés.

Art. 259. Les commis chargés de vendre en détail dans des boutiques sont réputés autorisés à recevoir le produit des ventes qu'ils font; leurs reçus sont valables lorsqu'ils sont délivrés au nom du chef de la maison.

§ *unique*. Il en est de même des commis qui vendent dans un magasin en gros, si les ventes sont faites au comptant et si le payement est effectué dans le magasin même; mais, quand les recouvrements se font en dehors, ou proviennent de ventes faites à terme, les reçus devront être signés par le chef de la maison, son gérant ou un fondé de pouvoirs régulièrement chargé de toucher les fonds.

Art. 260. Lorsqu'un négociant charge un commis de recevoir des marchandises achetées, ou qui doivent entrer en sa possession à tout autre titre, et que le commis les reçoit sans observation ni protestation, la remise doit en être considérée comme régulière à l'égard du chef de la maison, et il ne pourra être admis d'autre réclamation que celle que pourrait présenter ce dernier, s'il avait procédé lui-même à cette réception.

Art. 261. La mort de celui qui s'est donné un préposé ne met pas un terme au mandat conféré au gérant.

Art. 262. La révocation du mandat conféré au gérant a toujours lieu sans préjudice des droits qui peuvent résulter pour lui du contrat de louage de services.

Art. 263. A défaut de terme prévu dans le contrat intervenu entre le patron et le commis, chacun d'eux pourra y mettre fin, moyennant un avertissement donné à l'autre un mois à l'avance.

§ *unique.* Le commis renvoyé aura droit au salaire correspondant à ce mois, et le patron ne sera pas tenu de le conserver dans son établissement, ni dans l'exercice de ses fonctions.

Art. 264. Si le contrat intervenu entre le patron et le commis prévoit un terme, aucune des parties ne pourra se délier arbitrairement de son engagement, sous peine de dommages-intérêts.

§ 1er. Sera considérée comme arbitraire la rupture qui ne sera pas fondée sur une atteinte portée par l'une des parties à l'honneur, à la dignité ou aux intérêts de l'autre; et il appartiendra au juge d'apprécier le fait avec prudence, en prenant en considération le caractère des relations d'inférieur à supérieur.

§ 2. Pour l'exécution du paragraphe précédent, sont considérés comme constituant une de ces atteintes:

1° A l'égard des patrons, — toute fraude ou abus de confiance dans la gestion confiée au commis, ainsi que toute opération faite par lui pour son propre compte, ou pour le compte d'un tiers, à l'insu et sans la permission de son patron;

2° A l'égard des commis, — le défaut de payement ponctuel de leurs salaires ou appointements, ou d'exécution de l'une des clauses du contrat stipulées en leur faveur, et les mauvais traitements.

Art. 265. Lorsque, par suite d'un événement imprévu et sans aucune faute de leur part, des commis sont empêchés de remplir leurs fonctions, ils n'en ont pas moins droit à leurs salaires, sauf stipulation contraire et pourvu que l'empêchement ne dure pas plus de trois mois de suite.

§ *unique.* Si, par un effet immédiat et direct de son service, un commis éprouve un dommage extraordinaire ou quelque perte, et qu'aucune convention expresse ne prévoie le cas, le patron sera tenu de l'indemniser, dans la mesure de ce qui sera juste.

## CHAPITRE III.

### DE LA COMMISSION.

Art. 266. Il se forme un contrat de commission, lorsque le mandataire exécute un mandat commercial, sans indiquer son mandant et sans y faire aucune allusion, et qu'il stipule pour lui-même, en son propre nom, comme principal et unique contractant.

Art. 267. Il existe, entre le commettant et le commissionnaire, les mêmes droits et les mêmes obligations qu'entre le mandant et le mandataire, sous les modifications indiquées dans le présent chapitre.

Art. 268. Le commissionnaire est directement obligé envers les personnes avec lesquelles il traite, comme si l'affaire le concernait personnellement; et celles-ci n'ont aucune action contre le commettant, pas plus que le commettant n'en a contre elles; sauf, bien entendu, les actions qui peuvent compéter réciproquement au commettant et au commissionnaire l'un contre l'autre.

Art. 269. Le commissionnaire ne répond pas de l'exécution des obligations contractées par la personne avec laquelle il a traité, sauf usage ou convention contraire.

§ 1er. Le commissionnaire soumis à une semblable responsabilité demeure personnellement tenu envers le commettant de l'exécution des obligations naissant du contrat.

§ 2. Dans le cas spécial prévu au paragraphe précédent, le commissionnaire a le droit de porter en compte, en sus de la rémunération ordinaire, un *ducroire,* qui sera déterminé par la convention et, à défaut, par les usages de la place où la commission sera exécutée.

Art. 270. Toutes les conséquences préjudiciables d'un contrat fait en violation ou par un abus des pouvoirs découlant de la commission resteront, bien que le contrat produise ses effets, au compte du commissionnaire, dans les conditions suivantes :

1° Le commissionnaire qui fera une vente pour le compte d'autrui à un prix inférieur à celui qui lui avait été indiqué et, à défaut de fixation, inférieur au prix courant, tiendra compte à son commettant de la différence, sauf la preuve qu'il était impossible de vendre à un autre prix et que, en agissant ainsi, il a épargné un préjudice à son commettant.

2° Si le commissionnaire chargé de faire un achat dépasse le prix qui lui avait été fixé, le commettant sera libre d'accepter le marché ou de le laisser pour le compte du commissionnaire, sauf le cas où ce dernier consentirait à recevoir seulement le prix fixé.

3° Si la faute du commissionnaire consiste en ce que la chose qu'il a achetée n'est pas de la qualité demandée, le commettant n'est pas tenu de la recevoir.

Art. 271. Le commissionnaire qui, sans autorisation du commettant, fera des prêts, des avances ou des ventes à crédit, court les risques du recouvrement et du payement des sommes prêtées, avancées ou confiées, et le commettant peut les exiger immédiatement, en abandonnant au commissionnaire tout intérêt, avantage ou bénéfice pouvant résulter du crédit accordé par celui-ci et désapprouvé par le commettant.

§ *unique.* Cette disposition n'est point applicable aux places sur lesquelles il existe un usage contraire, à moins qu'il n'ait été formellement interdit de faire des avances ou d'accorder des délais.

Art. 272. Bien que le commissionnaire soit autorisé à vendre à crédit, il ne pourra le faire à des personnes notoirement insolvables, ni exposer les intérêts du commettant à un risque manifeste et patent, sous peine de devenir responsable personnellement.

Art. 273. Le commissionnaire qui vendra à crédit doit, sauf le cas de ducroire, inscrire dans les comptes et avis les noms des acheteurs; autrement il sera entendu que la vente a été faite au comptant.

§ *unique.* Le commissionnaire procédera de la même manière pour tout espèce de contrat qu'il fera pour compte d'autrui, dès que les intéressés l'exigeront ainsi.

Art. 274. Dans les commissions d'achat et de vente d'effets de commerce, de fonds publics et de titres de créance qui ont un cours dans le commerce, ou de marchandises et denrées qui sont cotées à la bourse ou sur le marché, le commissionnaire peut, sauf stipulation contraire, fournir comme vendeur les choses qu'il est chargé d'acheter, ou acquérir personnellement comme acheteur les choses qu'il est chargé de vendre, sans préjudice de son droit à une rémunération.

§ *unique.* Si le commissionnaire, en donnant avis au commettant de l'exécution de la commission dans l'un des cas prévus au présent article, n'indique pas le nom de la personne avec laquelle il a traité, le commettant aura le droit de le considérer comme ayant fait la vente ou l'achat pour son propre compte et d'exiger de lui l'exécution du contrat.

Art. 275. Les commissionnaires ne peuvent avoir des marchandises d'une même espèce, appartenant à différents propriétaires, sous une même marque, sans les distinguer par une contremarque qui désigne la propriété respective de chacun.

Art. 276. Quand une même négociation comprend des marchandises appartenant à divers commettants, ou au commissionnaire et à l'un de ses commettants, il y a lieu de faire sur les factures la distinction voulue, en indiquant les marques et contremarques qui désignent la provenance de chacune d'elles, et de noter sur les livres, par articles distincts, ce qui concerne chaque propriétaire.

Art. 277. Le commissionnaire qui aura sur une même personne des créances provenant d'opérations faites pour le compte de divers commettants, ou pour son propre compte et le compte d'autrui, notera, à chaque versement que fera le débiteur, le nom de l'intéressé pour lequel il aura perçu, et il en fera de même dans la quittance qu'il délivrera.

§ *unique*. Lorsque, dans les reçus et dans les livres, on aura omis d'indiquer à quelle affaire ou à quelle personne s'applique un payement effectué par le débiteur, on en fera la répartition entre les divers intéressés au prorata du montant de leurs créances.

### TITRE VI.
#### DES LETTRES DE CHANGE, BILLETS ET CHÈQUES.

##### CHAPITRE PREMIER.

DES LETTRES DE CHANGE [1].

##### SECTION PREMIÈRE.

DE LA NATURE ET DE LA FORME DES LETTRES DE CHANGE.

Art. 278. La lettre de change (*letra*) doit contenir :

1° L'indication de la somme à payer ;

2° Le nom ou la raison de commerce de celui qui doit la payer ;

3° L'indication de la personne ou de la raison de commerce à laquelle ou à l'ordre de laquelle elle doit être payée ;

4° La signature du tireur.

Art. 279. Lorsque, l'indication de la somme à payer étant faites en toutes lettres et en chiffres, il y aura une différence entre elles, celle qui sera faite en toutes lettres prévaudra.

§ *unique*. Si l'indication de la somme à payer se trouve portée

---

[1] Cf. C. com. italien, art. 251 et suiv. ; C. com. français, art. 110 et suiv. ; lois belges des 20 mai 1872 et 10 juillet 1877, sur les lettres de change et les protêts ; C. com. espagnol, art. 443 et suiv. ; C. com. néerlandais, art. 100 et suiv. ; C. com. roumain, art. 270 et suiv. ; loi générale allemande sur le change (*Allgemeine deutsche Wechselordnung*), trad. par MM. P. Gide, J. Flach, Ch. Lyon-Caen et J. Dietz, Paris, 1881 ; Projet d'une loi uniforme sur les lettres de change et les billets à ordre élaboré par l'Institut de droit international en 1885 (*Annuaire* de l'Institut, t. VIII, p. 97 et suiv.).

plusieurs fois en toutes lettres ou plusieurs fois en chiffres, et qu'il y ait des différences entre elles, celle de la somme la moins élevée prévaudra.

**Art. 280.** La simple dénomination de lettre de change (*letra*) implique la clause à ordre, sauf déclaration contraire.

**Art. 281.** L'écrit auquel il manquera l'une des énonciations exigées par l'article 278 ne produira pas les effets d'une lettre de change.

**Art. 282.** La lettre de change sera datée et indiquera l'époque et le lieu du payement.

§ 1er. Dans le cas où la lettre de change ne portera pas de date, la preuve de la date, en cas de contestation, incombera au porteur.

§ 2. Si la lettre n'indique pas l'époque du payement, elle sera payable à vue.

§ 3. Si elle n'indique pas le lieu du payement, elle sera payable au domicile du tiré.

SECTION II.

DU TIRAGE.

**Art. 283.** Le tireur est personnellement garant envers le porteur de l'acceptation et du payement de la lettre de change qu'il a souscrite.

**Art. 284.** Entre commerçants, et à raison de dettes provenant d'actes de commerce, le créancier, sauf convention contraire, a le droit de tirer sur son débiteur, jusqu'à concurrence du montant de sa créance.

§ 1er. L'acceptation faite par le tiré le libère, vis-à-vis du tireur, d'une somme égale à son montant.

§ 2. Quand la lettre de change sera tirée sans accord préalable avec le débiteur, son échéance ne pourra être fixée à une époque antérieure aux délais fixés dans les transactions auxquelles elle se refère[1].

Art. 285. La lettre de change peut être tirée :

1° A l'ordre du tireur lui-même;

2° Sur un individu, et être payable au domicile d'un autre;

3° Par ordre et pour compte d'un tiers.

. § *unique*. La lettre de change payable à l'ordre du tireur ne devient parfaite que par l'acceptation ou par l'endossement.

Art. 286. La lettre de change peut être tirée à un seul exemplaire ou à plusieurs[2].

§ 1er. Si la lettre de change est tirée à plusieurs exemplaires, chacun d'eux doit mentionner le nombre de l'émission, sous peine par le tireur de répondre des pertes et dommages.

§ 2. Dans le cas prévu au paragraphe précédent, chaque exemplaire de la lettre vaut pour l'ensemble de ceux qui ont été tirés.

SECTION III.

DE L'ACCEPTATION.

SOUS-SECTION PREMIÈRE.

DE L'ACCEPTATION PAR LE TIRÉ.

Art. 287. La présentation à l'acceptation n'est obligatoire que pour les lettres de change payables à un certain délai de vue.

[1] Disposition ajoutée par la Chambre des pairs sur la proposition de M. Pereira de Miranda. — [2] *Por uma ou mais vias*, c'est-à-dire par première, deuxième, troisième, etc.

§ *unique.* Le porteur d'une lettre de change payable à un délai de vue doit, à peine de perdre son droit de recours, la présenter à l'acceptation dans le délai indiqué dans la lettre et, à défaut de cette indication, dans les quatre mois de sa date, si la lettre a été tirée dans le même continent, et dans les huit mois, si elle a été tirée dans un autre.

Art. 288. L'acceptation doit être inscrite sur la lettre même et signée par l'accepteur; toutefois la simple signature du tiré apposée sur la face antérieure vaudra acceptation.

§ 1er. L'acceptation de la lettre de change doit être faite dans les vingt-quatre heures de la présentation; elle ne peut être conditionnelle; mais elle peut être restreinte à une partie de la somme indiquée par le tireur.

§ 2. Si la lettre de change est tirée à un délai de vue, l'acceptation devra être datée, sous peine de rendre la lettre exigible conformément aux dispositions de l'article 310.

§ 3. Si le tiré a retenu la lettre de change, il peut annuler ou biffer son acceptation, tant que le délai de vingt-quatre heures qui lui est accordé par le présent article n'est pas expiré.

§ 4. Celui qui retiendra, au delà du délai fixé par le présent article, une lettre de change qui lui aura été présentée, est responsable envers le porteur de tous dommages et intérêts.

§ 5. Dans le cas où le tiré désire retenir la lettre pendant les vingt-quatre heures dont il est question dans le présent article et dans ses paragraphes, et où le porteur y consent, le tiré devra lui en remettre un reçu indiquant le jour et l'heure où la présentation a eu lieu.

Art. 289. Si la lettre de change est payable en un lieu autre que le domicile du tiré, celui-ci, à défaut d'indication dans la lettre, doit désigner dans son acceptation la personne qui devra payer, sous peine d'être lui-même obligé d'en effectuer personnellement le payement dans le lieu indiqué.

ART. 290. L'accepteur d'une lettre de change contracte, par l'acceptation, l'obligation d'en payer le montant.

§ *unique*. L'obligation de l'accepteur subsiste dans le cas où le tireur est tombé en faillite avant l'acceptation, encore que l'accepteur l'ait ignoré.

ART. 291. Le défaut d'acceptation totale ou partielle doit être constaté au domicile du tiré par un acte de protêt.

ART. 292. Sur la notification du protêt, ceux à qui la lettre a été endossée (*endossados*), le tireur et le donneur d'aval sont tenus respectivement et solidairement de donner caution du payement de la lettre de change à l'échéance, ou d'effectuer le remboursement de la lettre, ainsi que des frais de protêt et autres frais légitimes.

§ *unique*. Cette caution ne garantit que les obligations de celui qui l'a fournie.

ART. 293. Si le porteur d'une lettre de change payable à un certain délai de vue ne la présente pas à l'acceptation dans le délai fixé, ou ne la fait pas protester dans les huit jours, il perdra tout droit d'exiger des endosseurs (*endossantes*) une caution, un dépôt ou le payement, et il conservera seulement son droit contre le tireur; sauf le cas de force majeure.

SOUS-SECTION II.

DE L'ACCEPTATION PAR INTERVENTION.

Art. 294. La lettre de change qui ne sera pas acceptée par le tiré pourra l'être par un tiers qui interviendra pour le tireur ou pour un des endosseurs, au moment du protêt faute d'acceptation, en vertu d'une mission (*incumbencia*) donnée à cet effet sur la lettre même par l'une de ces personnes.

Art. 295. Si la lettre de change n'est acceptée ni par le tiré ni par les personnes chargées d'intervenir, elle pourra être acceptée par un tiers, bien qu'il ne justifie d'aucune mission à cet effet.

Art. 296. S'il se présente plusieurs personnes pour accepter par intervention une lettre de change non acceptée, elles seront préférées dans l'ordre suivant :

1° Celles qui auront reçu mission d'intervenir;

2° Celles qui se présenteront sans avoir reçu cette mission.

§ 1er. La préférence, soit entre les personnes qui se présenteront en vertu d'une mission spéciale, soit entre celles qui se présenteront sans mission, sera donnée à celle dont l'intervention libérera le plus grand nombre d'obligés.

§ 2. La règle posée dans le paragraphe précédent ne lie pas le porteur, mais seulement les personnes qui se présentent pour accepter par intervention.

§ 3. S'il se présente plusieurs personnes se trouvant dans les mêmes conditions, le porteur choisira parmi elles celle dont l'acceptation doit être agréée.

§ 4. Le tiré lui-même et celui qui aura été chargé d'intervenir pourront intervenir comme tiers accepteurs, bien que, en leur qualité propre, ils aient refusé l'acceptation.

Art. 297. Faute d'acceptation par le tiré, le porteur conserve tous ses droits contre le tireur et les endosseurs, nonobstant l'acceptation par intervention.

Art. 298. L'intervention sera mentionnée dans l'acte de protêt faute d'acceptation et signée par l'intervenant.

§ *unique.* S'il n'est pas déclaré pour l'honneur de qui a lieu l'intervention, elle sera considérée comme faite pour l'honneur du tireur.

Art. 299. Tout intervenant est tenu de donner avis de son intervention à la personne pour laquelle il est intervenu, sous peine de répondre des pertes et dommages qui pourraient résulter de l'inobservation de cette prescription.

§ *unique.* Cet avis devra être donné tout au moins par une lettre recommandée, mise à la poste dans les quarante-huit heures qui suivront le fait.

## SECTION IV.

### DE L'ENDOSSEMENT.

Art. 300. L'endossement doit être écrit sur la lettre de change ou, au besoin, sur une feuille annexée à cette lettre et sur laquelle elle aura été transcrite intégralement ou suffisamment individualisée par un autre moyen.

§ 1er. Pour que l'endossement soit valable, il suffit que l'endosseur ait apposé sa signature ou celle de sa raison commerciale sur le verso de la lettre de change ou sur la feuille annexée.

§ 2. Le porteur peut remplir l'endossement fait conformément au paragraphe précédent, ou le transmettre sans l'avoir rempli.

§ 3. L'endossement sera daté; s'il ne l'est pas et qu'il y ait contestation, il incombe au porteur de fixer la date.

Art. 301. L'endossement transfère la propriété de la lettre de change, avec toutes les garanties personnelles ou réelles qui y sont attachées.

§ *unique*. Les clauses restrictives qu'un endosseur ajoute à l'endossement profitent à tous les endosseurs postérieurs.

Art. 302. L'endossement postérieur à l'échéance de la lettre a simplement l'effet d'une cession de créance, sauf les accords entre le cédant et le cessionnaire, mais sans préjudice des droits des tiers, ni de sa nature commerciale.

Art. 303. Si la lettre de change a été endossée au tireur ou à l'un des endosseurs antérieurs, et qu'elle ait été de nouveau endossée par eux avant l'échéance, tous les endosseurs demeurent tenus envers le porteur.

SECTION V.

DE L'AVAL.

Art. 304. Indépendamment de l'acceptation et de l'endossement, le payement de la lettre de change peut être garanti, en tout ou en partie, par un aval.

Art. 305. L'aval peut être inscrit sur la lettre de change elle-même, ou donné soit par acte séparé, soit même par correspondance.

§ *unique*. La simple signature apposée par un tiers sur le verso de la lettre de change implique un aval.

Art. 306. Le donneur d'aval est solidairement tenu des mêmes obligations et peut exercer les mêmes actions que la personne qu'il garantit.

Art. 307. Si la personne pour laquelle l'aval a été donné n'est pas indiquée, il demeurera entendu, si la lettre de change est acceptée, que c'est pour l'accepteur et, si elle n'est pas acceptée, que c'est pour le tireur.

Art. 308. Le donneur d'aval qui paye la lettre de change à son échéance est subrogé aux droits du porteur contre la personne en faveur de qui l'aval avait été donné et contre les obligés antérieurs.

### SECTION VI.

#### DE L'ÉCHÉANCE.

Art. 309. Si la lettre de change indique le jour du payement, son échéance a lieu le même jour; si elle indique le milieu d'un mois, l'échéance a lieu le 15 de ce mois; si elle indique le commencement ou la fin d'un mois ou d'une année, l'échéance a lieu le premier ou le dernier jour de ce mois ou de cette année.

Art. 310. L'échéance d'une lettre de change à vue a lieu le jour de sa présentation; l'échéance d'une lettre de change à un certain délai de vue est fixée par la date de l'acceptation ou du protêt faute d'acceptation; l'échéance d'une lettre de change payable en foire a lieu le dernier jour de cette foire.

§ *unique.* Si l'acceptation d'une lettre de change payable à un certain délai de vue n'a pas été datée, l'échéance aura lieu dans ledit délai, à compter du jour où la lettre de change a été tirée; et, si elle se trouve échue, le payement sera exigible le lendemain de la présentation.

Art. 311. On entendra par jour un espace de vingt-quatre

heures à partir de minuit; les années seront celles qui sont fixées par le calendrier grégorien, et les mois seront comptés à raison de trente jours.

§ *unique.* Dans un délai d'un certain nombre de jours, on ne compte pas le jour où il commence, mais on compte celui où il finit.

Art. 312. La lettre de change est réputée échue, du moment où le tiré tombe en faillite; le porteur peut aussitôt la faire protester.

Art. 313. Dans le cas prévu par l'article précédent, le tireur ou les endosseurs peuvent, en donnant caution, différer le payement jusqu'au jour de l'échéance normale de la lettre de change.

## SECTION VII.

### DU PAYEMENT.

#### SOUS-SECTION PREMIÈRE.

##### DISPOSITIONS GÉNÉRALES.

Art. 314. Le porteur d'une lettre de change doit la présenter au payement le jour de l'échéance.

§ 1er. La lettre de change sera payable le jour de son échéance pendant les heures de la bourse, là où il en existe une, et jusqu'au coucher du soleil, là où il n'y a pas de bourse.

§ 2. Si l'échéance tombe à un dimanche ou jour férié, le payement doit être fait le premier jour utile qui suivra.

§ 3. Si la lettre de change est payable à vue, elle doit, à défaut d'indication spéciale, être présentée au tiré dans les délais impartis par l'article 287.

§ 4. Si la lettre de change contient l'indication d'une personne qui devra la payer au besoin, elle ne devra lui être présentée que si cette personne est domiciliée dans la même localité que le tiré.

§ 5. Si la lettre de change n'est pas payée à l'échéance, le porteur est tenu de la faire protester, sous peine de perdre ses droits et actions contre le tireur et les endosseurs et de ne conserver son recours que contre l'accepteur.

Art. 315. La lettre de change doit être payée en la monnaie qu'elle indique.

§ 1er. Si c'est une monnaie étrangère, n'ayant pas cours légal dans le royaume, le payement doit se faire en monnaie nationale, au change fixé dans la lettre de change et, à défaut de fixation, au cours du change à vue, la veille de l'échéance.

§ 2. A défaut de fixation et de cours du change, dans les termes prévus par le paragraphe précédent, le payement doit être fait en monnaie nationale, au cours du change de la place la plus voisine du lieu du payement sur le lieu où la lettre a été tirée et, s'il n'y en a pas sur ledit lieu, sur la place qui en sera la plus voisine.

§ 3. Il n'y aura pas lieu à l'application des paragraphes précédents quand le tireur aura expressément prescrit que le payement ait lieu en la monnaie étrangère indiquée dans la lettre de change.

Art. 316. Si, entre l'époque du tirage de la lettre de change et son échéance, la valeur légale de la monnaie spécifiée dans cette lettre a été diminuée, ou si cette monnaie a cessé d'exister légalement, on observera les dispositions des articles 724 à 726 du Code civil [1].

Art. 317. Le porteur d'une lettre de change ne peut être tenu d'en recevoir le payement avant l'échéance.

Art. 318. Si celui sur qui est tirée une lettre de change la paye ou l'escompte avant l'échéance, il répond de la validité du payement.

Art. 319. Celui qui paye une lettre de change à l'échéance et sans opposition de la part de tiers est présumé valablement libéré.

§ *unique.* L'opposition mentionnée dans le présent article n'est admissible que dans les cas de perte de la lettre de change ou d'incapacité du porteur.

Art. 320. Le débiteur qui a payé la lettre de change est en droit d'exiger que le porteur la lui remette dûment acquittée.

§ 1er. Si une lettre de change se trouve tirée à plusieurs exemplaires, le tiré n'est libéré vis-à-vis du porteur que par le payement de la lettre revêtue de l'acceptation, s'il y a eu acceptation.

§ 2. A défaut d'acceptation, le tiré est libéré par le payement du premier exemplaire de la lettre qui lui aura été régulièrement présenté.

[1] C'est-à-dire que le payement se fera, si la monnaie spécifiée continue d'exister légalement, en ladite monnaie, nonobstant la diminution de sa valeur, et, si elle a cessé d'exister, en monnaie courante, d'après la valeur que la monnaie spécifiée avait au moment où elle a cessé d'avoir cours; le tout, sauf convention contraire.

Art. 321. Le porteur d'une lettre de change ne peut refuser un payement partiel à compte sur cette lettre, encore que l'acceptation ait été donnée pour le montant total.

§ 1er. Dans le cas prévu au présent article, le porteur recevra le payement partiel à la décharge du tireur et des endosseurs, et devra protester pour le reste.

§ 2. L'accepteur peut exiger du porteur qu'il mentionne le payement partiel sur la lettre et qu'il lui en donne un reçu séparé; mais il n'a pas le droit d'exiger que la lettre même lui soit remise.

Art. 322. Le simple détenteur d'une lettre de change peut la faire protester dans les cas où la loi impose le protêt, et en demander le payement en donnant caution, dès qu'il fournit par écrit la preuve qu'elle lui a été remise pour en opérer le recouvrement.

SOUS-SECTION II.

DU PAYEMENT PAR INTERVENTION.

Art. 323. La lettre de change protestée peut être payée par un tiers intervenant, pour le compte et l'honneur de l'un des signataires, dans les mêmes conditions où elle peut être acceptée par intervention.

§ 1er. Si celui sur qui était tirée la lettre et a été fait le protêt faute d'acceptation se présente pour la payer, il sera préféré à tous autres.

§ 2. L'intervention et le payement seront mentionnés dans l'acte de protêt.

Art. 324. Celui qui paye une lettre de change par intervention est subrogé aux droits du porteur, indépendamment de tout acte de cession, et astreint aux mêmes formalités que lui.

8

Art. 325. Si le payement par intervention est fait pour le compte et l'honneur du tireur, tous les endosseurs sont libérés; s'il est fait pour le compte et l'honneur de l'un des endosseurs, les endosseurs postérieurs sont libérés.

## SECTION VIII.

### DU PROTÊT.

Art. 326. La lettre de change doit être protestée dans le lieu ou domicile qui y est indiqué pour l'acceptation ou le payement et, à défaut de cette indication, au domicile de l'accepteur ou du tiré.

§ 1er. Si l'on ne trouve pas le tiré dans le lieu indiqué sur la lettre de change, s'il est inconnu, ou qu'on ne puisse découvrir son domicile, le protêt se fera dans l'étude d'un greffier ou notaire de la localité où se trouvera la personne qui présente le titre ou le porteur au moment où devait avoir lieu l'acceptation ou le payement.

§ 2. Si une personne est indiquée comme devant accepter au besoin, ou s'il y a des accepteurs par intervention, le protêt sera fait en conformité du présent article et du paragraphe 1er.

Art. 327. Le protêt faute de payement doit être fait le lendemain du jour de l'échéance ou le surlendemain; le protêt faute d'acceptation doit être fait dans le délai indiqué en l'article 293.

§ *unique*. Les dimanches et jours fériés ne sont pas comptés dans le délai.

Art. 328. Les protêts faute d'acceptation et de payement doivent être dressés par un greffier ou un notaire.

§ 1er. L'acte de protêt doit contenir :

1° La copie littérale de la lettre de change, de l'acceptation, des endossements, de l'aval et autres indications qu'elle portera;

2° Une constatation de la présence ou de l'absence de la personne qui devait accepter ou payer et, le cas échéant, les raisons données pour ne pas accepter ou ne pas payer;

3° Une interpellation d'avoir à signer l'acte, et les motifs pour lesquels on a refusé de le faire;

4° Une déclaration attestant que l'officier public a fait le protêt faute d'acceptation ou de payement; à la requête de qui il l'a fait, contre qui et sur quel fondement;

5° La signature de l'officier public, la date et l'heure auxquelles le protêt est fait.

§ 2. Toutes les prescriptions du présent article et de son paragraphe 1ᵉʳ seront observées sous peine d'insuffisance du protêt et de responsabilité de l'officier public quant aux pertes et dommages en résultant; sans préjudice des peines établies par la loi pour faits de charge, s'il y a lieu.

Art. 329. L'officier public qui fait le protêt doit le transcrire sur un registre spécial, tenu par ordre de dates, sans lacunes, ratures, ni surcharges, et légalisé comme ceux du registre du commerce, sous peine de tous dommages-intérêts et sans préjudice des peines criminelles qu'il encourt pour faits de charge.

§ *unique.* Il délivrera aux intéressés les extraits de ce registre qui lui seront demandés.

Art. 330. La mort ou la faillite du tiré et le protêt faute d'acceptation ne dispensent pas le porteur de la lettre de change de l'obligation de faire constater le défaut de payement, en la forme prescrite par les articles précédents.

Art. 331. La clause *sans protêt,* ou *sans frais,* ou toute autre qui dispenserait de l'obligation du protêt, apposée par l'un des signataires, doit être réputée non écrite [1].

## SECTION IX.

### DE LA RETRAITE.

**ART. 332.** Le porteur d'une lettre de change protestée faute de payement peut en obtenir le remboursement en tirant une nouvelle lettre de change à vue sur le tireur ou sur l'un des coobligés, pour le principal de ladite lettre et les frais, d'après le cours du change au moment de la retraite.

§ 1er. Celui qui a payé la retraite peut se rembourser en tirant, à son tour, de la même façon sur l'un des coobligés antérieurs.

§ 2. Celui qui paye la lettre de change primitive a le droit d'annuler et de biffer son endossement et les endossements postérieurs.

**ART. 333.** La retraite sera accompagnée de la lettre de change primitive, du protêt et d'un compte de retour.

§ *unique.* Le compte de retour doit contenir :

1° Le principal de la lettre protestée, les intérêts, les frais de protêt et autres frais légitimes, tels que commission de banque, courtage, timbre et ports de lettres;

2° Le nom de celui sur qui la retraite est faite;

[1] Le gouvernement et la Chambre des députés avaient proposé de déclarer que l'une de ces clauses aurait pour effet, par rapport à celui qui l'aurait apposée et aux endosseurs postérieurs, de dispenser le porteur de l'obligation de faire protester la lettre, mais ne le priverait pas du droit de la faire protester et d'exiger le remboursement des frais; la commission de la Chambre des pairs a pensé que cette disposition aurait « peu de conséquences convenables » et y a substitué la rédaction actuelle, qui est conforme à celle de l'article 309 du Code italien.

3° Le prix du rechange, certifié par le courtier compétent ou, à défaut, par deux commerçants.

Art. 334. Le rechange, ou prix du change auquel la retraite est négociée, sera réglé de la manière suivante; il comprendra :

1° Ce qui est dû au porteur d'après le cours du change de la place où la lettre de change était payable, sur la place du domicile de la personne sur qui est faite la retraite;

2° Ce qui est dû à l'endosseur qui a payé la lettre de change, d'après le cours de la place où la retraite a été créée, sur la place du domicile de la personne sur laquelle elle a été faite.

§ 1er. S'il n'y a pas de cours de change entre ces différentes places, le rechange sera réglé conformément aux dispositions du paragraphe 2 de l'article 315.

§ 2. Les rechanges ne peuvent être cumulés, chacun des co-obligés, ainsi que le tireur, ne devant en supporter qu'un.

## SECTION X.

### DES OBLIGATIONS ET ACTIONS.

Art. 335. Tous les signataires d'une lettre de change en sont solidairement garants envers le porteur.

§ *unique.* Cette obligation comprend le montant de la lettre de change, les intérêts, frais de protêt et tous autres frais légitimes.

Art. 336. Toute signature apposée sur une lettre de change soumet le signataire à l'obligation qu'elle implique, nonobstant la nullité de l'engagement pris par un autre obligé, ou la fausseté de quelque autre signature.

§ *unique.* Toutefois le donneur d'aval peut se prévaloir de la nullité de l'obligation de celui qu'il a cautionné, hormis le cas où cette nullité était fondée sur l'incapacité personnelle de ce dernier.

Art. 337. Le porteur d'une lettre de change protestée faute d'acceptation ou de payement est tenu de donner avis du fait à son cédant respectif, en accompagnant cet avis d'un certificat de protêt, sous peine de répondre des pertes et dommages.

§ 1er. Cet avis doit être donné conformément aux dispositions du paragraphe unique de l'article 299.

§ 2. Chacun de ceux à qui la lettre a été endossée, depuis le cédant du porteur, est tenu, dans les mêmes termes et sous la même responsabilité, de transmettre le protêt qu'il a reçu à son endosseur respectif, en remontant jusqu'au tireur.

Art. 338. Le porteur d'une lettre de change protestée faute de payement peut en demander le remboursement à tous les signataires, collectivement ou séparément.

§ unique. Toute personne à qui la lettre de change a été endossée et qui l'a payée a le même droit; excepté contre ceux à qui elle a été endossée postérieurement et contre leurs donneurs d'aval.

SECTION XI.

DES PRESCRIPTIONS.

Art. 339. Toutes les actions relatives aux lettres de change se prescrivent par cinq ans, à compter de l'échéance ou du dernier acte juridique, s'il n'est pas intervenu, à leur sujet, un jugement de condamnation, ou si la dette n'a pas été reconnue par un acte séparé, authentique ou authentiqué.

## CHAPITRE II.

### DES BILLETS ET CHÈQUES.

**Art. 340.** Le billet (*livrança*) est une simple reconnaissance de dette, qui doit contenir :

1° L'indication de la somme à payer ;

2° Le nom ou la raison de commerce de celui à qui ou à l'ordre de qui le payement doit être fait ;

3° L'époque du payement ;

4° La signature de celui qui s'oblige ;

5° La date [1].

**Art. 341.** Toute personne qui aura des fonds disponibles dans un établissement de banque, ou chez un commerçant, peut en disposer pour elle-même ou en faveur d'un tiers au moyen d'un chèque (*cheque*) [2].

§ 1er. Le chèque sera daté et signé par celui qui le crée et indiquera le montant de la somme à payer.

§ 2. Le chèque peut être créé au porteur, à vue ou à terme, sans que le terme puisse excéder dix jours à compter de celui de la présentation.

§ 3. Le porteur est tenu de présenter le chèque au payement dans la huitaine, s'il a été créé dans la localité où il doit être payé, et dans la quinzaine, au cas contraire.

---

[1] Cf. C. com. français, art. 188 ; C. com. espagnol, art. 531 et suiv. ; C. com. néerlandais, art. 208 et 209 ; loi belge du 20 mai 1872, art. 83 et suiv. ; loi générale allemande sur le change, art. 96 et suiv.

[2] Cf. C. com. italien, art. 339 à 344 ; C. com. espagnol, art. 534 et suiv. ; C. com. néerlandais, art. 210 et suiv. ; loi belge du 20 juin 1873 ; C. com. roumain, art. 364 et suiv.

Art. 342. Le porteur qui ne présentera pas le chèque dans les délais indiqués à l'article précédent, ou n'en demandera pas le payement à l'échéance, perdra son recours contre l'endosseur, et même contre le souscripteur, si, après l'expiration des délais précités, la somme à payer n'était plus disponible par la faute de celui qui devait l'acquitter.

Art. 343. Sont applicables aux billets et aux chèques toutes les dispositions concernant les lettres de change qui ne sont pas contraires à la nature desdits titres.

## TITRE VII.

### DU COMPTE COURANT [1].

Art. 344. Il se forme un contrat de compte courant toutes les fois que deux personnes, ayant à remettre des valeurs l'une à l'autre, s'obligent à transformer leurs créances en articles de *doit* et *avoir*, de sorte que le solde final résultant de leur règlement soit seul exigible.

Art. 345. Toutes les négociations entre personnes domiciliées ou non dans la même localité et toutes les valeurs transmissibles en propriété peuvent faire l'objet d'un compte courant.

Art. 346. Les effets du contrat de compte courant sont :

1° De transmettre la propriété de la créance portée dans le compte courant à celui qui s'en est débité;

2° De faire novation entre le crédité et le débité, à raison de l'obligation antérieure transformée en créance en compte courant;

3° D'opérer une compensation réciproque entre les contractants

[1] Cf. C. com. italien, art. 345 et suiv.; C. com. allemand, art. 291.

jusqu'à concurrence du crédit et du débit respectifs à l'époque de la clôture du compte courant;

4° De rendre exigible le solde seul, résultant du compte courant;

5° De faire courir les intérêts des sommes créditées en compte courant, à la charge du débité, à compter du jour de leur réception effective.

§ *unique.* Si l'on porte en compte courant des marchandises ou des titres de créance, la clause *sauf recouvrement* est toujours réputée sous-entendue.

Art. 347. L'existence d'un contrat de compte courant n'exclut pas le droit à une rémunération et au remboursement des frais des opérations qui s'y rapportent.

Art. 348. La clôture du compte courant et le règlement du solde qui en est la conséquence auront lieu à l'expiration du délai fixé par le contrat ou, à défaut, à la fin de l'année civile.

§ *unique.* Les intérêts du solde courent à compter de la date du règlement.

Art. 349. Le contrat de compte courant prend fin à l'époque prévue par la convention et, à défaut d'un terme convenu, à la volonté de l'une des parties, et par suite du décès ou de l'interdiction de l'une d'elles.

Art. 350. Avant la clôture du compte courant, aucune des parties ne sera considérée comme créancière ou débitrice de l'autre; l'arrêté de compte seul fixe invariablement l'état de leurs relations juridiques, produit de plein droit la compensation du débit avec le crédit correspondant et détermine le créancier et le débiteur.

## TITRE VIII.

### DES OPÉRATIONS DE BOURSE.

Art. 351. Font l'objet spécial de contrats dans les bourses :

1° Les fonds publics nationaux ou étrangers ;

2° Les lettres de change, billets, chèques, actions et obligations des sociétés légalement constituées, et toute espèce de valeurs commerciales provenant de personnes qui ont la capacité légale pour contracter ;

3° La vente de métaux monnayés ou en barre ;

4° La vente de toute espèce de marchandises ;

5° Les assurances, de quelque nature qu'elles soient ;

6° Le prix des transports par terre, canaux, rivières ou par mer ;

7° Le fret, l'affrètement, la vente et l'hypothèque des navires ;

8° La vente de biens immeubles et de droits attachés à des immeubles ;

9° Les ventes aux enchères faites par l'intermédiaire de courtiers.

§ *unique.* Sont considérés comme fonds publics, pour l'application du n° 1 du présent article :

1° Ceux qui sont émis par les gouvernements ou corps administratifs, nationaux ou étrangers ;

2° Ceux qui sont émis avec la garantie du gouvernement portugais ou des corps administratifs nationaux par des établissements publics ou des entreprises particulières.

Art. 352. Les fonds publics seront admis à la cote dès qu'ils auront été légalement reconnus négociables ; les autres titres le seront par délibération de la chambre des courtiers respective, qui ne les admettra qu'après s'être assurée qu'ils sont régulièrement émis et suffisamment garantis.

Art. 353. La cote faite par la chambre des courtiers détermine le cours public et légal, le seul qui sera reconnu en justice.

Art. 354. Toutes les opérations de bourse peuvent être faites pour se réaliser au moment de la convention ou à terme.

§ *unique*. Le terme, dans les opérations sur les fonds publics, ne pourra dépasser la fin du mois qui suivra celui pendant lequel elles auront été convenues.

Art. 355. Dans les négociations à terme sur les fonds publics, l'acheteur est toujours tenu au payement intégral du prix et le vendeur à la remise des titres [1].

§ *unique*. A défaut d'exécution du contrat, les pertes et dommages qui en résulteront pour le vendeur ou pour l'acheteur ne pourront être couverts par le simple payement de la différence dans la cote.

Art. 356. Les opérations à terme sur les fonds publics ne conféreront aucune action en justice au vendeur, si, au moment de l'exécution, les titres qu'il a vendus ne sont pas en sa possession, ni à l'acheteur, si, au même moment, il n'est pas en mesure de payer le prix d'achat.

Art. 357. Toutes les négociations sur les fonds publics seront

[1] Le projet du gouvernement autorisait le vendeur à remettre, au lieu des titres eux-mêmes, leur valeur selon la cote du jour où l'opération devait se liquider. La commission de la Chambre des pairs a enlevé cette faculté au vendeur, «afin de rendre encore plus manifeste la prohibition de ce qu'on appelle jeux de bourse, dans le mauvais sens de cette expression».

annoncées par un crieur public établi dans chaque bourse. Le courtier chargé de la négociation lui remettra, à cet effet, une note signée par lui, et indiquant si l'opération est ou non à terme.

§ *unique.* Cette note sera remise ensuite au syndic de la chambre des courtiers, qui la conservera jusqu'à la fin de l'opération.

Art. 358. Les négociations sur des fonds publics qui doivent être faites en bourse ne peuvent avoir lieu que par l'intermédiaire de courtiers.

Art. 359. Les négociations à terme seront publiées en bourse et inscrites sur un livre à ce destiné; ces publications et inscriptions seront faites par le courtier par l'entremise duquel l'opération aura eu lieu.

§ *unique.* Le courtier qui ne se conformera pas à cette prescription sera condamné aux peines prévues dans son règlement, et répondra du préjudice qu'il aura causé, par sa négligence, à ses commettants ou à tous autres intéressés dans la négociation.

Art. 360. Il n'est point accordé d'action en justice pour assurer l'exécution des obligations résultant d'une opération à terme, faite par l'intermédiaire d'un courtier, si elle n'a été publiée et inscrite comme il est prescrit par l'article précédent; à moins que cette action ne soit dirigée directement contre ce courtier, à raison de la responsabilité qu'il aurait encourue aux termes du présent code.

Art. 361. Les emprunts avec garantie de fonds publics qui devront être contractés en bourse ne peuvent l'être que par l'entremise d'un courtier.

# TITRE IX.
## DES OPÉRATIONS DE BANQUE.

ART. 362. Sont commerciales toutes les opérations de banque tendant à réaliser un bénéfice sur du numéraire, des fonds publics ou des titres négociables, et spécialement les opérations de change, les arbitrages, les emprunts, les escomptes, les recouvrements, les ouvertures de crédit, l'émission et la circulation de billets ou titres fiduciaires, payables à vue et au porteur.

ART. 363. Les opérations de banque seront régies par les dispositions spéciales concernant les divers contrats auxquels elles donneront lieu, ou dans lesquels elles finiront par se résoudre.

ART. 364. La création, l'organisation et le fonctionnement d'établissements de banque avec la faculté d'émettre des titres fiduciaires payables à vue et au porteur sont réglés par une législation spéciale [1].

ART. 365. Le banquier qui cesse ses payements est présumé être en état de faillite fautive, sauf excuse légitime [2].

# TITRE X.
## DES TRANSPORTS [3].

ART. 366. Le contrat de transport par terre, canaux ou rivières, sera considéré comme commercial quand les voituriers auront

---

[1] Une loi du 29 juillet 1887 accorde pour quarante ans à la Banque de Portugal le monopole de l'émission des billets de banque, en la chargeant de certains services financiers de l'État.

[2] Voir *infrà* art. 735 et 737. La législation portugaise distingue trois sortes de faillites : la faillite accidentelle, la faillite fautive et la faillite frauduleuse ; la faillite fautive ( *quebra culposa* ) correspond à la banqueroute simple du droit français.

[3] Cf. C. com. français et belge, art. 96 et suiv.; C. com. espagnol, art. 349 et suiv.; C. com. italien, art. 388 et suiv.; C. com. néerlandais, art. 86 et suiv., 91 et suiv.; C. com. allemand, art. 390 et suiv.; C. com. roumain, art. 413 et suiv.

constitué une entreprise ou une compagnie régulière et permanente.

§ 1er. Une entreprise sera considérée comme constituée, au point de vue du présent article, aussitôt qu'une ou plusieurs personnes se proposeront d'exercer l'industrie des transports par terre, canaux ou rivières des personnes ou des animaux, des meubles ou des marchandises appartenant à autrui.

§ 2. Les compagnies de transport devront se constituer en la forme prescrite par le présent code pour les sociétés commerciales, ou en la forme établie par la loi de leur création.

§ 3. Les entreprises et compagnies mentionnées dans cet article seront désignées dans le présent code sous la dénomination de voiturier (*transportador*).

§ 4. Les transports maritimes seront régis par les dispositions spéciales du livre III de ce code.

Art. 367. Le voiturier peut faire effectuer le transport par lui-même, au moyen de ses employés et de son matériel, ou par une autre entreprise, compagnie ou personne.

§ *unique*. Dans le cas prévu à la fin du présent article, le voiturier qui a primitivement traité avec l'expéditeur conserve vis-à-vis de celui-ci sa qualité originaire, et assume la qualité d'expéditeur par rapport à l'entreprise, la compagnie ou la personne avec laquelle il a ensuite réglé le transport.

Art. 368. Le voiturier est obligé d'avoir et de tenir des livres, sur lesquels il inscrit, par ordre progressif de numéros et de dates, les divers transports dont il se charge, en indiquant leur nature, la personne qui expédie, leur destination, les nom et domicile du destinataire, le mode de transport, et enfin le montant du prix du transport.

Art. 369. Le voiturier doit remettre à l'expéditeur, sur sa demande, une lettre de voiture (*guia de transporte*), datée et signée.

§ 1er. L'expéditeur doit remettre au voiturier, sur sa demande, un duplicata de la lettre de voiture signé par lui.

§ 2. La lettre de voiture peut être à ordre ou au porteur.

Art. 370. La lettre de voiture doit contenir toutes les indications prescrites par les règlements spéciaux au voiturier et, à défaut de règlement, les suivantes :

1° Les noms et domiciles des expéditeur, voiturier et destinataire;

2° La désignation de la nature, du poids, de la mesure ou du nombre des objets à transporter, ou, si ces objets sont emballés ou mis dans des caisses, de la nature des ballots ou des caisses, et des numéros, signes ou marques des colis;

3° L'indication du lieu où doit se faire la livraison;

4° L'indication du montant du prix de la voiture, avec une déclaration constatant s'il a été payé ou non, ainsi que des diverses avances que le voiturier peut avoir été obligé de faire;

5° La fixation du délai dans lequel la livraison doit être effectuée, et, si le transport doit se faire par chemin de fer, l'indication s'il doit avoir lieu par grande ou par petite vitesse;

6° La fixation du montant de l'indemnité que pourra devoir le voiturier, si les parties se sont entendues à ce sujet;

7° Tout ce qui aura été convenu en plus entre l'expéditeur et le voiturier.

Art. 371. L'expéditeur peut se désigner lui-même comme destinataire.

Art. 372. L'expéditeur remettra au voiturier les factures et

autres pièces nécessaires pour les opérations de douane et le payement des droits fiscaux; et, dans tous les cas, il restera responsable de l'exactitude de ces pièces.

ART. 373. Toutes les questions que soulèvera le transport seront vidées en se reportant à la lettre de voiture, sans qu'on puisse
admettre aucune exception contre elle, sauf celles tirées de sa
fausseté ou d'une erreur involontaire de rédaction.

§ *unique*. S'il n'y a pas de lettre de voiture, ou si quelques-
unes des mentions exigées d'après l'article 370 ne s'y trouvent
pas, les questions nées du transport seront résolues d'après les
usages du commerce et, à défaut d'usages, d'après les règles générales du droit.

ART. 374. Lorsque la lettre de voiture sera à ordre ou au porteur, l'endossement ou la transmission de la lettre transférera la
propriété des objets transportés.

ART. 375. Les stipulations particulières qui ne seraient pas
constatées par la lettre de voiture ne produiront aucun effet à
l'égard soit du destinataire, soit de ceux à qui la lettre aura été
transmise aux termes de l'article précédent.

ART. 376. Si le voiturier accepte sans réserves les objets à transporter, on présumera qu'ils n'ont pas de défauts apparents.

ART. 377. Le voiturier répondra de ses employés, de toutes
personnes qu'il occupera pour le transport des objets, ainsi que
des voituriers subséquents qu'il en aura chargés.

§ 1er. Ces derniers auront le droit de faire mentionner, sur le
duplicata de la lettre de voiture, l'état dans lequel se trouveront

les objets à transporter, au moment où ils les aüront reçus; à défaut de toute mention, on présumera qu'ils les ont reçus en bon état et conformes aux indications du duplicata.

§ 2. Les voituriers subséquents sont subrogés aux droits et obligations du voiturier primitif.

ART. 378. Le voiturier expédiera les objets à transporter dans l'ordre où il les aura reçus. Cet ordre ne peut être interverti que si la convention, la nature et la destination des objets le commandent, ou si un cas fortuit ou de force majeure ne permet pas de l'observer.

ART. 379. Si le transport ne peut s'effectuer ou se trouve extraordinairement retardé par un cas fortuit ou de force majeure, le voiturier doit en aviser immédiatement l'expéditeur, qui aura le droit de résilier le contrat, à charge de rembourser les frais faits et de restituer la lettre de voiture.

§ *unique.* Si l'événement se produit en cours de transport, le voiturier aura droit, de plus, à une partie du prix de la voiture, proportionnelle au chemin parcouru.

ART. 380. L'expéditeur peut, sauf convention contraire, changer en cours de route la consignation des objets, et le voiturier doit se conformer au nouvel ordre qu'il reçoit; mais, si l'exécution de cet ordre entraîne un changement de route et un allongement du parcours prévu par la lettre de voiture, et si les parties ne peuvent s'entendre, le voiturier n'est tenu de faire la livraison qu'au lieu convenu dans le contrat primitif.

§ 1er. Cette obligation pour le voiturier cesse du moment où, les objets étant arrivés au lieu de leur destination, le destinataire porteur de la lettre de voiture exige la livraison des objets.

§ 2. Si la lettre de voiture est à ordre ou au porteur, le droit ouvert par le présent article compète au porteur; celui-ci devra la remettre au voiturier, qui, en cas de changement de destination des objets, pourra exiger une nouvelle lettre.

Art. 381. Lorsque les parties sont expressément convenues de la route à suivre pour le transport, le voiturier ne peut la changer sous peine de répondre de tout dommage qui arriverait aux marchandises, et de payer en outre l'indemnité convenue.

§ *unique*. A défaut de convention, le voiturier peut suivre la route qui lui convient le mieux.

Art. 382. Le voiturier est tenu de faire la livraison des objets dans le délai fixé par la convention ou par les règlements spéciaux sur les transports et, à défaut, par les usages du commerce; à peine de telle indemnité que de droit.

§ 1ᵉʳ. Si le retard excède le double du temps fixé dans le présent article, le voiturier payera, en sus de l'indemnité, les dommages-intérêts résultant du retard.

§ 2. Le voiturier ne répondra pas du retard qui résulte ait, dans le transport, du cas fortuit, de la force majeure, ou de la faute soit de l'expéditeur, soit du destinataire.

§ 3. Le manque de moyens de transport suffisants ne relève pas le voiturier de la responsabilité qu'il encourt à raison des retards.

Art. 383. Le voiturier, à partir du moment où il reçoit les objets et jusqu'à celui où il les livre, répond de la perte ou des avaries qu'ils viendraient à subir; à moins qu'elles ne proviennent d'un cas fortuit, de force majeure, du vice propre, ou de la faute de l'expéditeur ou du destinataire.

§ 1ᵉʳ. A l'égard des objets sujets par leur nature à diminuer de poids ou de mesure pendant le voyage, le voiturier peut limiter sa responsabilité à un tant pour cent ou à une quote-part par colis.

§ 2. Cette limitation sera sans effet, lorsque l'expéditeur ou le destinataire prouvera que la diminution n'a pas été causée par la nature des objets, ou que, dans les circonstances, elle ne peut avoir atteint la limite fixée.

ART. 384. Les détériorations survenues après la remise des objets au voiturier seront constatées et évaluées d'après la convention et, à défaut de convention ou si elle est insuffisante, conformément aux règles générales du droit, en prenant pour base le prix courant dans le lieu et au moment de la livraison; la livraison des objets pourra, d'ailleurs, être faite à qui de droit pendant la procédure en constatation et évaluation des avaries, moyennant une ordonnance préalable du juge et avec ou sans caution.

§ 1ᵉʳ. On prendra les mêmes bases pour régler l'indemnité due en cas de perte des objets.

§ 2. L'indemnité due à raison de la perte des bagages d'un voyageur, remis sans déclaration du contenu, sera fixée d'après les circonstances spéciales de chaque affaire.

§ 3. L'expéditeur n'est pas admis à prouver que, parmi les marchandises désignées, il y en avait d'autres de plus grande valeur.

ART. 385. Le destinataire a le droit de faire vérifier à ses frais l'état des objets transportés, encore qu'ils ne présentent pas de signes extérieurs d'avarie.

§ 1ᵉʳ. Si les parties ne peuvent se mettre d'accord sur l'état des objets, ils seront déposés dans un magasin sûr, et elles poursuivront leur droit par les voies légales.

§ 2. Les réclamations contre le voiturier pour avaries en cours de route ne pourront être produites après la réception, s'il y a eu vérification ou si l'avarie est apparente; en dehors de ces cas, elles ne pourront être produites que dans les huit jours qui suivront la livraison [1].

§ 3. On ne peut laisser pour compte du voiturier les marchandises même avariées; mais il est passible de dommages-intérêts envers l'expéditeur ou le destinataire, suivant le cas, pour l'avarie ou la perte des objets transportés.

Art. 386. Le voiturier est responsable envers l'expéditeur de toutes les contraventions aux lois fiscales résultant de sa négligence, soit en cours de voyage, soit au moment de l'entrée dans le lieu de destination.

Art. 387. Le voiturier n'a pas le droit de rechercher à quel titre le destinataire reçoit les objets transportés; dès qu'on lui présente la lettre de voiture en due forme, il doit les remettre immédiatement et sans élever de difficultés, sous peine de répondre du préjudice résultant du retard.

Art. 388. Si le destinataire ne se trouve pas au domicile indiqué dans le duplicata de la lettre de voiture, ou refuse de recevoir les objets, le voiturier pourra en requérir le dépôt judiciaire, à la disposition de l'expéditeur ou de son représentant, sans préjudice du droit des tiers.

Art. 389. A l'expiration du délai fixé pour la livraison des objets transportés au destinataire, celui-ci demeure nanti de tous les

[1] Le projet du Gouvernement n'accordait qu'un délai de vingt-quatre heures; c'est la commission de la Chambre des députés qui a fait prévaloir la rédaction actuelle.

·droits résultant du contrat de transport et peut exiger la remise des objets et de la lettre de voiture.

Art. 390. Le voiturier n'est pas tenu de remettre les objets transportés au destinataire tant que celui-ci ne s'acquitte pas de ses obligations envers lui.

§ 1er. En cas de contestation, si le destinataire paye au voiturier la somme qu'il prétend lui devoir et dépose le surplus de la somme exigée, le voiturier ne peut se refuser à faire la livraison.

§ 2. Si la lettre de voiture est à ordre ou au porteur, le voiturier peut refuser de livrer tant qu'elle ne lui est pas restituée.

§ 3. S'il ne convient pas au voiturier de garder les objets jusqu'à ce que le destinataire ait rempli ses obligations, il pourra requérir le dépôt et la vente de la partie qui sera nécessaire pour assurer son payement.

§ 4. La vente sera faite par l'intermédiaire d'un courtier ou judiciairement.

Art. 391. Le voiturier a un privilège sur les objets transportés pour les créances résultant du contrat de transport.

§ 1er. Ce privilège s'éteint par la remise des objets au destinataire.

§ 2. S'il y a plusieurs voituriers, le dernier exercera le privilège pour tous les autres.

Art. 392. L'expéditeur a, pour la valeur des objets transportés, un privilège sur le matériel et les accessoires (*instrumentos principaes e accessorios*) dont le conducteur se sert pour les transports.

Art. 393. Les transports par chemin de fer seront régis par

les règles générales du présent code et par les dispositions spéciales des concessions ou contrats respectifs; toutefois seront nuls
et de nul effet tous règlements des administrations compétentes
tendant à écarter ou à restreindre les obligations et responsabilités imposées dans le présent titre [1].

## TITRE XI.
### DU PRÊT.

Art. 394. Pour que le contrat de prêt soit considéré comme
commercial, il faut que la chose prêtée soit destinée à quelque acte
de commerce [2].

Art. 395. Le prêt commercial est toujours rétribué.

§ *unique.* A défaut de convention, la rétribution consistera dans
le payement des intérêts au taux légal, calculés sur la valeur de
la chose prêtée.

Art. 396. A raison du prêt commercial entre négociants, quelle
qu'en soit la valeur, toute espèce de preuve est admise.

## TITRE XII.
### DU NANTISSEMENT [3].

Art. 397. Pour que le nantissement soit considéré comme

[1] Le projet du Gouvernement ajou-
tait à l'article la phrase suivante, qui a
été effacée par la commission de la
Chambre des députés : «à moins qu'à la
suppression ou à la limitation de la responsabilité ne corresponde une diminu-
ion du prix ordinaire des transports,
réglée dans des tarifs spéciaux.»

[2] Cf. C. com. espagnol, art. 311 et
suiv.

[3] Cf. C. com. allemand, art. 309 à
311; loi belge du 5 mai 1872, sur le
gage et la commission; C. com. italien,
art. 454 et suiv.; C. com. roumain,
art. 478 et suiv.

commercial, il faut que la dette qu'il garantit procède d'un acte de commerce.

Art. 398. Les parties peuvent convenir de remettre à un tiers la chose donnée en gage.

§ *unique*. La remise du gage commercial peut être symbolique et s'effectuer :

1° Par des déclarations ou des mentions sur les livres des magasins (*estações*) publics où se trouvent les choses données en nantissement;

2° Par la remise de la lettre de voiture ou du connaissement (*conhecimento da carga*) afférent à des objets transportés ;

3° Par l'endossement du warrant (*cautela de penhor*) des denrées et marchandises déposées dans des magasins généraux.

Art. 399. Le nantissement de lettres de change ou de titres à ordre peut être constitué par un endossement avec la déclaration voulue, selon les usages de la place, et celui d'actions, d'obligations ou autres titres nominatifs, par une déclaration dans ce sens, sur les registres à ce destinés.

Art. 400. Pour que le nantissement commercial entre négociants, pour une somme excédant 200,000 reis, produise ses effets à l'égard des tiers, il suffit qu'il soit prouvé par écrit.

Art. 401. Si, faute de payement, il y a lieu de procéder à la vente du gage commercial, cette vente pourra être effectuée par l'entremise d'un courtier, après notification au débiteur.

Art. 402. Sont réservées les dispositions spéciales qui régissent les avances et prêts sur gages faits par des banques ou autres institutions autorisées à cet effet.

## TITRE XIII.
### DU DÉPÔT [1].

Art. 403. Pour que le dépôt soit considéré comme commercial, il est nécessaire qu'il consiste en marchandises ou denrées destinées à un acte de commerce.

Art. 404. Le dépositaire aura droit à une gratification pour le dépôt, sauf convention expresse contraire.

§ *unique*. Si le montant de cette gratification n'a pas été préalablement convenu, il sera fixé d'après les usages de la place où le dépôt aura été fait et, à défaut d'usages, par voie d'arbitrage.

Art. 405. Lorsque le dépôt consiste en titres de créance productifs d'intérêts, le dépositaire est tenu de faire les recouvrements et toutes autres diligences nécessaires pour la conservation de leur valeur et de leurs effets légaux, sous peine de responsabilité personnelle.

Art. 406. Si le dépositaire a été expressément autorisé par le déposant à se servir de la chose, soit pour son usage personnel, soit pour ses affaires, soit pour des opérations recommandées par le déposant, les droits et obligations du déposant et du dépositaire en cette qualité cesseront, et l'on observera les règles applicables du prêt commercial, de la commission ou, en général, du contrat qui aura été conclu en remplacement du dépôt.

Art. 407. Les dépôts faits dans des banques ou sociétés sont régis par les statuts de ces établissements, pour tout ce qui n'est pas prévu par le présent titre, ainsi que par toutes autres dispositions de loi applicables.

[1] Cf. C. com. espagnol, art. 3o3 et suiv.

## TITRE XIV.

### DU DÉPÔT DE MARCHANDISES ET DE DENRÉES DANS LES MAGASINS GÉNÉRAUX[1].

Art. 408. Le récépissé (*conhecimento de deposito*) des denrées et marchandises déposées dans des magasins généraux énoncera :

1° Les nom, profession et domicile du déposant;

2° Le lieu du dépôt;

3° La nature et la quantité de la chose déposée, avec toutes les circonstances nécessaires pour la constatation de son identité et de sa valeur;

4° La déclaration qu'il a été satisfait, ou non, aux divers impôts qui peuvent être dus, et que les objets déposés sont, ou non, assurés.

§ 1er. Au récépissé sera annexé un warrant (*cautela de penhor*), dans lequel les mêmes indications seront répétées.

§ 2. Le titre précité sera extrait d'un registre à souche conservé dans les archives de l'établissement.

Art. 409. Le récépissé et le warrant peuvent être créés au nom du déposant ou d'une tierce personne par lui indiquée.

Art. 410. Le porteur du récépissé et du warrant a le droit de demander, à ses frais, que la chose déposée soit séparée par parties et que, pour chacune d'elles, il lui soit délivré des titres partiels en remplacement du titre unique et total, qui sera annulé.

[1] Cf. C. com. italien, art. 461 et suiv.; loi belge du 18 novembre 1862, sur les warrants; C. com. allemand, art. 302; C. com. espagnol, art. 193 et suiv.; lois françaises des 28 mai 1858 et 31 août 1870, sur les négociations concernant les marchandises déposées dans les magasins généraux.

Art. 411. Le récépissé et le warrant sont transmissibles, ensemble ou séparément, au moyen d'un endossement portant la date du jour où il aura lieu.

§ *unique*. L'endossement produira les effets suivants :

1° S'il porte sur les deux titres à la fois, il transférera la propriété des denrées ou marchandises déposées.

2° L'endossement du warrant seul vaudra nantissement au profit du cessionnaire du warrant des denrées ou marchandises déposées.

3° L'endossement du récépissé seul transmettra la propriété des denrées ou marchandises déposées, sous réserve des droits du porteur du warrant.

Art. 412. Le premier endossement du warrant énoncera le montant de la créance pour sûreté de laquelle il a été fait, le taux des intérêts et l'époque de l'échéance.

§ *unique*. Cet endossement devra être transcrit sur le récépissé, et la transcription être signée par le bénéficiaire de l'endossement.

Art. 413. Le récépissé et le warrant peuvent être conjointement endossés en blanc; cet endossement confère au porteur les droits qui compétaient à l'endosseur.

§ *unique*. L'endossement des titres dont il s'agit ne sera pas sujet à annulation à raison de l'insolvabilité de l'endosseur; à moins qu'on ne prouve que le bénéficiaire avait connaissance de cette situation, ou qu'il soit présumé en avoir eu connaissance par suite des dispositions spéciales de la loi en matière de faillite.

Art. 414. Les denrées et marchandises déposées dans des magasins généraux ne peuvent être saisies, arrêtées, données en nantissement, ou engagées sous une autre forme, si ce n'est en cas de perte du récépissé et du warrant, ou de contestations à raison de droits résultant de succession ou de faillite.

Art. 415. Le porteur d'un récépissé séparé du warrant peut retirer les denrées ou marchandises déposées, même avant l'échéance de la créance garantie par le warrant, en déposant dans l'établissement le montant du principal de la créance et les intérêts calculés jusqu'au jour de l'échéance.

§ *unique*. La somme déposée sera remise au porteur du warrant contre restitution de cette pièce.

Art. 416. S'il s'agit de denrées ou marchandises de même nature, le porteur du récépissé séparé du warrant peut, sous la responsabilité de l'établissement où le dépôt a été fait, retirer une partie seulement des denrées ou marchandises, moyennant le dépôt d'une somme qui soit en proportion avec le retrait et avec la créance totale garantie par le warrant.

Art. 417. Le porteur d'un warrant qui n'est pas payé à l'échéance peut le faire protester comme une lettre de change et, dix jours après, procéder à la vente du gage, conformément aux règles générales du droit.

§ *unique*. L'endosseur qui paye le porteur est subrogé à ses droits et pourra faire procéder à la vente du gage, comme il vient d'être dit.

Art. 418. La vente à défaut de payement n'est pas suspendue dans les cas de l'article 414; mais le prix reste déposé jusqu'à décision définitive.

Art. 419. En cas de sinistre, le porteur du warrant a le droit de se payer sur le montant de l'assurance.

Art. 420. Les droits de douane, impôts et contributions quelconques sur la vente, et les frais de dépôt, sauvetage, conservation, assurance et garde, sont payés sur le gage par préférence à la créance.

Art. 421. Après payement des dépenses indiquées dans l'article précédent et de la créance que garantissait le gage, le solde sera mis à la disposition du porteur du récépissé.

Art. 422. Le porteur du warrant ne peut exécuter les biens du débiteur ou des endosseurs qu'après avoir exercé ses droits sur le gage et en cas d'insuffisance.

Art. 423. La prescription des actions contre les endosseurs commencera à courir du jour de la vente des denrées ou marchandises.

Art. 424. Le porteur du warrant perd tous droits contre les endosseurs, s'il n'a pas fait faire le protêt exigé ou s'il n'a pas fait procéder à la vente des denrées et marchandises dans le délai légal; mais il conserve son action contre le débiteur.

## TITRE XV.
### DES ASSURANCES [1].

### CHAPITRE PREMIER.
#### DISPOSITIONS GÉNÉRALES.

ART. 425. Toutes les assurances, à l'exception des assurances mutuelles, seront considérées comme commerciales à l'égard de l'assureur, quel qu'en soit l'objet; et à l'égard des autres parties, lorsqu'elles porteront sur des denrées ou marchandises destinées à un acte de commerce, ou sur un établissement commercial.

§ 1er. Les assurances mutuelles seront néanmoins régies par les dispositions du présent code, quant à tous actes de commerce étrangers à la mutualité [2].

§ 2. Les assurances maritimes seront spécialement régies par les dispositions du livre III du présent code.

ART. 426. Le contrat d'assurance doit être rédigé par écrit, dans un acte qui constituera la police d'assurance.

§ *unique.* La police d'assurance doit être datée, signée par l'assureur, et énoncer :

1° Le nom ou la raison commerciale, la résidence ou le domicile de l'assureur;

2° Le nom ou la raison commerciale, la qualité, la résidence ou le domicile de celui qui fait assurer;

3° L'objet de l'assurance, ainsi que sa nature et sa valeur;

4° Les risques contre lesquels l'assurance est faite;

[1] Cf. Loi belge du 11 juin 1874, sur les assurances; C. com. italien, art. 417 et suiv.; C. com. espagnol, art. 380 et suiv.; C. com. néerlandais, art. 346 et suiv.; C. com. roumain, art. 442 et suiv.

[2] C. com. espagnol, art. 124.

5° L'époque où commencent les risques et celle où ils finissent;

6° La valeur assurée;

7° La prime de l'assurance;

8° Et, en général, toutes les circonstances qu'il importe à l'assureur de connaître, ainsi que toutes les conditions stipulées par les parties.

Art. 427. Le contrat d'assurance sera régi par les stipulations de la police, en tant qu'elles n'auront rien de contraire à la loi, et, au cas de leur absence ou de leur insuffisance, par les dispositions du présent code.

Art. 428. On peut contracter une assurance pour son compte ou pour le compte d'autrui.

§ 1ᵉʳ. Si la personne pour laquelle ou au nom de laquelle l'assurance est faite n'a pas d'intérêt dans la chose assurée, l'assurance est nulle.

§ 2. S'il n'est pas déclaré dans la police que l'assurance est faite pour compte d'autrui, elle doit être considérée comme faite pour compte de celui qui l'a faite.

§ 3. Si l'intérêt de l'assuré est limité à une partie de la chose assurée en totalité, ou du droit qui s'y rapporte, l'assurance est considérée comme faite pour compte de tous les intéressés, sauf le droit pour ledit assuré de réclamer à chacun d'eux le remboursement de leur part proportionnelle dans la prime.

Art. 429. Toute déclaration inexacte et toute réticence à raison de faits ou circonstances connues de l'assuré ou de celui qui fait l'assurance, et qui seraient de nature à influer sur l'existence ou les conditions du contrat, entraînent la nullité de l'assurance.

§ *unique*. S'il y a eu mauvaise foi de la part de celui qui a fait les déclarations, l'assureur aura droit à la prime.

Art. 430. L'assureur peut faire réassurer par d'autres l'objet qu'il a assuré; et l'assuré peut faire assurer par d'autres la prime de l'assurance.

Art. 431. Si l'objet assuré change de propriétaire pendant la durée du contrat, l'assurance passe au nouveau maître par le fait de la transmission de l'objet assuré, sauf convention contraire entre l'assureur et l'assuré primitif.

## CHAPITRE II.

### DES ASSURANCES CONTRE DES RISQUES.

#### SECTION PREMIÈRE.

##### DISPOSITIONS GÉNÉRALES.

Art. 432. L'assurance contre les risques peut être faite :

1° Sur l'ensemble de plusieurs objets réunis ;

2° Sur l'intégralité de chaque objet en particulier ;

3° Sur une partie de chaque objet, conjointement ou séparément ;

4° Sur le bénéfice espéré ;

5° Sur les fruits pendants.

Art. 433. Si l'assurance contre les risques est inférieure à la valeur de l'objet, l'assuré, sauf convention contraire, conservera à sa charge une partie proportionnelle des pertes et dommages.

§ 1ᵉʳ. Si l'assurance est inférieure à la valeur de l'objet assuré, la différence peut être assurée, et l'assureur de cette différence ne répondra que de l'excédent, en observant l'ordre de la date des contrats.

§ 2. Si toutes les assurances ont la même date, elles sortiront effet, jusqu'à concurence de la valeur totale, en proportion de la somme assurée dans chaque contrat.

Art. 434. L'assuré ne peut, sous peine de nullité, faire assurer une seconde fois, pour le même temps et les mêmes risques, un objet déjà assuré pour sa valeur entière, excepté dans les cas suivants :

1° Quand la seconde assurance aura été subordonnée à la nullité de la première ou à l'insolvabilité totale ou partielle du premier assureur ;

2° Quand on aura cédé au second assureur les droits résultant de la première assurance, ou quand on y aura renoncé.

Art. 435. Si l'assurance excède la valeur de l'objet assuré, elle n'est valable que jusqu'à concurrence de cette valeur.

Art. 436. L'assurance est nulle si, lors de la conclusion du contrat, l'assureur savait que le risque n'existait plus, ou si l'assuré ou la personne qui faisait l'assurance connaissait le sinistre.

§ *unique.* Dans le premier cas prévu par cet article, l'assureur n'a pas droit à la prime; dans le second, il n'est pas tenu d'indemniser l'assuré, mais il conserve son droit à la prime.

Art. 437. L'assurance reste sans effet :

1° Si la chose assurée n'est point exposée à courir des risques;

2° Si le sinistre résulte d'un vice propre de la chose, connu de l'assuré et non déclaré par lui à l'assureur ;

3° Si le sinistre a été causé par l'assuré ou par une personne dont il est civilement responsable;

4° Si le sinistre a été occasionné par une guerre ou des désordres (*tumulto*) dont l'assureur n'ait pas assumé le risque [1].

§ 1er. Dans le cas prévu au n° 1 du présent article, l'assureur a droit à la moitié de la prime, sans qu'il puisse jamais recevoir plus d'un demi pour cent de la somme assurée.

§ 2. L'assuré, dans les huit jours qui suivent celui où le vice propre de la chose, non encore déclaré, parvient à sa connaissance, doit en faire part à l'assureur, et il est loisible à celui-ci de résilier le contrat en restituant la moitié de la prime reçue.

Art. 438. Si l'assuré tombe en faillite avant la fin du risque, et que la prime soit encore due, l'assureur peut demander une caution et, si elle n'est pas fournie, exiger l'annulation du contrat.

§ *unique*. L'assuré a le même droit si l'assureur tombe en faillite ou liquidation.

Art. 439. Sont à la charge de l'assureur toutes les pertes et tous les dommages que subit l'objet assuré, à raison des cas fortuits ou de force majeure dont il avait assumé les risques.

§ 1er. L'indemnité due par l'assureur est réglée d'après la valeur de l'objet au moment du sinistre, sous réserve de la disposition de l'article 448 et sous les conditions suivantes :

1° Si la valeur a été fixée par des arbitres nommés par les parties, l'assureur ne peut la constester [2];

2° Si elle n'a pas été fixée, elle peut être vérifiée par tous les moyens de preuve admis en droit.

§ 2. L'assuré n'a pas le droit d'abandonner à l'assureur les ob-

---

[1] Cf. Loi belge de 1874, art. 19. — [2] La même doctrine est consacrée par la loi belge de 1874 (art. 20) et par le Code de commerce italien (art. 435).

jets sauvés du sinistre, et leur valeur ne sera pas comprise dans l'indemnité due par l'assureur.

Art. 440. L'assuré est tenu, sous peine de répondre des pertes et dommages, de faire part du sinistre à l'assureur, dans les huit jours à compter de celui où le sinistre a eu lieu ou a été porté à sa connaissance [1].

Art. 441. L'assureur qui a payé la détérioration subie par les objets assurés ou leur perte est subrogé à tous les droits de l'assuré contre le tiers cause du sinistre; et l'assuré répond de tous actes qui pourraient préjudicier à ces droits.

§ *unique.* Si l'indemnité ne porte que sur une partie du dommage ou de la perte, l'assureur et l'assuré exerceront ces droits concurremment et proportionnellement à la somme due à chacun d'eux.

### SECTION II.

#### DE L'ASSURANCE CONTRE L'INCENDIE.

Art. 442. Les polices d'assurance contre l'incendie, outre ce qui est prescrit par l'article 426, doivent préciser :

1° Les noms, nature, situation, tenants et aboutissants des immeubles;

2° Leur destination et usage ;

3° La nature et l'usage des édifices contigus, si ces circonstances sont de nature à influer sur le contrat;

[1] Le projet du Gouvernement faisait suivre cet article d'une disposition qui obligeait l'assuré « à faire toutes diligences pour éviter et atténuer les pertes », et lui donnait, en revanche, le droit de se faire rembourser les dépenses auxquelles il se serait livré dans ce but, encore que, jointes au préjudice, elles excèdent la somme assurée et qu'elles aient été infructueuses, à moins qu'elles n'aient été faites sans nécessité et d'une manière inconsidérée. Cette disposition a été supprimée par la commission de la Chambre des députés, sans que son *Parecer* explique les raisons auxquelles elle a obéi.

· 4° Le lieu où les objets mobiliers assurés contre l'incendie se trouvent placés ou emmagasinés.

Art. 443. L'assurance contre l'incendie comprend :

1° Les dommages causés par l'action de l'incendie, alors même qu'il aurait pour cause le fait non criminel de l'assuré ou d'une personne dont il est civilement responsable ;

2° Les pertes et dommages provenant directement de l'incendie, ainsi que ceux qui sont causés par la chaleur, la fumée ou la vapeur, par les moyens employés pour éteindre ou combattre le feu, par le déplacement des objets mobiliers, et par les démolitions exécutées en vertu des ordres de l'autorité compétente ;

3° Les pertes et dommages résultant d'un vice propre de l'édifice assuré, bien que non déclaré, s'il n'est pas prouvé que l'assuré en eût connaissance ;

4° Les dommages causés par la foudre, les explosions et autres accidents semblables, qu'ils soient ou non accompagnés d'incendie.

Art. 444. C'est à l'assuré qu'incombe l'obligation de justifier du préjudice souffert et de l'existence des objets assurés, au moment de l'incendie, quand l'assurance porte sur des immeubles ou sur des denrées ou marchandises destinées à quelque acte de commerce.

§ *unique.* Demeurent cependant réservées toutes conventions contraires.

Art. 445. Lorsque l'assuré ne paye pas la prime convenue à l'époque fixée, l'assurance doit être considérée comme ne subsistant plus, si l'assuré, après avoir été prévenu par une lettre recommandée ou par tout autre moyen usité en droit, n'acquitte pas la prime dans les trente jours qui suivent cet avis.

10.

§ *unique.* Si l'assureur n'use pas de la faculté que lui donne le présent article, le contrat continuera à subsister, et l'assureur aura droit à la prime en souffrance, ainsi qu'aux intérêts du retard.

Art. 446. L'assureur peut résilier l'assurance lorsque l'édifice ou les objets assurés reçoivent une autre destination, ou sont placés dans un endroit où ils courent plus de risques, de telle sorte que l'assureur ne les eût pas assurés ou aurait exigé d'autres conditions s'ils avaient eu cette destination ou occupé cet emplacement lors de la conclusion du contrat.

§ 1er. Aussitôt qu'une de ces circonstances se produira, l'assuré devra en faire part à l'assureur, dans la huitaine, afin que celui-ci puisse, dans un délai égal à compter de cette notification, user de la faculté que lui confère le présent article.

§ 2. Le défaut de notification de la part de l'assuré et de déclaration de la part de l'assureur, dans les délais indiqués au paragraphe précédent, entraînera respectivement l'annulation ou le maintien du contrat.

### SECTION III.

#### DE L'ASSURANCE DES RÉCOLTES.

Art. 447. Dans le contrat d'assurance contre les risques que courent les produits de la terre, la police, outre ce qui est prescrit en l'article 426, devra énoncer :

1° Les situation, étendue, tenants et aboutissants des terres dont les produits font l'objet de l'assurance;

2° La désignation de ces produits et l'époque habituelle de leur récolte;

3° Si la semaille ou la plantation qui doit donner les produits est déjà faite ou non;

4° Le lieu du dépôt, si l'assurance porte sur des récoltes déjà faites ;

5° La valeur moyenne des fruits assurés.

Art. 448. Dans les assurances dont s'occupe cette section, l'indemnité se règle suivant la valeur que, d'après une production régulière, les fruits auraient au moment où l'on eût dû les récolter, si le sinistre n'avait eu lieu.

Art. 449. L'assureur de produits de la terre répond des pertes et dommages qu'ils peuvent éprouver, mais non de la production elle-même ni de son insuffisance.

### SECTION IV.

#### DE L'ASSURANCE DE TRANSPORTS PAR TERRE, CANAUX ET RIVIÈRES.

Art. 450. L'assurance des objets transportés par terre, canaux et rivières peut avoir pour objet leur valeur, augmentée des frais jusqu'au lieu de destination, et le bénéfice espéré.

§ *unique.* Si le bénéfice espéré n'est pas évalué d'une manière distincte dans la police, il ne sera pas compris dans l'assurance.

Art. 451. La police, outre ce qui est prescrit par l'article 426, doit énoncer :

1° Le temps dans lequel le voyage devra s'effectuer ;

2° Si le voyage doit être effectué sans interruption ;

3° Le nom du voiturier chargé du transport ;

4° La route qui devra être suivie ;

5° L'indication des points où les objets transportés doivent être remis et livrés ;

6° Le mode de transport.

Art. 452. Les risques pour l'assureur commencent dès la réception des objets par le voiturier et finissent à la livraison qui en est faite par lui.

Art. 453. L'assureur répond des pertes et dommages causés par la faute ou la fraude des personnes chargées du transport, sauf son recours contre ceux qui en sont les auteurs.

Art. 454. Dans ce contrat, on observera, en général et suivant les circonstances, les dispositions concernant les assurances maritimes, y compris celles qui sont relatives au délaissement [1].

## CHAPITRE III.

### DE L'ASSURANCE SUR LA VIE.

Art. 455. Les assurances sur la vie comprendront toutes les combinaisons que l'on peut faire, en convenant de verser des primes périodiques ou un capital en échange de la constitution d'une rente soit viagère, soit payable à partir d'un certain âge, ou du payement, à la mort d'une personne désignée, d'une certaine somme à l'assuré, ses héritiers ou ayants cause, ou à un tiers; et toutes autres combinaisons semblables ou analogues.

§ *unique*. Celui qui devient assureur dans les conditions prévues par le présent article peut assumer le risque de la mort de l'assuré dans le cours d'une certaine période, ou celui de la prolongation de la vie de l'assuré au delà d'un terme déterminé d'avance.

---

[1] En matière de délaissement (*abandono*) des objets assurés et sauvés, la règle générale du droit civil est que l'assuré n'a pas la faculté de contraindre l'assureur à les prendre et à lui en bonifier la valeur; mais, comme le principe du délaissement a subsisté dans le droit maritime, les Cortès, d'accord avec le gouvernement, l'ont conservé pour les assurances de transports par terre, canaux ou rivières, afin que les diverses règles du code s'harmonisent et que *ubi est eadem legis ratio, ibi sit eadem legis dispositio*. *Parecer* du 14 janvier 1888, p. 77.

Art. 456. La vie d'une personne peut être assurée par elle-même, ou par un tiers ayant intérêt à la conservation de cette vie.

§ *unique*. Dans le dernier cas prévu par le présent article, l'assuré est la personne au bénéfice de qui l'assurance a été stipulée et qui paye la prime.

Art. 457. Dans l'assurance sur la vie, outre les dispositions applicables de l'article 426, la police doit mentionner l'âge, la profession et l'état de santé de la personne dont la vie est assurée.

Art. 458. L'assureur n'est pas tenu de payer le montant de l'assurance :

1° Si la mort de la personne dont la vie était assurée est résultée d'un duel, d'une condamnation judiciaire, d'un suicide volontaire, d'un crime ou d'un délit commis par l'assuré, ou si cette mort est imputable à ses héritiers;

2° Si celui qui réclame l'indemnité est l'auteur ou le complice d'un crime ayant causé la mort de la personne dont la vie était assurée.

§ *unique*. La disposition du n° 1 du présent article n'est pas applicable à l'assurance sur la vie contractée par un tiers.

Art. 459. Les changements d'occupation, d'état et de mode d'existence, de la part de la personne dont la vie est assurée, ne font pas cesser les effets de l'assurance, quand ils ne transforment et n'aggravent pas les risques par une altération de quelque circonstance essentielle, de telle sorte que, si le nouvel état de choses eût existé au moment du contrat, l'assureur n'aurait pas consenti à l'assurance ou ne l'eût conclue qu'à d'autres conditions; ou quand l'assureur, après avoir eu connaissance de ces changements, ne requiert pas la modification du contrat.

§ *unique*. En cas d'annulation, l'assureur restituera la moitié de la prime reçue.

Art. 460. En cas de mort ou de faillite de celui qui a assuré, sur sa propre vie ou sur celle d'un tiers, une somme à payer à une autre personne appelée à lui succéder, l'assurance subsiste au bénéfice exclusif de la personne désignée dans le contrat; sauf cependant, en ce qui concerne les sommes perçues par l'assureur, les dispositions du Code civil relatives aux rapports, à l'inofficiosité en matière de succession, et à la rescision des actes accomplis au préjudice des créanciers [1].

Art. 461. Si la personne dont la vie est assurée était morte au moment de la conclusion du contrat, ce contrat ne subsiste pas, bien que l'assuré ignorât le décès; sauf convention contraire.

Art. 462. L'absence de la personne dont la vie était assurée, du lieu de son domicile ou de sa résidence, sans qu'on ait d'elle aucune nouvelle, obligera seulement l'assureur, sauf convention contraire, à payer l'indemnité dans le cas où la curatelle définitive devrait légalement cesser [2].

## TITRE XVI.

### DE L'ACHAT ET DE LA VENTE [3].

Art. 463. Seront considérés comme commerciaux :

[1] Cf., sur les rapports, C. civ. portugais, art. 2098 et suiv.; sur l'inofficiosité, art. 1784 et suiv.; sur la rescision, art. 1030 et suiv.

[2] D'après l'article 78 du Code civil portugais, la curatelle définitive prend fin : 1° par le retour de l'absent; 2° par la connaissance qu'on acquiert de son existence; 3° par la certitude de son décès; 4° par un laps de vingt ans; 5° lorsque l'absent aurait quatre-vingt-quinze ans accomplis.

[3] Cf. C. com. italien, art. 59 et suiv.; C. com. allemand, art. 337 et suiv.

1° Les achats de choses mobilières pour les revendre brutes ou ouvrées, ou simplement pour les louer;

2° Les achats, faits en vue d'une revente, de fonds publics ou de tous titres de créance négociables;

3° Les ventes de choses mobilières, brutes ou ouvrées, et celles de fonds publics, et de tous titres de créance négociables, quand l'acquisition en a été faite dans l'intention de les revendre;

4° Les achats et reventes d'immeubles ou de droits immobiliers, quand l'achat aura été fait en vue de la revente;

5° Les achats et ventes de parts ou d'actions de sociétés commerciales.

Art. 464. Ne sont pas considérés comme commerciaux :

1° Les achats d'objets mobiliers destinés à l'usage ou à la consommation de l'acheteur ou de sa famille, ni les reventes faites accidentellement de semblables objets;

2° Les ventes que le propriétaire ou celui qui exploite un immeuble rural fait des produits de sa propriété ou de son exploitation, et des denrées qui leur ont été remises en payement de quelque rente;

3° Les achats que les artistes, industriels, maîtres et ouvriers de métiers mécaniques, exerçant directement leur art, industrie ou métier, font d'objets destinés à être transformés ou achevés dans leurs établissements, et la vente desdits objets après leur transformation et mise en état [1];

4° Les achats et ventes d'animaux faits par les éleveurs ou les engraisseurs.

Art. 465. Le contrat commercial d'achat et de vente d'objets

[1] Rédaction introduite par la commission de la Chambre des pairs; voir ci-dessus la note à l'article 230, modifié dans le même esprit.

mobiliers peut être fait, bien que directement, pour des personnes qui devront se faire connaître ensuite.

Art. 466. On peut convenir que le prix de la chose sera déterminé par un moyen quelconque, précisé immédiatement, ou qu'il sera abandonné à l'appréciation d'un tiers dénommé dans le contrat.

§ *unique*. Lorsque le prix devra être fixé par un tiers qui ne voudra ou ne pourra pas faire cette fixation, le contrat sera nul, s'il n'y a convention contraire.

Art. 467. En matière commerciale, sont permis :

1° L'achat et la vente de choses incertaines ou de simples espérances, mais sans préjudice des dispositions des articles 1556 et 1557 du Code civil [1];

2° La vente de la chose d'autrui.

§ *unique*. Dans le cas du n° 2 du présent article, le vendeur sera tenu d'acquérir, à un titre légitime, la propriété de la chose vendue et de la livrer à l'acheteur, sous peine de dommages-intérêts.

Art. 468. Le vendeur qui s'obligera à livrer la chose avant d'en avoir reçu le prix sera considéré comme déchargé de cette obligation si l'acheteur tombe en faillite avant la livraison, à moins qu'il ne lui soit donné des garanties pour le payement du prix.

Art. 469. Les ventes faites sur échantillon de marchandises

---

[1] L'article 1556 défend de prendre pour objet d'un achat ou d'une vente la succession d'une personne vivante, même consentante, et les aliments dus en vertu du droit de famille. L'article 1557 «n'interdit pas» la vente de choses ou de droits litigieux, mais rend le vendeur passible de dommages-intérêts dans divers cas, s'il a dissimulé le caractère litigieux de l'objet du contrat.

ou tout simplement déterminées par une qualité connue dans le commerce sont toujours considérées comme faites sous la condition que la chose sera conforme à l'échantillon ou à la qualité convenue.

Art. 470. Les achats de choses qu'on n'a pas sous les yeux, et qui ne peuvent pas être déterminées par une qualité connue dans le commerce, sont toujours considérés comme faits sous la condition que l'acheteur pourra rompre le contrat dans le cas où, après les avoir examinées, elles ne seraient pas à sa convenance.

Art. 471. Les conditions énoncées dans les deux articles précédents sont considérées comme remplies et les contrats comme parfaits, si, au moment de la livraison, l'acheteur a examiné les choses achetées et n'a élevé aucune réclamation au sujet de leur qualité, ou si, ne les ayant pas examinées, il laisse passer huit jours sans réclamer.

§ *unique.* Le vendeur peut exiger que l'acheteur procède à l'examen des marchandises au moment de la livraison, sauf le cas d'impossibilité, sous peine de les voir considérer, au point de vue des effets légaux, comme dûment vérifiées.

Art. 472. Lorsque les choses n'ont pas été vendues en bloc (*a esmo, por partida inteira*), mais au compte, au poids ou à la mesure, elles restent au risque du vendeur jusqu'à ce qu'elles aient été comptées, pesées ou mesurées, sauf le cas où c'est par la faute de l'acheteur qu'elles ne l'ont pas été.

§ 1er. La vente sera réputée faite en bloc quand les choses seront vendues à un prix unique, déterminé sans avoir égard au compte, au poids ou à la mesure des objets, ou quand on prendra en considération l'un de ces éléments uniquement pour déterminer le montant du prix.

§ 2. Lorsque la vente est faite au compte, au poids ou à la mesure et que la marchandise est livrée sans avoir été comptée, pesée ou mesurée, la tradition à l'acheteur supplée à ces opérations.

Art. 473. Si le délai pour la livraison des choses vendues n'a pas été convenu, le vendeur doit les mettre à la disposition de l'acheteur dans les vingt-quatre heures qui suivent la conclusion du contrat, si elles ont été achetées à vue (*á vista*).

§ *unique*. Si la vente n'a pas été faite à vue, et que le délai pour la livraison n'ait pas été convenu, l'acheteur pourra le faire fixer judiciairement.

Art. 474. Si l'acheteur d'une chose mobilière ne remplit pas ses obligations, le vendeur pourra faire déposer cette chose, conformément aux règles du droit, pour le compte de l'acheteur, ou la faire revendre.

§ 1<sup>er</sup>. La revente doit avoir lieu aux enchères publiques ou, si la chose a un prix coté à la bourse ou sur le marché, au prix courant et par l'intermédiaire d'un courtier, sauf le droit pour le vendeur de réclamer la différence entre le prix obtenu et le prix convenu, plus des dommages-intérêts.

§ 2. Le vendeur qui usera de la faculté que lui accorde le présent article est tenu, dans tous les cas, de dénoncer le fait à l'acheteur.

Art. 475 [1]. Les contrats d'achat et de vente faits au comptant en foire ou sur les marchés doivent être exécutés le jour même ou, au plus tard, le lendemain.

§ *unique*. Lorsque les délais fixés dans cet article sont expirés sans que l'une des parties ait exigé l'exécution du contrat, il

[1] Article intercalé par la commission de la Chambre des députés.

devra être tenu pour non avenu, et tout ce qui aura été donné à titre d'arrhes restera à la partie qui l'a reçu.

Art. 476. Le vendeur ne peut refuser à l'acheteur la facture des choses vendues et livrées, avec le reçu du prix ou de la partie du prix payé.

## TITRE XVII.

### DU REPORT [1].

Art. 477. Le report est constitué par l'achat, au comptant, de titres de créance négociables et par la revente simultanée de titres de la même espèce, à terme, pour un prix déterminé, l'achat et la revente étant faits par la même personne.

§ *unique.* La remise effective des titres est une condition essentielle de la validité du report.

Art. 478. La propriété des titres qui font l'objet du report se transmet à l'acheteur revendeur; mais il est permis aux parties de stipuler que les primes, amortissements et intérêts afférents aux titres pendant le délai de la convention resteront attribués au vendeur primitif.

Art. 479. Les parties pourront proroger le délai du report pour un ou plusieurs termes successifs.

§ *unique.* Si, à l'échéance du délai du report, les parties liquident les différences pour en faire l'objet d'un payement distinct et renouvellent le report à l'égard de titres de quantité ou d'espèces différentes, ou pour un autre prix, ce renouvellement doit faire l'objet d'un nouveau contrat.

[1] Cf. C. com. italien, art. 73 à 75; C. com. roumain, art. 74 à 76.

## TITRE XVIII.

### DE L'ÉCHANGE OU TROC.

Art. 480. L'échange ou troc sera commercial dans les mêmes
cas que l'achat et la vente, et sera régi par les mêmes règles, en
tout ce qui en sera applicable aux circonstances ou conditions de
ce contrat.

## TITRE XIX.

### DU LOUAGE.

Art. 481. Le louage sera commercial quand la chose aura été
achetée en vue d'en concéder l'usage à prix d'argent.

Art. 482. Le contrat de louage commercial sera régi par les
dispositions du Code civil concernant le contrat de louage [1], et
par les dispositions applicables du présent code; sauf les prescriptions relatives aux affrètements de navires.

## TITRE XX.

### DE LA TRANSMISSION ET DE LA RECONSTITUTION
### DE TITRES DE CRÉANCE COMMERCIAUX.

Art. 483. La transmission des titres à ordre se fait au moyen
d'un endossement, celle des titres au porteur, par la livraison
effective, celle des titres publics négociables, en la forme déterminée par la loi de leur création ou par le décret qui en autorise
l'émission, et celle des titres qui ne sont pas transmissibles par
endossement, ni au porteur, conformément aux règles posées par
le Code civil pour la cession des créances [2].

Art. 484 [3]. Les lettres de change, actions, obligations et autres

_______

[1] C. civ. portugais, art. 1633 et suiv. — [2] Cf. C. civ. portugais, art. 785 et
suiv. — [3] Cf. C. com. espagnol, art. 560 et suiv.

titres commerciaux transmissibles par endossement, qui ont été
détruits ou perdus, peuvent être reconstitués (*reformados*) judiciairement, à la requête de leur propriétaire, moyennant justification de son droit et de la circonstance qui motive cette reconstitution.

§ 1<sup>er</sup>. La reconstitution (*reforma*) sera demandée au tribunal de
commerce, soit du lieu de payement du titre, soit du siège de la
société qui avait émis l'action ou l'obligation; et elle ne pourra
être ordonnée qu'après un appel public adressé aux intéressés in-
connus et citation de tous les coobligés par le titre ou des représentants de la société qui l'avait émis.

§ 2. S'il s'agit d'une action ou obligation nominative, on devra
citer tout à la fois celui au nom de qui elle aura été libellée, et
tous les autres intéressés connus.

§ 3. Dès que l'affaire est distribuée (*distribuida*)[1], le demandeur
peut user de tous les moyens pour assurer la conservation de ses
droits.

§ 4. Lorsque le jugement qui autorise la reconstitution du
titre est passé en force de chose jugée, les coobligés ou la société
dont émanait le titre sont tenus de délivrer au demandeur un
titre nouveau; à défaut, le jugement lui-même en tiendra lieu.

§ 5. L'accepteur et les autres coobligés au payement d'une lettre
de change, et les sociétés qui ont émis les actions, obligations et
autres titres, sont seulement tenus au payement des sommes dues,

---

[1] D'après les articles 158 et suivants
du Code de procédure civile portugais, au
chapitre du *Commencement du procès*, la
distribution a pour but d'égaliser le service entre les *escrivães*, qui remplissent
dans les tribunaux des fonctions analogues
à celles de nos avoués (Cf. art. 61), et
de désigner le juge compétent, dans les
comarques où il y en a plusieurs. Sans
distribution, une affaire ne peut marcher,
une fois la première citation lancée
(art. 159). On ne s'abstient de distri-
buer que les affaires connexes à une autre
déjà distribuée (art. 161).

ainsi que des intérêts ou dividendes échus, et à charge par le propriétaire du nouveau titre de fournir caution suffisante pour assurer la restitution éventuelle de ce qu'il reçoit.

§ 6. Cette caution est déchargée de plein droit cinq ans après avoir été fournie, si, dans cet intervalle, personne n'a introduit en justice contre celui qui l'avait fournie une action en restitution, ou si ladite action a été déclarée non fondée.

# LIVRE TROISIÈME.

## DU COMMERCE MARITIME.

---

### TITRE PREMIER.
#### DES NAVIRES [1].

### CHAPITRE PREMIER.
#### DISPOSITIONS GÉNÉRALES.

ART. 485. Les navires sont réputés biens meubles pour tous les effets juridiques, sauf les modifications ou les restrictions résultant du présent code.

§ *unique*. Font partie du navire les nacelles, canots et chaloupes (*botes, escaleres, lanchas*), les agrès et apparaux, les armes, les provisions et tous autres objets destinés à son usage; et, si le navire est mû par la vapeur, la machine avec ses accessoires.

ART. 486. Seront considérés comme nationaux, pour les effets du présent code, les navires qui se trouveront immatriculés comme tels, conformément à l'Acte spécial de navigation [2].

ART. 487. La possession d'un navire sans titre d'acquisition n'emporte pas propriété.

---

[1] Cf. C. com. espagnol, art. 573 et suiv.; C. com. italien, art. 480 et suiv.; C. com. français, art. 190 et suiv.; loi belge en date du 21 août 1879, sur le commerce maritime, titre Ier; C. com. néerlandais, art. 309 et suiv.; C. com. allemand, art. 432 et suivants.

[2] Cet «Acte de navigation» est un décret du 8 juillet 1863, qui règle les conditions et la preuve de la nationalité des navires de commerce portugais.

Art. 488. Les questions relatives à la propriété du navire, aux privilèges et hypothèques qui le grèvent, sont régis par la loi de la nationalité qu'aura le navire au moment où le droit, objet de la contestation, aura été acquis.

§ 1<sup>er</sup>. Il en sera de même pour les contestations relatives à des privilèges sur le fret ou le chargement du navire.

§ 2. Le changement de nationalité ne portera aucun préjudice aux droits acquis antérieurement sur le navire, sauf l'effet des traités internationaux.

Art. 489. Les contrats qui auront pour objet la construction d'un navire doivent être rédigés par écrit.

§ 1<sup>er</sup>. Le propriétaire d'un navire en construction peut résilier le contrat avec le constructeur ou entrepreneur, pour cause d'impéritie ou de fraude manifestée dans la construction.

§ 2. Le titre de construction du navire indiquera le prix dû.

§ 3. Les dispositions du présent article et de ses paragraphes sont applicables aux contrats de grande réparation des navires et à tous ceux qui modifieront, altéreront, remplaceront ou révoqueront les contrats de construction ou de grande réparation.

§ 4. Sera considéré comme contrat de grande réparation de navire tout contrat dont l'importance excédera la moitié de la valeur du navire.

Art. 490. Tout contrat de transmission d'un navire doit être constaté par acte authentique ou authentiqué.

§ 1<sup>er</sup>. La disposition du paragraphe 2 de l'article précédent s'applique à ces contrats.

§ 2. Si la transmission a lieu en pays étranger, le titre sera enregistré à l'agence consulaire de la circonscription où se trouvera le navire au moment du contrat, ou à celle du premier port où il entrera, si le contrat a été passé dans une localité où il n'y avait pas d'agent consulaire portugais.

§ 3. L'agent consulaire portugais doit adresser par le premier courrier, au greffe du tribunal de commerce où le navire se trouve immatriculé, une copie de l'enregistrement fait dans son agence.

§ 4. Le contrat de transmission du navire sera immédiatement transcrit sur le passeport royal respectif.

Art. 491. Le navire expédié pour un voyage ne peut être saisi ni arrêté, si ce n'est pour une dette contractée pour l'approvisionnement dudit voyage ou à titre de garantie de la responsabilité encourue par suite d'un abordage.

§ *unique*. L'arrêt ou la saisie de denrées ou marchandises déjà chargées sur le navire qui se trouvera dans les conditions prévues au présent article n'en autorise pas le déchargement, à moins que le chargeur lui-même n'ait encore le droit de l'exiger, l'intéressé payant le fret, les frais de chargement, de déchargement et de désarrimage et donnant caution pour la valeur de la marchandise.

## CHAPITRE II.
### DU PROPRIÉTAIRE[1].

Art. 492. Le propriétaire d'un navire est civilement responsable :

1° Des actes et omissions du capitaine et de l'équipage;

2° Des obligations contractées par le capitaine pour le navire et son expédition;

[1] Loi belge de 1879, art. 7 et suiv.; C. com. français, art. 216 et suiv.; C. com. italien, art. 491 et suiv.; C. com. espagnol, art. 586 et suiv.; C. com. néerlandais, art. 320 et suiv.; C. com. allemand, art. 450 et suiv.

3° Des préjudices survenus pendant une remorque et à son occasion ;

4° Des fautes des pilotes ou lamaneurs pris à bord.

§ 1ᵉʳ. La responsabilité qui lui est imposée par le n° 2 du présent article cesse par l'abandon du navire et du fret acquis ou à échoir, excepté dans le cas d'obligations contractées pour le payement des salaires de l'équipage.

§ 2. La responsabilité qui lui est imposée par le n° 3 du présent article cesse quand, par la nature même de la remorque, la direction du navire appartient exclusivement au capitaine du remorqueur ; dans ce cas, le propriétaire n'est responsable que des fautes du capitaine et de l'équipage de son navire.

§ 3. La responsabilité qui lui est imposée par le n° 4 du présent article cesse quand la présence à bord du pilote ou du lamaneur était imposée par la loi locale.

ART. 493. Le propriétaire peut congédier le capitaine avant le commencement du voyage, sans avoir à lui payer aucune indemnité, à moins que, dans le contrat, celui-ci ne se soit réservé le droit d'en exiger une.

§ *unique*. Si le capitaine est copropriétaire du navire, il peut, en cas de renvoi, renoncer à sa part et exiger le remboursement du capital qu'elle représente.

ART. 494. Les divers intéressés dans une spéculation maritime peuvent se réunir sous la dénomination de *parceria* (association en participation).

§ 1ᵉʳ. Cette association peut être formée soit entre les armateurs, soit entre ceux-ci et l'équipage, soit entre les uns et les autres et les chargeurs.

§ 2. Sont armateurs les propriétaires ou affréteurs qui font équiper le navire.

Art. 495. Sont applicables à l'association en participation (*parceria*) maritime toutes les dispositions relatives aux sociétés en commandite et aux comptes en participation, compatibles avec les conditions dans lesquelles elle a été constituée, en tout ce qui n'est pas contraire à sa nature et aux prescriptions des paragraphes suivants.

§ 1er. A défaut d'un préposé à cet emploi, le capitaine est caissier de l'association (*caixa de parceria*), si elle est formée entre les armateurs et l'équipage; si elle comprend aussi les chargeurs, ce sera le plus fort intéressé se trouvant à bord ou son représentant, et, à leur défaut, le capitaine.

§ 2. Sauf convention contraire, les profits et pertes dans une association maritime doivent se répartir dans la proportion tant de l'intérêt que chaque armateur a, s'il est propriétaire, dans la valeur du navire au moment du contrat, et, s'il est affréteur, à l'époque de l'équipement, que de la valeur qu'a la partie du chargement appartenant à chaque chargeur, d'après les prix courants au temps et dans le lieu du contrat; et enfin des appointements et salaires de chaque homme de l'équipage.

§ 3. Le caissier ne peut, sans le consentement de la majorité des intéressés, entreprendre des voyages, contracter un nouvel affrètement du navire, assurer le navire, ni faire des réparations ou dépenses d'où résulteraient des obligations personnelles pour l'association.

§ 4. Le caissier a, entre autres attributions, les suivantes :

1° Engager le capitaine ou le congédier, quand même celui-ci serait membre de l'association;

2° Régler les dépenses de l'armement, de l'approvisionnement et des frais du navire pendant le voyage, ainsi que les conditions de l'affrètement;

3° Assurer les dépenses de réparations faites pendant le voyage et le fret à échoir;

4° A la fin de chaque voyage, rendre compte aux intéressés de la situation de l'association et répartir entre eux les bénéfices ou les pertes.

§ 5. L'association répond, envers les créanciers et ceux qui sont lésés dans les incidents du voyage, des faits du caissier, du capitaine ou de l'équipage, sauf son recours contre eux.

§ 6. Cette responsabilité peut prendre son aliment sur les parts des divers membres de l'association et sur les appointements et salaires de ceux qui sont restés en dehors.

## CHAPITRE III.

### DU CAPITAINE [1].

ART. 496. Le capitaine est la personne chargée de l'administration et de la conduite du navire; en cette qualité, il est responsable des fautes qu'il commet dans l'exercice de ses fonctions.

§ *unique.* La responsabilité du capitaine cesse, s'il y a cas fortuit ou force majeure.

ART. 497. Le capitaine répond envers les chargeurs des marchandises chargées, telles qu'elles sont décrites dans le connais-

---

[1] Cf. C. com. français, art. 221 et suiv.; C. com. allemand, art. 478 et suiv.; C. com. néerlandais, art. 341 et suiv.; C. com. espagnol, art. 609 et suiv.; C. com. italien, art. 496 et suiv.; loi belge de 1879, art. 12 et suiv.

sement les concernant, du dommage éprouvé par celles qu'il a laissé charger sur le pont du navire sans le consentement écrit du chargeur, mais non des objets précieux, deniers et titres de créance non déclarés dans les connaissements.

§ *unique*. La simple déclaration écrite dans le connaissement que les marchandises vont sur le pont implique le consentement du chargeur, s'il ne proteste pas immédiatement.

Art. 498. Il appartient au capitaine de composer et engager l'équipage, après avoir entendu les armateurs ou propriétaires du navire, s'ils sont présents, ou les consignataires, s'il y en a.

§ *unique*. Le capitaine ne peut être tenu de prendre contre sa volonté un homme d'équipage pour le service du navire.

Art. 499. Le capitaine doit avoir à bord :

1° Un livre de passagers et de chargement ;

2° Un livre de comptes ;

3° Un livre journal de navigation (*diario de navegação*) ;

4° Un inventaire du bord.

§ *unique*. Le livre de passagers et de chargement peut être remplacé par les manifestes et rapports équivalents, pourvu qu'ils satisfassent aux prescriptions de l'article 5o1.

Art. 500. Les livres de bord seront cotés et parafés par l'autorité maritime du port où le navire est immatriculé.

§ *unique*. S'il est nécessaire de renouveler l'un de ces livres lorsque le navire est en voyage ou dans un port de charge autre que celui de son immatriculation, le nouveau livre sera coté et parafé par l'autorité de ce port ou par l'agent consulaire portugais.

Art. 501. Le livre de passagers et de chargement doit contenir : les noms des passagers, leur provenance et leur destination; la qualité et la quantité des objets chargés, chaque colis étant désigné par son numéro et sa marque; les ports de leur chargement et de leur déchargement; les noms des chargeurs et des destinataires ou consignataires, et toutes autres déclarations que le capitaine jugera nécessaires, relativement aux personnes ou aux choses reçues à son bord.

Art. 502. Le livre de comptes doit indiquer les recettes et dépenses concernant le navire, en y comprenant : les gages de l'équipage, les dépenses faites pour les relâches, les sommes empruntées à la grosse, et tous autres articles de crédit et de débit placés sous la responsabilité du capitaine.

Art. 503. Le journal de navigation doit indiquer : le port de sortie, les manœuvres faites, le chemin parcouru, les observations géographiques, météorologiques et astronomiques, les incidents du voyage, les avaries souffertes, les objets perdus ou abandonnés; il constate les naissances et décès survenus à bord, les résolutions prises en conseil, et tous autres événements quelconques, ordinaires et extraordinaires, de la route et de la navigation.

Art. 504. L'inventaire du bord doit contenir le relevé des apparaux, meubles, instruments et autres objets dont le navire est pourvu, avec l'indication des changements qui y sont apportés.

Art. 505. Avant d'entreprendre un voyage, le capitaine doit faire procéder à la visite du navire, afin de se rendre compte de son état de navigabilité, sauf le cas où il ne se serait pas écoulé six mois depuis la visite précédente.

§ 1er. La disposition de cet article est également applicable aux navires étrangers mouillés dans les ports du royaume et des possessions portugaises.

§ 2. Dans les visites auxquelles il y a lieu de procéder en conformité du présent article, l'inventaire du bord sera toujours représenté, pour vérifier si les objets de rechange qui y sont indiqués s'y trouvent effectivement.

§ 3. Le juge du tribunal de commerce présidera à cette visite; à défaut, ce sera l'autorité maritime du port.

§ 4. La visite établit une présomption de bon état de navigabilité du navire; si elle n'a pas eu lieu, le capitaine est responsable envers ceux qui ont des intérêts sur le navire et sur la cargaison.

§ 5. La visite n'affranchit pas le fréteur de sa responsabilité, si les intéressés prouvent que, par suite d'un vice caché, le navire était innavigable à son départ.

Art. 506. Dans les vingt-quatre heures de son arrivée au port de destination, le capitaine doit présenter son journal de navigation à l'autorité chargée de le légaliser; et, en cas de relâche, naufrage, ou événement extraordinaire, qui causerait soit un retard dans le voyage, soit un dommage au navire, au chargement ou aux passagers, il devra faire dans le même délai son rapport de mer devant la même autorité; ce rapport sera complété par une information sommaire recueillie auprès de l'équipage et des passagers, si l'occasion se présente de les interroger.

§ 1er. Les intéressés ou leurs représentants, même non porteurs de procuration et comme simples gérants d'affaires, seront admis à assister à l'opération.

§ 2. Les rapports de mer, confirmés par l'information sommaire, font foi en justice jusqu'à preuve contraire.

§ 3. Si le capitaine se présente seul, sauvé d'un naufrage, dans le lieu où il fait son rapport, son interrogatoire sera suffisant pour que son rapport de mer (*protesto de mar, relatorio de mar*) produise un effet égal.

§ 4. Le rapport doit mentionner le port et le jour de sortie du navire, la route qu'il a tenue, les dangers qu'il a courus, les dommages survenus au navire ou à la cargaison, et, en général, toutes les circonstances importantes du voyage.

Art. 507. A moins d'urgence ou de force majeure, le capitaine ne peut commencer le déchargement du navire tant que son rapport n'a pas été fait et confirmé.

Art. 508. Le capitaine doit:

1° Faire une bonne estive et un bon arrimage du chargement, veiller à sa conservation et en faire la livraison;

2° Lever l'ancre à la première occasion favorable, dès qu'il aura à son bord tout ce qui lui est nécessaire pour le voyage;

3° Conduire le navire à sa destination;

4° Rester à son bord pendant toute la durée du voyage, quel que soit le péril;

5° Prendre un pilote lamaneur à toutes les barres ou côtes et dans tous les parages où la loi, la coutume ou la prudence l'exige, en observant les règlements du port;

6° Réunir en conseil les officiers, armateurs, caissiers (*caixas*)[1] et chargeurs qui seront à bord, ou leurs représentants, toutes les fois qu'il surviendra quelque événement grave, pouvant causer un préjudice au navire ou au chargement;

---

[1] Cf. art. 495. Les *caixas* sont les chefs, gérants ou préposés des associations en participation connues sous le nom de *parcerias*.

7° Déployer toute la vigilance possible pour sauver et mettre en sûreté l'argent, les marchandises et objets de valeur, les dépêches et les papiers de bord, s'il est dans la nécessité d'abandonner le navire;

8° S'il faut alléger le navire, sacrifier de préférence les objets de moindre valeur, ceux qui sont le moins nécessaires au navire, les plus lourds et ceux qui embarrassent le pont;

9° Dans les relâches forcées, observer, en tout ce qui leur est applicable, les dispositions du titre VI du présent livre;

10° Prendre les précautions nécessaires pour la conservation du navire ou de la cargaison, s'ils sont capturés, séquestrés ou retenus;

11° Profiter, pendant le voyage, de toutes les occasions pour donner aux armateurs ou caissiers, ou à leurs représentants, dans les ports d'arrivée ou de relâche, avis des événements du voyage, des dépenses extraordinaires faites dans l'intérêt du navire et des fonds prélevés à cet effet;

12° Représenter les livres de bord aux intéressés qui voudront les examiner, en consentant à ce qu'ils en prennent des copies ou des extraits.

ART. 509. Le capitaine a qualité pour représenter en justice, en quelque pays que ce soit, les propriétaires ou armateurs du navire, soit comme demandeur, soit comme défendeur; et il est aussi leur mandataire pour tout ce qui concerne l'administration et la direction du navire, pouvant procéder librement durant le voyage et en pays étranger.

§ *unique.* Mais, si l'un des propriétaires ou armateurs du navire, ou un de leurs représentants, se trouve présent, le capitaine ne peut, sans son autorisation, faire faire des réparations, acheter des voiles, câbles et autres apparaux, traiter des affrètements, ni prélever de l'argent pour compte du chargement.

Art. 510. Pendant le voyage, si le capitaine est contraint de se servir, pour le navire, des objets qui sont à bord, il peut le faire, après avoir pris l'avis des principaux de l'équipage.

Art. 511. Si, en cours de voyage, le capitaine a besoin d'argent pour des travaux de réparation, achat de vivres ou autres besoins urgents du navire, il en donnera immédiatement avis aux armateurs, affréteurs et destinataires, afin qu'ils l'autorisent à faire ces dépenses; s'il ne peut donner cet avis ou qu'il n'ait pas le temps d'attendre la réponse et les directions des intéressés, il demandera au président du tribunal de commerce et, s'il n'y en a pas, au magistrat judiciaire du port l'autorisation de faire ces dépenses et de prélever l'argent nécessaire.

§ 1er. Si le cas se présente en pays étranger, l'autorisation sera demandée à l'agent consulaire portugais, et, s'il n'y en a pas, à l'autorité judiciaire du pays.

§ 2. Il sera fait sur le journal de navigation une mention circonstanciée de ces engagements, ainsi que des titres d'obligation.

§ 3. Le capitaine, avant de quitter le port où il aura été dans le cas de faire des dépenses extraordinaires et de contracter des obligations sans l'intervention directe des propriétaires ou armateurs du navire, leur enverra un compte courant de ces dépenses, avec l'indication des pièces justificatives et des engagements contractés, en faisant connaître le nom et la résidence des créanciers.

Art. 512. La responsabilité envers les chargeurs, quant aux marchandises vendues, comprend la valeur qu'elles auraient eue au lieu et à l'époque du déchargement du navire.

Art. 513. Le capitaine ne peut vendre le navire sans une autorisation spéciale du propriétaire, sauf le cas unique d'innavigabilité.

§ 1ᵉʳ. L'innavigabilité sera déclarée et la vente ordonnée par
le président du tribunal de commerce ou le magistrat par lui délégué, et, si le fait se produit en pays étranger, par l'agent consulaire portugais ou, à défaut, par l'autorité judiciaire du pays.

§ 2. Si le navire est déclaré innavigable, il incombe au capitaine de se procurer et d'affréter un autre navire pour conduire
le chargement à sa destination.

§ 3. L'obligation mentionnée au paragraphe précédent cesse
si l'on exige de lui un fret supérieur à celui que comporte le navire, à moins que les intéressés dans le chargement ne conviennent
d'une augmentation de fret, laquelle, en ce cas, reste à leur
compte.

Art. 514. Le capitaine, aussitôt qu'il rend ses comptes, peut
exiger le payement de ses appointements et le remboursement
des dépenses qu'il aura faites.

§ *unique.* S'il s'élève des difficultés à raison de la liquidation
des comptes, le payement du solde sera fait moyennant caution.

Art. 515. La personne qui remplace le capitaine a les mêmes
droits et les mêmes devoirs que lui.

## CHAPITRE IV.

### DE L'ÉQUIPAGE [1].

Art. 516. Constituent l'équipage d'un navire : le capitaine ou

[1] Cf. C. com. français, art. 250 et suiv.; loi belge de 1879, art. 47 et suiv.; C. com. italien, art. 521 et suiv.; C. com. espagnol, art. 634 et suiv.; C. com. néerlandais, art. 194 et suiv.; C. com. allemand, art. 445, et loi du 27 décembre 1872, sur les gens de mer.

patron, les officiers, les marins et domestiques qui sont compris sur le rôle d'équipage, organisé selon les règlements, et, en outre, les mécaniciens, chauffeurs et autres personnes au service des navires à vapeur.

§ 1er. Le rôle d'équipage doit indiquer le nom, la qualité et le domicile de chacune des personnes engagées, leurs gages et toutes les autres conditions du contrat.

§ 2. Le contrat doit être fait par écrit devant le chef maritime compétent ou ses délégués, et, en pays étranger, devant l'agent consulaire portugais; on procède ensuite à l'immatricule de l'équipage.

§ 3. Si le contrat est fait dans un endroit où il n'y a pas d'agent consulaire portugais, il sera transcrit et signé sur le livre journal de navigation.

Art. 517. Les matelots et autres personnes de l'équipage seront obligés de faire leur service sur le navire, encore que le terme de leur engagement soit arrivé, pendant tout le temps qui sera nécessaire pour revenir au port de départ, pourvu que le retour s'effectue directement et en faisant seulement les escales indispensables.

§ 1er. Dans le cas prévu par cet article, l'équipage a droit à une augmentation de salaire correspondant à la prolongation du temps de son service.

§ 2. Au contraire, le contrat doit être considéré comme arrivé à son terme, même avant l'expiration du délai convenu, si le navire revient au port de départ, ayant achevé son voyage avant ce moment.

Art. 518. Si le contrat avec l'équipage est fait pour un temps indéterminé ou pour tous les voyages que le navire entreprendra, tout homme de l'équipage peut s'en départir après les trois premières années de service, sauf ce qui est prescrit par l'article précédent.

§ 1<sup>er</sup>. Si, à cette époque, le navire se trouve en pays étranger, sans que le voyage de retour soit commencé ou fixé, l'homme d'équipage a droit, en sus des salaires échus, au payement de ses frais de retour au port où il est immatriculé, à moins que le capitaine ne pourvoie à son embarquement.

§ 2. Toutefois le congé ne pourra être donné dans un port d'escale ou de relâche, mais seulement dans celui où se termine le voyage.

Art. 519. Lorsque le contrat est arrivé à terme, ou a pris fin par le congé de l'homme d'équipage, le capitaine lui remettra son titre de libération, en y indiquant le nom et la nature du navire et la durée de l'embarquement; ce titre sera enregistré sur le livre journal de navigation.

Art. 520. Sauf stipulation contraire dans leur contrat, le capitaine et les hommes de l'équipage ne peuvent charger des marchandises pour leur compte, sans le consentement des propriétaires et armateurs ou sans payer le fret.

Art. 521. Les droits et devoirs réciproques du capitaine et de l'équipage commencent dès la signature du contrat.

Art. 522. Si, par le fait du propriétaire, du capitaine ou des affréteurs, le voyage ne s'effectue pas, l'équipage gardera à titre d'indemnité les avances qu'il aura reçues à compte sur ses gages.

§ *unique.* S'il ne lui a pas été fait d'avances, l'équipage engagé au mois reçoit, à titre d'indemnité, le salaire d'un mois; si, au contraire, il était engagé au voyage, il reçoit la somme correspondant à un mois de la durée probable du voyage, et, si la durée probable du voyage ne devait pas dépasser un mois, il reçoit la totalité du salaire stipulé.

ART. 523. Si le voyage est rompu après la sortie du navire, l'équipage engagé pour le voyage entier est payé comme si le voyage avait été accompli; si l'engagement a été fait au mois, les mois échus lui sont payés avec une indemnité proportionnelle au temps probable du voyage; et, dans l'un et l'autre cas, il a également droit aux frais de retour au port d'immatricule, à moins que le capitaine ne lui procure un moyen d'embarquement.

ART. 524. Si le commerce avec le port de destination du navire est interdit en vertu de mesures sanitaires ou de police, ou si le navire est arrêté par ordre du gouvernement, avant le voyage commencé, il n'est dû à l'équipage que les journées employées à équiper le navire.

ART. 525. Si l'interdiction de commerce ou l'arrêt du navire se produit pendant le voyage, l'équipage a droit, dans le premier cas, à un salaire proportionnel au temps qu'a duré son service; dans le second cas, à la moitié du salaire pendant la durée de l'arrêt, s'il a été engagé au mois, et à tout le salaire convenu, s'il est engagé au voyage.

ART. 526. Si le voyage a été prolongé dans l'intérêt des affréteurs et que, par suite, le navire ait été conduit dans un port autre que celui de sa destination, le salaire convenu pour le voyage sera augmenté à proportion de la prolongation du voyage.

§ *unique*. Si le déchargement se fait dans un lieu plus rapproché que celui qui avait été indiqué dans le contrat, l'équipage ne pourra subir aucune réduction de salaire à raison de ce changement.

Art. 527. Si l'équipage est engagé à la part (*a partes*), il cesse d'avoir droit à une indemnité à raison des accidents du voyage, sauf ses droits dans l'association (*parceria*).

Art. 528. En cas de prise ou de naufrage, avec perte entière du navire et du chargement, il n'est dû aucuns salaires à l'équipage, à moins d'avances sur le fret; si l'équipage a reçu des avances, il n'aura pas à les restituer.

§ 1er. Si l'on peut sauver quelque partie du navire, les salaires échus seront payés par préférence sur les débris du navire naufragé et sur ce que l'on pourra recouvrer de la prise; mais, si les objets sauvés ou recouvrés ne sont pas suffisants, ou si l'on n'a sauvé que des marchandises, l'équipage sera payé subsidiairement sur le fret.

§ 2. Quelle que soit la nature du contrat, les gens de mer sont payés des journées par eux employées à sauver les débris et les effets naufragés.

Art. 529. L'homme d'équipage qui, pendant le voyage, tombe malade, ou est blessé ou mutilé au service du navire, sera payé de ses salaires pendant tout le temps que durera son incapacité de travail, et, de plus, il sera soigné au compte du navire.

§ 1er. Si le service dont il est question au présent article a été prêté pour le sauvetage du navire, les dépenses du traitement seront au compte du navire et de la cargaison.

§ 2. Si le traitement a lieu à terre, le capitaine remettra à l'agent consulaire portugais la somme nécessaire pour ce traitement et pour le rapatriement de l'homme d'équipage à son port d'immatricule; à défaut d'agent consulaire, le capitaine pourvoira à ce que l'homme d'équipage soit admis dans un hôpital ou maison de santé, moyennant l'avance des fonds nécessaires pour la cure.

§ 3. Lorsque l'homme d'équipage a été débarqué, l'obligation de payer les frais de cure et les gages ne s'étend pas au delà de quatre mois.

ART. 530. Si l'homme d'équipage se blesse ou est atteint d'une maladie ou lésion par sa faute, ou pendant qu'il se trouve à terre sans autorisation du capitaine, les frais du traitement restent à sa charge; toutefois le capitaine sera tenu d'en faire l'avance si l'homme de l'équipage l'exige; quand cet homme devra être débarqué pour se faire traiter, le capitaine procédera comme il est dit en l'article précédent, sauf son droit au remboursement de ses avances.

§ *unique*. En cas de blessure, maladie ou lésion, résultant de la faute de l'homme d'équipage, ses gages ne lui sont dus que pour la durée de son service effectif.

ART. 531. Si un homme d'équipage meurt pendant le voyage, ses héritiers ont droit à ses gages jusqu'au moment du décès, si le contrat a été fait au mois; à la moitié des salaires, si le contrat a été fait au voyage et que la mort soit survenue en route ou dans le port de destination; et à la totalité des salaires, si la mort a eu lieu pendant le voyage de retour.

§ 1er. Si le contrat a été fait à la part (*a partes*), la portion entière qui revient à l'homme d'équipage est due à ses héritiers, si le décès est survenu après le voyage commencé.

§ 2. Si l'homme d'équipage est mort pour la défense du navire, le salaire est dû en entier et pour toute la durée du voyage, si le navire arrive à bon port.

Art. 532. Si le navire est capturé, le salaire est dû jusqu'au jour de la prise.

§ 1er. Si les hommes d'équipage ont été pris pendant qu'ils se trouvaient hors du navire pour leur service, ils ont droit à leurs salaires pour le temps que le service a duré.

§ 2. La cargaison contribue au payement, si c'est dans l'intérêt de ladite cargaison que l'homme d'équipage avait quitté le bord.

Art. 533. Si le navire est vendu pendant la durée du contrat avec l'équipage, celui-ci a le droit d'être ramené à son port d'immatricule aux frais du navire, et de recevoir les profits stipulés.

Art. 534. Le capitaine peut congédier un homme d'équipage avant le terme fixé dans le contrat, sans avoir besoin de justifier des motifs du renvoi; mais il doit lui remettre son titre de libération et lui fournir les moyens de rejoindre son port d'immatricule, ou lui procurer un embarquement sur un navire à destination de ce port.

§ 1er. L'homme de l'équipage congédié sans motif valable après avoir été porté sur le rôle a droit à deux mois de gages, outre ce qui lui revient à raison du temps déjà couru.

§ 2. Dans aucun de ces cas, le capitaine ne pourra exiger des propriétaires ou armateurs le remboursement des indemnités ainsi payées, si le renvoi n'a pas été prononcé d'accord avec eux.

Art. 535. Les hommes d'équipage ont le droit d'être nourris

à bord tant qu'ils n'ont pas touché intégralement ce qui leur est dû ou la part d'intérêt qui leur revient d'après leur contrat.

§ *unique.* Alors même que le contrat serait arrivé à terme, ils sont tenus de continuer à faire le service du navire jusqu'à ce qu'il soit mis en lieu sûr, admis à la libre pratique et déchargé; ils continuent également à être nourris à bord et à toucher leurs gages pour ce surcroît de travail.

ART. 536. Si, étant en quarantaine, le navire doit partir pour un autre voyage, l'homme d'équipage qui ne veut pas prendre un nouvel engagement a le droit de se faire débarquer au lazaret, les dépenses qu'il sera obligé d'y faire et ses salaires pour tout le temps qu'il y passera restant au compte du navire.

ART. 537. Les salaires et parts d'intérêt des gens de l'équipage ne peuvent être cédés, arrêtés ou saisis, si ce n'est pour cause d'aliments dus d'après la loi, ou pour dettes contractées envers le navire.

§ *unique.* En cas de dette pour aliments, la cession, la saisie ou l'arrêt ne peut porter que sur le tiers des appointements, sans qu'il soit permis à l'homme d'équipage de stipuler le contraire.

## CHAPITRE V.

### DU CONNAISSEMENT [1].

ART. 538. Le connaissement devra contenir :

1° Les noms et domicile du propriétaire, du chargeur, du capitaine ou affréteur, et du destinataire, lorsque ce dernier sera une personne certaine;

[1] Cf. C. com. français, art. 281 et suiv.; C. com. espagnol, art. 706 et suiv.; C. com. italien, art. 555 et suiv.; loi belge de 1879, art. 40 et suiv.; C. com. néerlandais, art. 507 et suiv.; C. com. allemand, art. 644 et suiv.

2° Le nom, la nationalité et le tonnage du navire;

3° La désignation de la nature, de la qualité et de la quantité des objets chargés, leurs marques, contremarques et numéros;

4° Les ports de départ, d'escale et de destination;

5° Le fret;

6° La date à laquelle le connaissement est signé;

7° Le nombre d'exemplaires.

§ 1er. Le connaissement peut être à ordre, ou au porteur, ou à une personne dénommée.

§ 2. Le capitaine doit en délivrer autant d'exemplaires que le chargeur en exigera, sans que le nombre puisse être inférieur à quatre : un pour le chargeur, un pour le destinataire, un pour le capitaine et un autre pour l'armateur.

§ 3. Chaque exemplaire doit indiquer l'intéressé auquel il est destiné.

§ 4. Le capitaine signera tous les exemplaires, excepté ceux qui lui sont destinés, lesquels seront signés par le chargeur.

Art. 539. Les marchandises seront remises par le capitaine au lieu de destination, à bord ou en douane, conformément à l'usage du port ou aux clauses de l'affrètement ou du connaissement, à la personne désignée dans cette dernière pièce.

§ *unique.* S'il se présente plus d'une personne munie d'un connaissement régulier relatif aux mêmes marchandises, celles-ci demeureront déposées en douane jusqu'à ce que les tribunaux compétents aient déclaré à qui elles doivent être livrées, sans préjudice des droits fiscaux et autres charges imposées par la loi sur lesdites marchandises.

Art. 540. Le connaissement régulier fait foi tant entre les

intéressés au chargement qu'entre ceux-ci et les assureurs et le chargeur, sauf la preuve du dol.

§ 1<sup>er</sup>. Le dol du chargeur ne peut être opposé au tiers porteur.

§ 2. Les tiers étrangers au contrat d'affrètement, et notamment les assureurs, peuvent prouver la fausseté du connaissement par tous moyens de preuve.

### CHAPITRE VI.

#### DE L'AFFRÈTEMENT [1].

Art. 541. Le contrat d'affrètement doit être rédigé par écrit, dans un acte qui constituera la charte partie ou l'acte d'affrètement, et qui devra indiquer :

1° Le nom, la nationalité et le tonnage du navire;

2° Le nom du capitaine;

3° Les noms du fréteur et de l'affréteur ou chargeur;

4° Le lieu et le temps convenus pour le chargement et le déchargement;

5° Le prix du fret;

6° Si l'affrètement est total ou partiel;

7° L'indemnité convenue pour le cas de retard.

Art. 542. Le contrat d'affrètement peut être :

1° Rond (*redondo*), c'est-à-dire pour tout le navire;

2° Pour une partie du navire;

3° Pour un ou plusieurs voyages;

[1] Cf. C. com. français, art. 273 et suiv.; C. com. italien, art. 547 et suiv.; C. com. espagnol, art. 652 et suiv.; loi belge de 1879, art. 67 et suiv.; C. com. néerlandais, art. 453 et suiv.; C. com. allemand, art. 557 et suiv.

4° A cueillette (*á carga, á colheita, á pranchá*[1]), quand le capitaine accepte de tous ceux qui lui en présentent des marchandises pour être chargées et transportées au port de destination;

5° Pour des objets déterminés ou désignés seulement par leur
numéro, poids ou volume.

§ 1er. A défaut de déclaration, le contrat est présumé fait pour
un affrètement rond.

§ 2. Si le fréteur déclare pour le navire un tonnage supérieur
ou inférieur au tonnage réel et que la différence excède un vingtième de celui-ci, l'affréteur a droit à une indemnité pour pertes
et dommages.

Art. 543. L'affréteur doit remettre au capitaine, dans les
vingt-quatre heures après le chargement du navire, les papiers
qui concernent le chargement.

Art. 544. Sauf convention contraire, le changement du capitaine n'entraîne pas l'annulation du contrat d'affrètement.

Art. 545. Si, dans la charte partie, le temps accordé pour le
chargement et le déchargement n'a pas été déterminé, il sera d'un
jour par 120 tonnes de poids, si le navire est à vapeur, et par
60 tonnes, si le navire est à voiles.

§ 1er. En cas de retard, le temps employé en sus sera payé à
raison de 100 reis par tonne de navire à vapeur et de 50 reis
par tonne de navire à voiles.

---

[1] D'après une indication que nous devons à l'obligeance de M. H. Midosi, ces trois expressions sont synonymes en Portugal et s'appliquent, les unes comme les autres, à l'affrètement d'après lequel le capitaine se charge du transport des marchandises appartenant à des personnes différentes, les colis pouvant être de poids et de dimensions variables; *prancha* signifie littéralement planche à débarquer.

§ 2. Dans le délai fixé par cet article et le paragraphe 1ᵉʳ ne sont point compris les dimanches et jours fériés.

Art. 546. Si le contrat d'affrètement est fait au mois ou pour une période de temps déterminée, la durée courra du jour où l'on se trouvera prêt à charger jusqu'à celui où se terminera le chargement.

Art. 547. Si le départ du navire pour son port de destination est retardé par un motif de force majeure : guerre, blocus ou interdiction de commerce, il y a lieu à rescision de l'affrètement.

§ *unique*. Dans les cas prévus au présent article, le fréteur n'a droit à aucune indemnité, et les frais du déchargement restent à la charge de l'affréteur.

Art. 548. Si l'empêchement survient en cours du voyage, le fret est dû pour le parcours effectué.

§ *unique*. En cas d'empêchement temporaire, l'affréteur peut décharger les marchandises, mais à ses frais, et sous la condition de les charger de nouveau ou d'indemniser le capitaine; dans les deux cas, il donnera caution s'il en est requis.

Art. 549. Si le port de destination est bloqué ou si un cas de force majeure empêche d'y pénétrer, le capitaine ira débarquer dans un autre port ou retournera à celui d'où il est parti, selon ce qu'il jugera être le plus avantageux pour l'affréteur.

§ 1ᵉʳ. Dans le cas où le navire retournera au port de sortie, le fret sera dû en entier pour l'aller, plus un tiers pour le retour.

§ 2. Si le navire aborde dans un autre port, en dehors du fret acquis pour l'aller, il sera dû également un tiers pour ce voyage supplémentaire.

§ 3. Le capitaine pourra aussi faire expédier les marchandises à leur destination sur un autre navire, le fret étant, dans ce cas, à la charge des affréteurs.

§ 4. Les dispositions du présent article et de ses paragraphes seront applicables lorsqu'il n'aura pas été donné d'ordres ou qu'ils seront inexécutables.

Art. 550. La chambre du capitaine et les locaux destinés au personnel et au matériel du navire sont des lieux réservés, qui ne peuvent être considérés comme compris dans l'affrètement.

Art. 551. A défaut de fixation dans la charte partie de l'époque où le navire doit être prêt à prendre charge, il est loisible au fréteur de la déterminer.

§ *unique*. Le fréteur qui ne présentera pas le navire prêt à l'époque déterminée répondra des pertes et dommages.

Art. 552. Si le navire est frété pour la totalité et que l'affréteur n'en complète pas le chargement, le capitaine ne peut charger d'autres marchandises à l'insu de l'affréteur.

§ *unique*. Le fret des marchandises qui complètent le chargement appartient à l'affréteur.

Art. 553. L'affréteur qui renonce à son contrat avant de commencer le chargement doit la moitié du fret.

§ 1er. S'il fait un chargement moindre que le chargement convenu, il doit le fret en entier.

§ 2. S'il fait un chargement dépassant ce qui avait été convenu, il doit un fret pour l'excédent.

Art. 554. L'affréteur peut retirer du bord des objets qu'il y avait chargés, s'il paye le fret en entier, ainsi que les frais d'entrée à bord, d'arrimage et de déchargement, et s'il restitue les connaissements.

Art. 555. Le fret des marchandises sacrifiées pour le salut du navire et du chargement sera payé intégralement dans le compte d'avarie grosse.

§ 1er. Sera aussi payé intégralement le fret des marchandises qui périront pendant le voyage par suite d'un vice propre, ou qui seront vendues au profit exclusif du chargeur, sauf la déduction des frais que, par suite de cet événement, le capitaine n'aura plus à supporter.

§ 2. Il en sera de même du fret des marchandises appliquées aux besoins du navire, s'il arrive à bon port, sauf l'obligation pour le navire de payer aux propriétaires de ces marchandises la valeur qu'elles auraient eue dans le port de déchargement.

Art. 556. Si le capitaine est obligé par un cas fortuit ou de force majeure de réparer le navire en cours de voyage et que l'affréteur, ne voulant pas attendre la fin des réparations, fasse décharger les marchandises, il payera le fret en entier et donnera caution pour la part éventuelle afférente aux marchandises dans les avaries grosses.

Art. 557. Il n'est pas dû de fret par l'affréteur s'il prouve que le navire était innavigable au moment d'entreprendre le voyage pour lequel il avait été affrété.

Art. 558. Il n'est pas dû de fret pour le temps que durent les réparations du navire, s'il a été affrété au mois ou pour une période déterminée, ni d'augmentation de fret, si l'affrètement a été fait pour le voyage.

§ *unique.* Il n'est pas dû non plus de fret ou d'augmentation de fret si la marche du navire est retardée par suite du blocus du port ou par une autre circonstance de force majeure.

Art. 559. Si le destinataire ou le consignataire des marchandises refuse d'en prendre livraison, le capitaine doit demander au juge présidant le tribunal de commerce de nommer un consignataire, lequel prendra compte des marchandises et fera vendre judiciairement celles dont le produit sera nécessaire pour payer le fret, les avaries et les dépenses auxquelles elles donneront lieu.

§ *unique.* Si les marchandises sont sujettes à détérioration, le consignataire en provoquera la vente totale et consignera le produit en un dépôt à l'ordre du juge, après avoir rendu ses comptes devant lui et y avoir porté sa commission de vente selon l'usage de la place.

Art. 560. Si les marchandises ont été chargées pour être livrées à ordre, le capitaine doit appeler le destinataire par des annonces publiées dans trois numéros consécutifs du même journal, s'il y en a un, et, s'il n'y en a pas, affichées aux endroits à ce destinés.

§ *unique.* Si personne ne se présente pour réclamer les marchandises, le capitaine devra procéder comme il est dit en l'article précédent.

Art. 561. Le capitaine ne peut retenir les marchandises à bord pour garantie du fret, des avaries et de ses déboursés; il lui est seulement permis, pendant le déchargement, de demander le dépôt d'une partie desdites marchandises suffisante pour assurer ce payement.

Art. 562. L'affréteur ne peut demander une réduction de fret, ni abandonner des marchandises pour le fret, sous prétexte de retard dans l'arrivée, de diminution de valeur ou de détérioration.

§ *unique.* Dans le cas où des futailles contenant des liquides auraient un coulage dépassant la moitié, elles peuvent être abandonnées pour le fret avec leur contenu.

## CHAPITRE VII.

### DES PASSAGERS [1].

Art. 563. A défaut de conventions spéciales, le transport des passagers sera régi par les dispositions du présent chapitre.

Art. 564. Si le passager ne se présente pas à bord en temps utile, le passage est dû en entier.

§ 1er. Si c'est par suite de décès, maladie ou autre circonstance de force majeure que le passager ne se présente pas et se trouve empêché de faire le voyage, ou s'il déclare y renoncer, il doit la moitié du passage.

§ 2. Si c'est par le fait du capitaine que le passager ne peut effectuer le voyage, il a droit non seulement à la restitution immédiate du prix du passage, mais encore à des dommages-intérêts.

§ 3. Si l'empêchement provient d'un cas fortuit ou de force majeure ayant rapport au navire, il y a lieu à restitution du prix payé pour le passage, et le contrat sera annulé, sans qu'il y ait lieu à indemnité de part ni d'autre.

Art. 565. Si, en cours de voyage, le passager préfère débar-

---

[1] Cf. C. com. espagnol, art. 693 et suiv.; loi belge de 1879, art. 120 et suiv.; C. com. néerlandais, art. 521 et suiv.; C. com. allemand, art. 665 et suiv.

quer dans un port qui n'est point encore celui de sa destination, le passage est dû en entier.

§ 1er. Si le débarquement dans un port qui n'est pas celui de la destination est motivé par le fait ou la faute du capitaine, le passager devra être indemnisé des pertes et préjudices.

§ 2. Si le débarquement provient d'un cas fortuit ou de force majeure ayant rapport au navire ou au passager, le passage est dû en proportion du chemin parcouru.

Art. 566. Lorsque le passager périt dans un naufrage, le prix du passage n'est pas restitué aux héritiers, s'il a été payé; mais il ne peut être exigé, s'il est encore dû.

Art. 567. Si, pour un autre motif qu'un cas fortuit ou de force majeure, le navire tarde à partir, le passager a le droit de rester à bord et de s'y faire nourrir pendant tout le temps du retard, sans préjudice des dommages-intérêts.

Art. 568. Si le retard excède dix jours, le passager peut résilier le contrat, et le prix du passage lui sera restitué, s'il l'a payé.

§ unique. Toutefois, si le retard provient du mauvais temps, la restitution ne comprendra que les deux tiers du prix.

Art. 569. Le navire qui a été affrété exclusivement pour le transport de passagers doit les conduire au port de destination, sans autres escales que celles qui ont été annoncées ou qui sont habituelles.

Art. 570. Si le navire dévie de sa route par suite du fait ou de la faute du capitaine, les passagers seront logés et nourris, pendant tout le temps de ce changement de route, aux frais du navire; et, en outre, ils ont le droit de demander une indemnité pour pertes et dommages et de résilier le contrat.

Art. 571. Si le navire transporte des marchandises en même temps que des passagers, le capitaine peut entrer dans tous les ports où ce sera nécessaire pour le déchargement.

Art. 572. Si le navire est retardé par la nécessité de réparations, le passager peut résilier le contrat en payant le prix du passage en proportion du chemin parcouru.

§ *unique*. S'il préfère attendre que le navire poursuive sa route, il ne payera pas un prix de passage plus élevé, mais devra se nourrir à ses frais pendant la durée du retard.

Art. 573. La nourriture (*sustento*) du passager, pendant le voyage, est présumée comprise dans le fret.

§ 1er. Si elle n'y a pas été comprise, le capitaine doit être à même de la fournir à juste prix au voyageur qui en aura besoin.

§ 2. Dans les voyages hors du continent du royaume, les passagers ont le droit de rester à bord et d'y être nourris pendant tout le temps que le navire demeurera dans le port de destination, sans dépasser vingt-quatre heures.

## CHAPITRE VIII.
### DES PRIVILÈGES ET HYPOTHÈQUES [1].

### SECTION PREMIÈRE.
#### DES PRIVILÈGES.

Art. 574. Les créances énumérées dans la présente section

[1] Cf. C. com. français, art. 190 et suiv.; lois françaises des 10 décembre 1874 et 10 juillet 1885, sur les hypothèques maritimes; C. com. italien, art. 674 et suiv.; C. com. espagnol, art. 580 et suiv.; C. com. allemand, art. 757 et suiv.; C. com. néerlandais, art. 313 et suiv.; loi belge de 1879, art. 134 et suiv.; C. com. argentin, art. 1021.

priment tous les privilèges généraux ou spéciaux sur les meubles, établis dans le Code civil [1].

ART. 575. Dans le cas où le navire ou l'un des objets sur lesquels porte le privilège vient à se détériorer ou à diminuer de valeur, le privilège subsiste sur tout ce qui en restera ou pourra être sauvé et mis en sûreté.

ART. 576. Si le produit du navire ou des objets affectés au privilège n'est pas suffisant pour éteindre les créances privilégiées au même rang, on en fera entre elles la répartition proportionnelle.

ART. 577. L'endossement d'un titre de créance privilégiée transmet également le privilège.

ART. 578. Les créances privilégiées sur le navire sont classées dans l'ordre suivant :

1° Les frais de justice faits dans l'intérêt commun des créanciers ;

2° Les salaires dus pour assistance et sauvetage ;

3° Les frais de pilotage et remorque à l'entrée du port ;

4° Les droits de tonnage, phare, mouillage, visite sanitaire et autres droits de port ;

5° Les frais de garde du navire et de magasinage de ses accessoires ;

6° Les gages du capitaine et des gens de l'équipage ;

7° Les frais d'entretien et de réparation du navire, et de ses agrès et apparaux ;

8° Le remboursement du prix des marchandises du chargement que le capitaine a dû vendre ;

[1] C. civ. portugais, art. 880 et suiv.

9° Les primes d'assurance [1];

10° Le prix encore dû pour la dernière acquisition du navire;

11° Les frais de réparation du navire et de ses agrès et apparaux pendant les trois années antérieures au voyage, et à compter du jour où la réparation a été terminée;

12° Les dettes provenant de contrats pour la construction du navire;

13° Les primes d'assurances faites sur le navire, si tout a été assuré, ou sur la partie et les accessoires qui l'ont été, alors qu'elles ne sont pas comprises dans le n° 9;

14° L'indemnité due aux chargeurs pour le défaut de livraison des marchandises ou pour les avaries qu'elles ont souffertes.

§ *unique*. Les dettes dont il est fait mention dans les n$^{os}$ 1 à 9 sont celles qui ont été contractées pendant le dernier voyage et à l'occasion de ce voyage.

Art. 579. Les privilèges des créanciers sur le navire s'éteignent :

1° Par les modes généraux d'extinction des obligations;

2° Par la vente en justice du navire; après que le prix en est mis en dépôt, le privilège et l'action des créanciers sont transportés sur le prix;

3° Par la vente volontaire faite avec dénonciation aux créan

----

[1] Le projet du gouvernement avait classé au neuvième rang les sommes prêtées à la grosse, qui figuraient aussi à ce rang dans l'article 191 du Code de commerce français. Mais la commission de la Chambre des députés leur a retiré leur privilège sur le navire, ainsi que l'avait fait, en France, l'article 27 de la loi du 10 septembre 1874, qui a abrogé l'article 191 9° du code, et elle l'a remplacé par un simple privilège, soit sur le chargement, soit sur le fret, classé juste avant les primes d'assurances (Cf. art. 580 et 582).

ciers privilégiés, sans que, dans un délai de trois mois, ils aient fait valoir leur privilège ou fait opposition sur le prix de la vente.

Art. 580. Les créances privilégiées sur le chargement du navire sont classées dans l'ordre suivant :

1° Les frais de justice faits dans l'intérêt commun des créanciers;

2° Les salaires dus pour sauvetage;

3° Les droits fiscaux dus dans le port de débarquement;

4° Les frais de transport et de déchargement;

5° Les frais de magasinage;

6° Les parts contributives aux avaries communes;

7° Les sommes prêtées à la grosse sous cette garantie;

8° Les primes d'assurance.

§ *unique*. Les privilèges mentionnés au présent article peuvent être généraux, c'est-à-dire porter sur la totalité du chargement, ou spéciaux, c'est-à-dire ne porter que sur une partie de ce chargement, suivant que les créances en concernent la totalité ou une portion.

Art. 581. Les privilèges sur le chargement sont éteints si les créanciers ne les ont pas fait valoir avant que le débarquement soit effectué, ou dans les dix jours immédiatement subséquents, et en tant que, pendant ce délai, les objets transportés ne seront pas passés en la possession de tiers.

Art. 582. Les créances privilégiées sur le fret sont classées dans l'ordre suivant :

1° Les frais de justice faits dans l'intérêt commun des créanciers;

13

2° Les gages du capitaine et de l'équipage;

3° Les parts contributives aux avaries communes;

4° Les sommes prêtées à la grosse sous cette garantie;

5° Les primes d'assurance;

6° Les indemnités dues pour défaut de délivrance des marchandises chargées.

Art. 583. Les privilèges sur le fret s'éteignent dès qu'il est encaissé, sauf le cas de l'article 523, dans lequel le privilège pour les gages du capitaine et de l'équipage ne s'éteint que six mois après la rupture du voyage.

### SECTION II.

#### DES HYPOTHÈQUES.

Art. 584. Les navires sont susceptibles d'hypothèque légale et conventionnelle.

Art. 585. Les hypothèques sur les navires, qu'elles soient légales ou conventionnelles, produiront les mêmes effets et seront régies par les mêmes dispositions que les hypothèques sur les immeubles, en tout ce qui sera compatible avec leur nature propre, et sauf les modifications résultant de la présente section.

Art. 586. L'hypothèque sur des navires ne peut être constituée que par le propriétaire ou par son fondé de pouvoir spécial.

§ 1ᵉʳ. Quand le navire appartient à plusieurs personnes, il peut être hypothéqué en totalité pour les frais d'armement et de navigation, moyennant le consentement exprès de la majorité représentant plus de la moitié de la valeur du navire.

§ 2. Le copropriétaire d'un navire ne peut hypothéquer séparément sa part, sans l'assentiment de la majorité indiquée dans le paragraphe précédent.

Art. 587. Il est également permis d'hypothéquer des navires en construction ou à construire pour le payement des dépenses nécessitées par cette construction, à condition que l'on spécifie dans l'acte constitutif tout au moins la longueur de la quille du navire et approximativement ses principales dimensions, ainsi que son tonnage probable et le chantier dans lequel il se trouve en construction ou celui où il devra être construit.

Art. 588. L'hypothèque sur les navires sera constituée par acte public, sauf dans le cas du paragraphe 2 de l'article 591.

Art. 589. L'hypothèque sur des navires concernant des créances productives d'intérêt comprend, en sus du capital, les intérêts de cinq années.

Art. 590. Les hypothèques sur un navire seront inscrites au greffe du tribunal de commerce du port d'immatricule.

§ 1er. Dans le cas où l'hypothèque est constituée sur un navire en construction ou à construire, le greffe compétent sera celui du lieu où se trouve le chantier.

§ 2. Lorsqu'un navire doit être immatriculé dans un greffe autre que celui auquel ressortit le lieu où il a été construit, on devra présenter un certificat émané de ce dernier, constatant qu'il existe ou non des hypothèques sur le navire; s'il en existe, elles seront transcrites en concordance avec l'immatricule du navire.

Art. 591. Le propriétaire d'un navire pourra faire faire une inscription d'hypothèque provisoire spécifiant la somme ou les sommes qui pourront être empruntées sur le navire pendant le voyage.

§ 1er. L'acte hypothécaire sera fait, hors du royaume, par l'agent consulaire portugais du ressort.

§ 2. S'il n'y a pas d'agent consulaire portugais dans la localité où l'on voudra constituer l'hypothèque, on pourra la constituer par un acte passé à bord entre les parties en présence de deux témoins, et transcrit sur le livre de comptes.

Art. 592. Les créanciers hypothécaires seront payés de leurs créances après les créanciers privilégiés sur le navire, d'après leur ordre de priorité sur le registre.

§ *unique*. Si plusieurs inscriptions hypothécaires portent la même date, le payement sera fait au *prorata*.

Art. 593. Les hypothèques sur les navires seront purgées conformément aux règles ordinaires du droit [1].

Art. 594. En cas de perte ou d'innavigabilité du navire, les droits des créanciers hypothécaires s'exercent sur ce qu'il en reste et sur l'indemnité due par les assureurs.

## TITRE II.

### DE L'ASSURANCE CONTRE LES RISQUES DE MER [2].

Art. 595. Sont applicables au contrat d'assurance contre les risques de mer les règles posées dans le chapitre 1er et dans la sec-

[1] Cf. C. civ. portugais, art. 938 et suiv.

[2] Cf. C. com. français, art. 332 et suiv.; C. com. italien, art. 604 et suiv.; C. com. espagnol, art. 737 et suiv.; C. com. allemand, art. 782 et suiv.; C. com. néerlandais, art. 592 et suiv.; loi belge de 1879, art. 178 et suiv.

tion 1re du chapitre II du titre XV du livre II, qui ne sont pas incompatibles avec la nature spéciale des assurances maritimes, ou modifiées par les dispositions du présent titre.

Art. 596. En sus de ce qui est prescrit par l'article 426, la police d'assurance maritime doit énoncer :

1° Le nom, l'espèce, la classification, la nationalité et le tonnage du navire;

2° Le nom du capitaine;

3° Le lieu où les marchandises ont été ou doivent être chargées;

4° Le port d'où le navire est parti, doit partir ou doit être parti;

5° Les ports dans lesquels le navire doit charger, décharger ou entrer.

§ *unique.* Si l'on ne peut mentionner les indications prescrites par le présent article, soit parce que la personne qui fait l'assurance les ignore, soit à raison de la nature spéciale de l'assurance, on devra les remplacer par d'autres qui déterminent bien l'objet du contrat.

Art. 597. L'assurance contre un risque de mer peut avoir pour objet toutes les choses et valeurs susceptibles d'une évaluation en argent qui sont soumises à ce risque.

Art. 598. L'assurance contre les risques de mer peut se faire en temps de paix ou de guerre, avant ou pendant le voyage du navire, pour le voyage entier ou pour un temps déterminé, pour l'aller et le retour, ou simplement pour l'un des deux voyages.

Art. 599. Ne pourront être assurés que les neuf dixièmes de

la juste valeur de la cargaison qu'assurera le capitaine ou le propriétaire du navire.

Art. 600. Est nulle l'assurance ayant pour objet :

1° Les gages et autres créances de l'équipage ;

2° Les marchandises affectées à la sûreté d'un prêt à la grosse pour leur valeur entière et sans exception de risques ;

3° Les choses dont le trafic est prohibé par les lois du royaume, et les navires nationaux ou étrangers employés à leur transport.

Art. 601. Les marchandises chargées peuvent être assurées pour leur valeur entière, au prix coûtant, y compris les frais de chargement et le fret, ou d'après le prix courant au lieu de destination, à leur arrivée, sans avarie.

§ *unique*. L'évaluation faite dans la police sans autre déclaration pourra se référer à l'un ou l'autre des cas prévus dans cet article, et il n'y aura pas lieu d'appliquer l'article 435, si elle n'excède pas le prix le plus élevé.

Art. 602. Si la police ne précise pas le temps pendant lequel les risques courent pour le compte de l'assureur, ils commenceront et finiront comme il va être réglé :

1° En ce qui concerne le navire et ses accessoires, du moment où il lève l'ancre pour sortir du port jusqu'au moment où il est ancré et amarré au port de destination ;

2° En ce qui concerne la cargaison, du moment où les marchandises sont chargées sur le navire ou sur les embarcations destinées à les y transporter jusqu'au moment de leur déchargement à terre, au lieu de leur destination.

§ 1er. Si l'assurance est faite lorsque le voyage est commencé, les risques courent à partir de la date de la police.

§ 2. Si le déchargement est retardé par la faute du destinataire, les risques cessent pour l'assureur trente jours après l'arrivée du navire à leur destination.

ART. 603. L'obligation de l'assureur se limite à la somme assurée.

§ *unique*. Si les objets assurés subissent pendant la durée des risques plusieurs sinistres successifs, l'assuré portera toujours en compte, même en cas d'abandon, les sommes qui lui auront été payées ou qui lui seront dues pour les sinistres antérieurs.

ART. 604. Sont à la charge de l'assureur, sauf stipulation contraire, toutes pertes et tous dommages éprouvés pendant le temps des risques par les objets assurés et provenant de tempête, naufrage, échouement, abordage, changement forcé de route, de voyage ou de navire ; de jet, incendie, violence injuste, explosion, inondation, pillage, quarantaine imprévue, et généralement de toutes les autres fortunes de mer, sauf les cas où l'assureur cesse d'être responsable à raison du vice propre de la chose, d'une disposition de la loi ou d'une clause expresse de la police.

§ 1er. L'assureur ne répond pas de la baraterie du capitaine, sauf convention contraire, laquelle cependant demeurera sans effet, si le capitaine nominativement désigné dans le contrat a été changé ensuite sans le consentement de l'assureur.

§ 2. L'assureur qui s'est expressément engagé à assurer les risques de guerre, sans détermination précise, répond des pertes et dommages causés aux objets assurés par des actes d'hostilité, représailles, arrêt par ordre d'une puissance, prise et violence de toute nature exercée par un gouvernement ami ou ennemi, de droit ou de fait, reconnu ou non reconnu, et, en général, par tous les faits et accidents de guerre.

§ 3. L'augmentation de la prime stipulée en temps de paix pour le cas d'une guerre éventuelle ou de tel autre événement, et dont la quotité n'est pas déterminée dans le contrat, se règle en prenant en considération les risques, les circonstances et les autres stipulations de la police.

Art. 605. En cas de doute sur la cause de la perte des objets assurés, ils sont présumés avoir péri par fortune de mer, et l'assureur en est responsable.

Art. 606. Le jugement d'un tribunal étranger, qui valide une prise, n'implique, pour la solution des questions concernant les assurances, qu'une simple présomption de cette validité.

Art. 607. Ne sont pas à la charge de l'assureur : les frais de navigation, de pilotage, de remorque, de quarantaine et autres faits pour l'entrée et la sortie du navire, non plus que les droits de tonnage, de phare, de mouillage, de visite sanitaire, et autres semblables incombant au navire ou à la cargaison, à moins qu'ils ne rentrent dans la classe des avaries grosses.

Art. 608. Tout changement volontaire de route, de voyage ou de navire, de la part de l'assuré, en cas d'assurance sur le navire ou sur le fret, met fin à l'obligation de l'assureur.

§ 1<sup>er</sup>. On devra appliquer la disposition de cet article à l'assurance du chargement si l'assuré a donné son consentement.

§ 2. Dans les cas prévus par le présent article et son paragraphe 1<sup>er</sup>, l'assureur a droit à la prime entière s'il a commencé à courir les risques.

Art. 609. Si l'assurance porte sur des marchandises pour

l'aller et le retour, et si le navire, arrivé à sa première destination, n'a pas chargé de marchandises pour le retour ou n'a pas complété son chargement, l'assureur ne recevra que les deux tiers de la prime, sauf convention contraire.

ART. 610. Si l'assurance a été faite divisément [1] pour des marchandises qui devaient être chargées sur divers navires désignés, avec mention de la somme assurée sur chacun d'eux, et que les marchandises aient été chargées sur un nombre de navires moindre que celui qui était indiqué dans le contrat, l'assureur ne répond que de la somme qu'il a assurée sur le navire ou les navires qui ont reçu le chargement.

§ *unique*. Toutefois, dans ce cas, l'assureur recevra la moitié de la prime convenue quant aux marchandises dont l'assurance reste sans effet, sans que cette indemnité puisse dépasser un demi pour cent de leur valeur.

ART. 611. Si le capitaine a la faculté de faire escale pour compléter ou prendre sa cargaison, l'assureur ne court les risques des objets assurés qu'autant qu'ils seront à bord, sauf convention contraire.

ART. 612. Si l'assuré envoie le navire dans un lieu plus éloigné que celui qui est désigné au contrat, l'assureur ne répond pas des risques ultérieurs.

---

[1] Le texte officiel du code, reproduisant une faute d'impression qui a passé par tous les documents préparatoires, portait, au lieu de *dividamente* (divisément, séparément), *devidamente* (dûment). L'article, avec ce dernier mot, ne se comprenant plus et le texte portugais n'étant que la traduction textuelle, pour cette disposition, de l'article 361 du Code de commerce français, nous nous sommes permis d'appeler sur le fait l'attention de S. Exc. M. le Ministre de la justice du Portugal, et il a paru, au commencement de janvier 1889, dans le *Diario do Governo*, un erratum qui fait droit à notre observation.

§ *unique*. Mais, si le voyage est raccourci, et que le navire aborde un port où il pouvait faire escale, l'assurance sortit son plein et entier effet.

Art. 613. La clause *franc d'avaries* (*livre de avaria*) décharge les assureurs de toute espèce d'avaries, hormis les cas qui donnent lieu au délaissement.

Art. 614. Si l'assurance porte sur des liquides ou sur des matières sujettes à se répandre et à se liquéfier, l'assureur ne répond pas des pertes, à moins qu'elles ne soient causées par des chocs (*embates*), naufrage ou échouement du navire, ou par des déchargements ou rechargements dans un port de relâche forcée.

§ *unique*. Dans le cas où l'assureur serait tenu de payer les dommages dont il est question dans le présent article, on devra faire la déduction du déchet ordinaire.

Art. 615. L'assuré doit communiquer à l'assureur, dans les cinq jours de leur réception, les pièces justificatives desquelles il résulte que les marchandises assurées ont couru les risques et se sont perdues.

### TITRE III.

#### DU DÉLAISSEMENT [1].

Art. 616. Le délaissement (*abandono*) des objets assurés peut être fait dans les cas :

1° De prise;

2° D'arrêt (*embargo*) par ordre d'une puissance étrangère;

---

[1] Cf. C. com. français, art. 369 et suiv.; C. com. italien, art. 632 et suiv.; C. com. espagnol, art. 789 et suiv.; C. com. allemand, art. 865 et suiv.; C. com. néerlandais, art. 663 et suiv.; loi belge de 1879, art. 199 et suiv.

3° D'arrêt par ordre du gouvernement, après le voyage commencé;

4° De perte totale des objets assurés;

5° Dans tous les autres cas convenus entre les parties.

§ *unique*. Le navire qui n'est pas susceptible de réparation doit être assimilé au navire totalement perdu.

Art. 617. L'assuré peut faire le délaissement à l'assureur sans être obligé de prouver la perte du navire, si, à compter du jour du départ du navire où du jour auquel se réfèrent les derniers avis, on n'en a plus de nouvelles, à savoir : depuis six mois, à partir de sa sortie pour des voyages en Europe, et depuis un an, pour des voyages plus lointains.

§ 1er. En cas d'assurance pour un temps limité, après l'expiration des délais fixés dans le présent article, la perte du navire est présumée avoir eu lieu pendant la durée de l'assurance.

§ 2. S'il y a plusieurs assurances successives, la perte est présumée avoir eu lieu le lendemain du jour où ont été données les dernières nouvelles.

§ 3. Toutefois, s'il est prouvé plus tard que la perte a eu lieu en dehors de la durée de l'assurance, l'indemnité payée doit être restituée avec les intérêts légaux.

Art. 618. Lorsque la perte du navire est constatée, on peut faire le délaissement des objets assurés qui y étaient chargés, si, dans les trois mois à partir de l'événement, on n'a pas trouvé un autre navire pour les recharger et les transporter à leur destination.

§ *unique*. Dans le cas prévu au présent article, si l'on charge les objets assurés sur un autre navire, l'assureur répond des dommages éprouvés, des frais de chargement et de rechargement, dépôt et garde dans les magasins, de l'augmentation de fret et des autres dépenses de sauvetage, jusqu'à concurrence de la somme assurée; tant que cette somme ne sera pas épuisée, les risques continueront à courir pour le reste.

Art. 619. Le délaissement des objets assurés, qui ont été capturés ou arrêtés (*embargados*), ne peut être fait que trois mois après la notification de la prise ou de l'arrêt, si l'événement s'est produit dans les mers d'Europe, et six mois après, si c'est en un autre lieu.

§ *unique.* En ce qui concerne les marchandises sujettes à une prompte détérioration, les délais fixés par le présent article seront réduits de moitié.

Art. 620. Le délaissement doit être dénoncé aux assureurs dans le délai de trois mois, à compter du jour où l'on a eu connaissance du sinistre, s'il a eu lieu dans les mers d'Europe; de six mois, s'il s'est produit dans les mers d'Afrique, dans les mers occidentales et méridionales de l'Asie et dans les mers orientales de l'Amérique; et d'un an, si le sinistre a eu lieu dans d'autres mers.

§ 1er. En cas de prise ou d'arrêt par ordre de puissance, ces délais ne courront qu'à partir du jour où se termineront ceux qui sont fixés dans l'article précédent.

§ 2. Après l'expiration des délais fixés dans le présent article, l'assuré ne sera pas admis à faire le délaissement, mais il conserve son action pour avarie.

Art. 621. L'assuré, en communiquant à l'assureur les avis reçus, peut faire le délaissement, en mettant l'assureur en demeure de payer la somme assurée dans le délai fixé par le contrat ou par la loi; il peut aussi se réserver de ne le faire qu'après, dans les délais légaux.

§ 1ᵉʳ. En faisant le délaissement, l'assuré est obligé de déclarer toutes les assurances qu'il a faites ou donné ordre de faire, et les sommes prises à la grosse, à sa connaissance, sur les marchandises chargées; faute de quoi, le délai du payement sera suspendu jusqu'au jour où il notifiera cette déclaration, sans qu'il en résulte aucune prorogation du délai fixé par la loi pour faire le délaissement.

§ 2. En cas de déclaration frauduleuse, l'assuré sera privé de tous les effets de l'assurance.

Art. 622. Le délaissement comprend seulement les choses qui font l'objet de l'assurance et du risque; il ne peut être ni partiel, ni conditionnel..

Art. 623. Les objets assurés appartiennent à l'assureur dès le jour où le délaissement lui a été notifié et a été accepté par lui ou jugé valable.

§ *unique*. L'assuré devra remettre à l'assureur toutes les pièces concernant les objets assurés.

Art. 624. La notification du délaissement ne produit point d'effets juridiques si les faits sur lesquels il est fondé ne se confirment pas, ou n'existaient pas au moment où elle a été faite à l'assureur.

§ *unique*. La notification du délaissement n'en produira pas moins tous ses effets s'il survient postérieurement à cette notification des circonstances qui, si elles s'étaient produites antérieurement, auraient été exclusives du droit au délaissement.

Art. 625. En cas de prise, si l'assuré ne peut en aviser l'assureur, il a la faculté de racheter les objets capturés, sans attendre l'ordre de l'assureur; mais, dans ce cas, il devra donner connaissance à l'assureur, aussitôt qu'il en aura l'occasion, de la composition qu'il aura faite.

§ 1er. L'assureur a le droit de prendre la composition à son compte ou d'y renoncer, et il devra faire connaître son choix à l'assuré, dans les vingt-quatre heures après avoir reçu sa communication.

§ 2. S'il accepte la composition, il contribuera sans délai au payement du rachat, dans les termes de la convention et à proportion de son intérêt; et il continuera de courir les risques du voyage, conformément au contrat d'assurance.

§ 3. S'il renonce au profit de la composition, il sera tenu de payer la somme assurée, sans avoir le droit de réclamer aucune partie des objets rachetés.

§ 4. Lorsque l'assureur néglige de faire connaître son choix dans le délai fixé, il est présumé avoir renoncé au profit de la composition.

§ 5. Si le navire est racheté et que l'assuré rentre en possession des objets qui lui appartiennent, les détériorations qu'ils auront souffertes seront considérées comme avaries, et l'indemnité due sera à la charge de l'assureur; mais si, par suite d'une reprise, les objets passent en la possession d'un tiers, l'assuré pourra en faire le délaissement.

# TITRE IV.

## DU CONTRAT À LA GROSSE [1].

**Art. 626.** Le contrat à la grosse (*contrato de risco*) doit être fait par écrit et énoncer :

1° Le capital prêté;

2° La somme convenue pour le profit maritime;

3° Les objets sur lesquels le prêt est affecté;

4° Le nom, la qualité, le tonnage, la nationalité du navire;

5° Le nom du capitaine;

6° Les noms et domiciles du prêteur et de l'emprunteur;

7° L'énumération particulière et spécifique des risques assumés;

8° Si le prêt a lieu pour un ou plusieurs voyages, et pour combien de temps;

9° L'époque et le lieu du remboursement.

§ 1ᵉʳ. L'acte sera daté du jour et du lieu où se fera le prêt; il sera signé par les contractants, avec indication de la qualité en laquelle ils agissent.

§ 2. Le contrat à la grosse qui n'est pas rédigé par écrit, conformément aux dispositions du présent article, sera considéré comme un prêt simple, et obligera l'emprunteur personnellement au payement du principal et des intérêts.

**Art. 627.** Lorsque le titre du contrat à la grosse est conçu à ordre, il est négociable par endossement, dans les mêmes condi-

---

[1] Cf. C. com. français, art. 311 et suiv.; C. com. italien, art. 590 et suiv.; C. com. espagnol, art. 719 et suiv.; C. com. allemand, art. 680 et suiv.; C. com. néerlandais, art. 569 et suiv.; loi belge de 1879, art. 156 et suiv.

tions et avec les mêmes droits et actions en garantie que les lettres de change.

§ *unique.* Le bénéficiaire de l'endossement prend la place de l'endosseur, en ce qui concerne tant le profit maritime que les pertes; mais la garantie de la solvabilité du débiteur est restreinte au capital, sans s'étendre au profit, sauf convention contraire.

Art. 628. Le contrat à la grosse ne peut porter que sur la cargaison entière, sur une partie de cette cargaison ou sur le fret, soit conjointement, soit séparément. Il ne peut être conclu par le capitaine, en cours de voyage, que lorsqu'il n'y aura pas d'autre moyen pour continuer le voyage.

Art. 629. L'emprunt à la grosse fait pour une somme excédant la valeur réelle des objets sur lesquels il est affecté n'est valable que jusqu'à concurrence de cette valeur; l'emprunteur répond personnellement de l'excédent de la somme prêtée, mais sans profit maritime et seulement avec les intérêts légaux.

§ 1er. S'il y a eu fraude de la part de l'emprunteur, le prêteur peut demander l'annulation du contrat et le remboursement de la somme prêtée, avec les intérêts légaux.

§ 2. Le bénéfice espéré sur les marchandises chargées n'est pas considéré comme une exagération de valeur, s'il est évalué d'une manière distincte dans le titre.

Art. 630. Si les objets sur lesquels est affecté l'emprunt à la grosse sont perdus par suite de cas fortuit ou de force majeure, dans le temps, dans le lieu et pour les risques assumés par le prêteur, l'emprunteur se trouve libéré.

§ 1er. Si la perte est partielle, le payement de la somme prêtée se réduit à la valeur des objets affectés que l'on a sauvés, sans préjudice des créances qui doivent être payées par préférence.

§ 2. Si l'emprunt est affecté sur le fret, le payement de la somme empruntée se réduit, en cas de sinistre, à la somme due par les affréteurs, sans préjudice des créances qui doivent être payées par préférence.

§ 3. Si l'objet affecté à un emprunt à la grosse est assuré, la valeur sauvée sera répartie proportionnellement entre le capital prêté à la grosse et la somme assurée.

§ 4. Si, au moment du sinistre, une partie des objets affectés à l'emprunt était déjà à terre, la perte du prêteur sera limitée à ceux qui étaient restés à bord, et les risques continueront à courir sur les objets sauvés qui ont été transportés sur un autre navire.

§ 5. Si la totalité des objets affectés à l'emprunt était déchargée avant le sinistre, l'emprunteur payera le montant intégral de cet emprunt et le profit maritime correspondant.

Art. 631. Le prêteur contribue aux avaries communes à la décharge de l'emprunteur; toute convention contraire est nulle.

§ *unique.* Les avaries particulières ne sont pas à la charge du prêteur, sauf convention contraire; mais si, par suite d'une avarie particulière, les objets affectés ne suffisent pas pour le payement complet de la somme prêtée et du profit maritime, le prêteur supportera le préjudice résultant de ces avaries.

Art. 632. Si plusieurs emprunts ont été contractés dans le cours du même voyage, le dernier est toujours préféré au précédent.

§ *unique.* Les emprunts à la grosse contractés pendant le même voyage et dans le même port de relâche forcée, pendant le même séjour, entreront en concours.

Art. 633. Les dispositions du présent code relatives aux assurances maritimes et aux avaries seront applicables au contrat à la grosse, lorsqu'elles ne seront pas contraires à son essence et modifiées dans le présent titre.

## TITRE V.

### DES AVARIES [1].

Art. 634. Sont réputés avaries toutes les dépenses extraordinaires faites pour le navire ou pour sa cargaison, conjointement ou séparément, ainsi que tous dommages qui arrivent au navire et à la cargaison, à partir du moment où commencent les risques de mer jusqu'à celui où ils finissent.

§ 1er. Ne sont pas réputées avaries, mais simples dépenses à la charge du navire, celles qui se font d'ordinaire pour sa sortie et pour son entrée, ainsi que le payement de droits et autres taxes de navigation et les dépenses faites pour alléger le navire en vue de passer sur des bas-fonds ou bancs de sable connus à la sortie du lieu de départ.

§ 2. Les avaries se règlent d'après les conventions des parties et, à défaut de conventions à ce sujet ou dans le cas de leur insuffisance, d'après les dispositions du présent code.

Art. 635. Les avaries sont de deux espèces : les avaries grosses ou communes et les avaries simples ou particulières.

---

[1] Cf. C. com. français, art. 397 et suiv.; C. com. italien, art. 642 et suiv.; C. com. espagnol, art. 846 et suiv.; C. com. allemand, art. 712 et suiv.; C. com. néerlandais, art. 696 et suiv.; loi belge de 1879, art. 99 et suiv.

§ 1ᵉʳ. Sont avaries grosses ou communes toutes les dépenses extraordinaires et les sacrifices faits volontairement par le capitaine, ou d'après son ordre, dans le but d'éviter un péril, pour la sûreté commune du navire et de la cargaison, depuis le chargement et le départ jusqu'au retour et au déchargement.

§ 2. Sont avaries simples ou particulières les frais occasionnés et les dommages soufferts soit seulement par le navire, soit seulement par les marchandises.

Art. 636. Les avaries communes se répartissent proportionnellement entre la cargaison et la moitié de la valeur du navire et du fret.

Art. 637. Les avaries simples sont supportées et payées soit seulement par le navire, soit seulement par la chose qui a essuyé le dommage ou occasionné la dépense.

Art. 638. La vérification et l'estimation d'une avarie dans la cargaison, si le dommage est visible extérieurement, seront faites avant la livraison; au cas contraire, la vérification pourra être faite après, pourvu qu'elle ait lieu dans les quarante-huit heures de la livraison, et ce, sans préjudice de toute autre preuve.

§ *unique*. Dans l'estimation dont il s'agit au présent article, on déterminera quelle aurait été la valeur de la cargaison, si elle était arrivée sans avarie, et quelle en est la valeur actuelle, le tout indépendamment de l'estimation du bénéfice espéré, sans que, en aucun cas, on puisse exiger la vente de la cargaison pour en fixer la valeur, si le propriétaire lui-même ne la requiert.

Art. 639. Il y a lieu à répartition d'avarie grosse par contribution toutes les fois que le navire et la cargaison seront sauvés en tout ou en partie.

§ 1ᵉʳ. Le capital contribuant se compose :

1° De la valeur liquide intégrale que les choses sacrifiées auraient à ce moment dans le lieu du déchargement;

2° De la valeur liquide intégrale qu'ont dans les mêmes temps et lieu les choses sauvées, et, en outre, du montant du préjudice qu'elles ont souffert pour le salut commun;

3° Du fret à échoir, sous déduction des frais qu'on n'eût pas faits si le navire et la cargaison s'étaient perdus dans la circonstance où l'avarie s'est produite.

§ 2. Les objets à usage et les vêtements, les gages des matelots, les bagages des passagers et les munitions de guerre et de bouche, en la quantité nécessaire au voyage, quoique payées par contribution, ne font pas partie du capital contribuant.

Art. 640. Les objets chargés à raison desquels il n'existe pas de connaissement ou de déclaration du capitaine, ou qui ne figurent pas sur la liste ou le manifeste, ne sont pas payés s'ils sont jetés, mais ils contribuent à l'avarie grosse s'ils sont sauvés.

Art. 641. Les objets chargés sur le pont contribuent à l'avarie grosse s'ils sont sauvés.

§ *unique*. S'ils sont jetés ou endommagés par le jet, ils ne peuvent être compris dans une contribution; ils peuvent seulement donner lieu à une action en indemnité contre le capitaine, le navire et le fret, s'ils ont été chargés sur le pont sans le consentement du propriétaire; mais, s'il a donné ce consentement, il y aura lieu à une contribution spéciale entre le navire, le fret et les autres objets chargés dans les mêmes conditions, sans préjudice de la contribution générale quant aux avaries communes de tout le chargement.

Art. 642. Si, nonobstant le jet et bien que les agrès aient été coupés, le navire n'est pas sauvé, il n'y a lieu à aucune contribution, et les objets sauvés ne sont point soumis à un payement ni à une contribution d'avarie à raison des objets jetés, endommagés ou coupés.

§ 1<sup>er</sup>. Si, par suite du jet ou de la coupe des agrès, le navire est sauvé et que, continuant son voyage, il vienne à se perdre, les objets sauvés contribuent seulement pour eux-mêmes au jet sur le pied de leur valeur dans l'état où ils se trouvent, déduction faite des frais de sauvetage.

§ 2. Les objets jetés ne contribuent en aucun cas au payement des dommages éprouvés depuis le jet par les marchandises sauvées.

§ 3. La cargaison ne contribue pas au payement du navire perdu ou déclaré innavigable.

Art. 643. Les dispositions concernant les avaries grosses et les avaries simples sont également applicables aux barques qui seront employées à alléger le navire et aux objets qu'on y aura chargés.

§ 1<sup>er</sup>. Si des marchandises déchargées pour alléger le navire se perdent à bord desdites barques, la répartition de leur perte sera faite entre le navire et son chargement entier.

§ 2. Si le navire se perd avec le reste du chargement, les marchandises déposées dans les barques, bien qu'elles arrivent heureusement à leur destination, ne sont soumises à aucune contribution.

Art. 644. Les marchandises qui sont à terre ne contribueront pas aux pertes essuyées par un navire sur lequel elles devaient être chargées.

Art. 645. Si, pendant le trajet, il arrive un dommage réputé avarie grosse soit aux barques, soit aux marchandises qui y sont chargées, ce dommage sera supporté, un tiers par les barques et deux tiers par les marchandises chargées à leur bord.

Art. 646. Si, postérieurement à la répartition, les objets jetés ont été recouvrés par leurs propriétaires, ils restitueront au capitaine et aux intéressés la contribution qu'ils avaient reçue, déduction faite du dommage causé par le jet et des frais de recouvrement; la somme restituée sera répartie proportionnellement entre les intéressés qui avaient contribué à la fournir.

§ *unique.* Si le propriétaire des objets jetés les recouvre sans réclamer aucune indemnité, ces objets ne contribueront pas aux avaries qui auront atteint le reste de la cargaison depuis le jet.

Art. 647. Le navire contribue pour sa valeur au lieu du déchargement, ou pour le prix de sa vente, déduction faite du montant des avaries particulières, encore qu'elles soient postérieures à l'avarie commune.

Art. 648. Les marchandises et autres objets qui doivent contribuer, ainsi que les objets jetés ou sacrifiés, seront estimés d'après leur valeur, déduction faite du fret, des droits d'entrée et autres frais de déchargement, en tenant compte des connaissements, des factures et, à défaut, de tous autres moyens de preuve.

§ 1er. Si la qualité et la valeur des marchandises sont indiquées dans le connaissement, et qu'elles vaillent davantage, elles contribueront pour leur valeur réelle, si elles sont intactes, et elles seront payées à raison de cette valeur; mais, en cas de jet ou de détérioration, on se réglera sur la valeur indiquée dans le connaissement.

§ 2. Si les marchandises ont une valeur moindre, elles contribueront suivant la valeur indiquée, si elles sont intactes; mais on se reportera à leur valeur réelle, si elles ont été jetées ou endommagées.

ART. 649. Les marchandises chargées seront estimées selon leur valeur dans le lieu du déchargement, déduction faite du fret, des droits d'entrée et autres frais de déchargement.

§ 1er. Si la répartition se fait dans le lieu du royaume d'où le navire est parti ou devait partir, la valeur des objets chargés sera déterminée d'après le prix d'achat, augmenté des dépenses faites jusqu'à leur mise à bord, non compris la prime d'assurance.

§ 2. Si les objets sont endommagés, ils seront estimés à leur valeur réelle.

§ 3. Si le voyage a été rompu, ou si les marchandises ont été vendues hors du royaume et que l'avarie ne puisse se régler dans ce lieu, on prendra pour capital contribuant la valeur des marchandises dans le lieu de la rupture ou le produit net obtenu dans le lieu de la vente.

ART. 650. Les avaries grosses ou communes seront réglées et réparties selon la loi du lieu où la cargaison aura été livrée.

ART. 651. Toutes les avaries grosses successives se répartissent simultanément, à la fin du voyage, comme si elles ne formaient qu'une seule et même avarie.

§ *unique*. Cette règle ne s'applique pas aux marchandises embarquées ou débarquées dans un port d'escale; mais l'exception porte exclusivement sur ces marchandises-là.

ART. 652. Le règlement et la répartition des avaries grosses se font à la diligence du capitaine et, s'il néglige de les provoquer, à la diligence des propriétaires du navire ou de la cargaison, sans préjudice de la responsabilité du capitaine.

§ *unique.* Le capitaine devra présenter, avec son rapport et son procès-verbal, les livres de bord et tous autres documents concernant le sinistre, le navire et la cargaison.

ART. 653. L'affréteur et celui qui a reçu la cargaison ne pourront être recherchés pour cause d'avaries, si le capitaine a reçu le fret et remis les marchandises sans protestation, alors même que le fret eût été payé par anticipation.

## TITRE VI.
### DES RELÂCHES FORCÉES[1].

ART. 654. Sont de justes causes de relâche forcée :

1° Le manque de vivres, d'eau ou de combustible;

2° La crainte fondée d'ennemis;

3° Tout accident qui met le navire hors d'état de naviguer.

ART. 655. Dans l'un des cas prévus par l'article précédent, le capitaine pourra faire une relâche, après avoir consulté les principaux de l'équipage et inscrit et signé la résolution sur le journal de navigation.

§ 1er. Les intéressés au chargement qui se trouvent à bord peuvent protester contre la délibération prise de faire relâche.

§ 2. Dans les quarante-huit heures de son entrée dans le port de relâche, le capitaine doit faire son rapport devant l'autorité compétente.

---

[1] Cf. C. com. français, art. 245; loi belge de 1879, art. 35; C. com. espagnol, art. 819 et suiv.; C. com. néerlandais, art. 377, 383.

Art. 656. Les dépenses occasionnées par une relâche forcée sont au compte de l'armateur ou du fréteur.

Art. 657. Est considérée comme légitime la relâche qui n'a pas pour cause le dol, la négligence ou la faute du propriétaire, du capitaine ou de l'équipage.

Art. 658. La relâche est considérée comme illégitime :

1° Si le manque de vivres, d'eau ou de combustible provient de ce qu'on n'en avait pas fait la provision nécessaire, ou de ce qu'on l'a perdue par suite de mauvais arrimage ou de négligence;

2° Si la crainte d'ennemis n'est pas justifiée par des faits positifs;

3° Si l'accident qui met le navire hors d'état de continuer le voyage a pour cause l'insuffisance des réparations, des préparatifs, de l'équipement ou le vice de l'arrimage, ou s'il résulte d'une disposition inconsidérée prise par le capitaine ou d'un défaut de prudence de sa part.

Art. 659. Si la relâche est légitime, ni le propriétaire ni le capitaine ne répondent des préjudices qui peuvent en résulter pour les chargeurs ou propriétaires de la cargaison.

§ *unique*. Si elle n'est pas légitime, le capitaine et le propriétaire seront conjointement responsables jusqu'à concurrence de la valeur du navire et du fret.

Art. 660. Le déchargement ne peut être permis dans le port de relâche que s'il est indispensable pour pouvoir réparer le navire ou reconnaître des avaries dans la cargaison; dans ces cas, il faut, dans le royaume et ses possessions, l'autorisation préalable du juge compétent et, à l'étranger, celle de l'agent consulaire, s'il y en a un, et, à défaut, de l'autorité locale.

Art. 661. Le capitaine répond de la garde et de la conservation de la cargaison déchargée, sauf les accidents de force majeure.

Art. 662. La cargaison avariée sera réparée ou vendue, suivant les circonstances, moyennant l'autorisation mentionnée en l'article 660; le capitaine demeurant tenu de prouver au chargeur ou consignataire la régularité de ses procédés, sous peine de répondre du prix qu'on aurait retiré de la cargaison si elle était arrivée en bon état au lieu de sa destination.

Art. 663. Le capitaine répondra des préjudices résultant de toute prolongation de séjour non justifiée dans le port de relâche; mais, si le retard est motivé par la crainte d'ennemis, la sortie sera délibérée en conseil des principaux de l'équipage et des intéressés dans la cargaison qui se trouveront à bord, conformément aux règles posées pour décider une relâche,

## TITRE VII.

### DE L'ABORDAGE[1].

Art. 664. S'il survient un abordage de navires par suite d'un accident purement fortuit ou dû à une force majeure, il n'y a pas lieu à indemnité.

Art. 665. Si l'abordage a été causé par la faute de l'un des navires, les dommages seront supportés par le navire abordeur[2].

[1] Cf. C. com. français, art. 407; loi belge de 1879, art. 228 et suiv.; C. com. espagnol, art. 826 et suiv.; C. com. allemand, art. 736 et suiv. L'Institut de droit international a adopté, dans sa session de 1888, un projet de règlement international sur la matière.

[2] Cf. art. 671 ci-après; il se peut que le navire abordeur ne soit pas le navire en faute.

Art. 666. Si les deux navires sont en faute, on fait une masse des préjudices soufferts, et ils sont supportés par les deux navires en proportion de la gravité de la faute qui leur est respectivement imputable.

Art. 667. Quand l'abordage est causé par la faute d'un troisième navire et ne pouvait être évité, c'est ce dernier qui en est responsable.

Art. 668. S'il y a des doutes sur la question de savoir auquel des navires l'abordage doit être imputé, ils supportent chacun les dommages qu'ils ont éprouvés, mais répondent solidairement des dommages causés aux cargaisons et des indemnités dues aux personnes.

Art. 669. L'abordage est présumé fortuit, à moins que les règlements généraux sur la navigation et les règlements spéciaux du port n'aient pas été observés.

Art. 670. Si un navire qui a souffert des avaries à la suite d'un abordage vient à se perdre alors qu'il cherche un port de relâche pour se réparer, sa perte doit être présumée provenir de l'abordage.

Art. 671. La responsabilité des navires, telle qu'elle est établie dans les articles précédents, ne libère pas les auteurs de la faute vis-à-vis de ceux qui ont souffert un préjudice et des propriétaires des navires.

Art. 672. Dans tous les cas où la responsabilité retombe sur le capitaine, si, au moment de l'abordage et en conformité des règlements, le navire était sous la direction du pilote du port ou d'un lamaneur de la côte, le capitaine a droit à être indemnisé par le pilote où la corporation respective, s'il en existe une.

Art. 673. Les réclamations pour pertes et dommages résultant d'un abordage de navires seront présentées, dans les trois jours, à l'autorité de la localité où il a eu lieu ou du premier endroit où le navire abordera, sous peine de ne pouvoir être admises.

§ *unique*. L'absence de réclamation, au sujet des dommages causés aux personnes et aux marchandises, ne préjudicie pas aux droits des intéressés qui n'étaient pas à bord et qui se trouvaient empêchés de manifester leur volonté.

Art. 674. Les questions concernant les abordages sont régies :

1° Dans les ports et dans les eaux territoriales, par la loi du lieu ;

2° En haute mer, entre navires de même nationalité, par leur loi nationale ;

3° En haute mer, entre navires de nationalité différente, chacun d'eux est obligé conformément aux dispositions de la loi de son pavillon, sans pouvoir recevoir plus que cette loi ne lui accorde.

Art. 675. L'action pour pertes et dommages résultant d'un abordage peut être portée tant devant le tribunal du lieu où il s'est produit que devant celui du domicile du propriétaire du navire abordeur, du port d'attache de ce navire ou de l'endroit où il a été rencontré.

### TITRE VIII.
#### DU SAUVETAGE ET DE L'ASSISTANCE[1].

Art. 676. Il n'est permis à personne de s'approprier, par voie

[1] Cf. l'ordonnance française de 1681, livre IV, titre IX ; C. com. allemand, art. 742 et suiv.

d'occupation, des embarcations naufragées, ou leurs débris, ou leur cargaison, ou des marchandises ou objets quelconques faisant partie d'une propriété privée, que la mer rejette sur les plages ou dont on s'empare en haute mer.

Art. 677. Celui qui sauve un navire ou des marchandises naufragées et ne les remet pas immédiatement au propriétaire ou à son représentant, quand ceux-ci les réclament en offrant caution suffisante pour le payement des frais de sauvetage, perdra tout droit à un salaire d'assistance ou de sauvetage et sera tenu des dommages causés par son refus de restitution, sans préjudice de l'action criminelle, s'il y a lieu.

Art. 678. Celui qui sauve ou recueille un navire ou des marchandises en mer ou sur les côtes, en l'absence du propriétaire ou de son représentant et sans le connaître, transportera les objets sauvés et les remettra immédiatement à l'autorité fiscale [1] du lieu le plus proche de celui du sauvetage ; sinon, il perd le droit qu'il a à un salaire d'assistance ou de sauvetage, et répond des pertes et dommages, sans préjudice de l'action criminelle, s'il y a lieu.

Art. 679. Le sauvetage des navires échoués, en péril ou naufragés et des marchandises jetées à la côte, que le capitaine soit présent ou absent, ne peut avoir lieu que sous la surveillance de l'autorité compétente.

§ *unique*. Il incombe à l'autorité qui préside au sauvetage :

1° D'inventorier les objets sauvés et de pourvoir à leur mise en sûreté ;

---

[1] C'est-à-dire à l'autorité chargée de la surveillance des côtes. En Espagne et en Portugal, le mot *fiscal* n'a pas le sens exclusif que nous lui donnons en France, et s'applique à toute personne ou autorité investie d'une mission de contrôle. Ainsi plusieurs des officiers du ministère public portent dans la Péninsule et dans les États hispano-américains le titre de *fiscal*.

2° S'il n'y a pas de réclamation, d'ordonner la vente publique des marchandises sujettes à une perte immédiate, ou dont la conservation et la garde seraient préjudiciables aux intérêts du propriétaire;

3° D'annoncer dans les huit jours qui suivront le sauvetage, dans un des journaux de la localité même ou de la localité la plus voisine, où il y en aura, toutes les circonstances du sinistre, avec désignation des marques et numéros des marchandises, en invitant les intéressés à produire leurs réclamations;

4° De rendre compte à l'autorité supérieure de l'événement et des mesures prises;

5° Et de faire tout ce que prescrivent, en outre, les règlements spéciaux.

Art. 680. Si le propriétaire ou son légitime représentant produit ses réclamations et justifie de son droit, les objets sauvés ou leur produit lui seront remis, après qu'il aura payé le salaire dû et les dépenses faites, ou fourni bonne et suffisante caution.

§ 1er. S'il y a des doutes sur les droits du réclamant, opposition de la part de tiers ou contestation sur le sauvetage, les parties seront renvoyées à se pourvoir devant le juge compétent.

§ 2. Si, après les annonces faites en conformité du n° 3 de l'article précédent, personne ne se présente pour réclamer les objets sauvés, ils seront vendus aux enchères, et le produit en sera versé à la Caisse générale des dépôts, à titre de consignation, déduction faite des frais de sauvetage.

Art. 681. Un salaire de sauvetage est dû :

1° Quand les navires ou marchandises rencontrés sans direction en haute mer ou sur la plage sont sauvés et recouvrés;

2° Si l'on sauve les marchandises d'un navire jeté à la côte ou échoué sur des rochers, et dans un péril tel qu'il ne puisse plus offrir ni sécurité pour le chargement, ni asile à l'équipage;

3° Si l'on retire des marchandises d'un navire réellement brisé;

4° Lorsque le navire, se trouvant dans un péril imminent et n'offrant plus aucune sûreté, a été abandonné par l'équipage ou que, l'équipage n'étant plus à bord, il est occupé par ceux qui veulent le sauver et conduit au port avec tout ou partie du chargement;

5° Quand le navire et la cargaison, conjointement ou séparément, sont remis à flot ou conduits à bon port avec l'aide d'un tiers.

Art. 682. Un salaire d'assistance est dû :

1° Quand le navire échoué ou mis à sec a été renfloué avec ou sans cargaison [1], grâce à l'aide de tiers;

2° Quand le navire, se trouvant en mer avec des avaries, est secouru et conduit à bon port, grâce à l'aide de tiers.

Art. 683. N'ont pas droit à un salaire de sauvetage ou d'assistance :

1° Les personnes qui appartiennent à l'équipage du navire;

2° Celles qui ont imposé leurs services.

Art. 684. Toutes les conventions faites durant le péril peuvent être attaquées pour cause d'exagération et réduites par le juge compétent.

Art. 685. A défaut de convention, le salaire de sauvetage ou

[1] Le texte officiel primitif portait *com a sua carga*, avec sa cargaison; d'après un erratum inséré au *Diario do Governo* dans les premiers jours de 1889, il faut lire *com ou sem carga*, avec ou sans cargaison.

d'assistance est fixé par le juge compétent, conformément aux règles de l'équité et en prenant surtout en considération les circonstances suivantes :

1° La nature du service;

2° Le zèle déployé;

3° Le temps employé;

4° Les services rendus au navire, aux personnes et aux choses;

5° Les dépenses faites;

6° Les pertes éprouvées par les sauveteurs ou ceux qui ont prêté leur assistance;

7° Le nombre des personnes qui sont intervenues activement;

8° Le péril auquel ont été exposées ces personnes, l'embarcation qu'elles montaient et sa valeur;

9° Le péril qui menaçait le navire, les personnes et les choses sauvées;

10° La valeur actuelle des objets sauvés, déduction faite des dépenses.

Art. 686. Le salaire de sauvetage ou d'assistance comprend toutes les dépenses faites par les sauveteurs et ceux qui ont prêté leur assistance; mais il ne comprend pas les honoraires, dépens, droits et impôts, ni les frais de garde, conservation, estimation et vente des objets sauvés.

§ 1ᵉʳ. Le salaire d'assistance doit être fixé à un taux moins élevé que celui de sauvetage.

§ 2. La valeur des objets sauvés ne doit exercer qu'une influence secondaire sur la fixation du salaire.

Art. 687. Quand plusieurs personnes ont contribué aux services rendus au navire ou à la cargaison, le salaire doit se répartir entre elles en proportion des services qu'elles ont rendus et de la fourniture des objets employés à cet effet.

§ 1er. En cas de doute, le partage se fait par tête.

§ 2. Ceux qui se seront exposés à un danger pour sauver des personnes seront admis au partage du salaire dans les conditions précitées.

Art. 688. Lorsque le service de sauvetage ou d'assistance est rendu par un autre navire, la moitié du salaire appartient à l'armateur, un quart au capitaine et un quart au reste de l'équipage, dans la proportion des gages respectifs; sauf convention contraire.

Art. 689. Le propriétaire des objets sauvés ne répond pas personnellement du salaire de sauvetage ou d'assistance.

§ *unique*. Le destinataire qui a connaissance de la dette en répond personnellement jusqu'à concurrence de la valeur des marchandises qui lui ont été livrées.

Art. 690. Le sauvetage ou l'assistance dans les ports, rivières et eaux territoriales sera rémunéré conformément à la loi du lieu où le fait se produira; en haute mer, d'après la loi de la nationalité du navire qui a opéré le sauvetage ou prêté assistance.

Art. 691. L'action relative aux salaires dus pour sauvetage ou assistance pourra être portée soit devant le tribunal dans le ressort duquel s'est produit l'événement, soit devant le tribunal du domicile du propriétaire des objets sauvés, ou du port auquel appartient le navire secouru, ou du lieu où il sera rencontré.

# LIVRE QUATRIÈME.

## DES FAILLITES [1].

---

### TITRE PREMIER.
#### DE LA FAILLITE ET DE SA DÉCLARATION.

Art. 692. Le commerçant [2] qui cesse [3] le payement de ses obligations commerciales est présumé en état de faillite (*quebra*), lequel doit être judiciairement déclaré.

§ *unique*. Antérieurement à la cessation de payement, la faillite peut aussi être déclarée, le failli entendu, s'il est justifié que l'actif est manifestement insuffisant pour couvrir le passif.

Art. 693. La faillite peut être déclarée jusqu'à deux ans après la cessation de payement à laquelle elle se réfère, encore que,

---

[1] *Fallencias.* Cf. C. com. français, art. 437 et suiv.; lois belges des 18 avril et 14 juin 1851, 26 décembre 1882 et 20 juin 1883; C. com. italien, art. 683 et suiv.; C. com. espagnol, art. 874 et suiv.; loi allemande du 10 février 1877 (*Concursordnung*); C. com. néerlandais, art. 764 et suiv.

[2] Une partie de la commission de la Chambre des députés aurait voulu que, à l'exemple d'un certain nombre de législations récentes, les dispositions relatives à la faillite s'étendissent aux non-commerçants. Mais, « comme tous les pays ne sont pas encore d'accord sur la solution de la question, et comme, d'autre part, un code exclusivement commercial n'était pas le lieu où il convenait de la résoudre », on se décida à la réserver pour le moment où l'on procéderait à une refonte ou revision du Code de procédure civile. Cf. *Parecer da commissão de legislação commercial*, n° 8, p. 7.

[3] La même commission a cru devoir substituer partout, dans le texte du projet, l'expression *cessation* des payements au mot *suspension*.

dans l'entre-temps, le commerçant soit mort ou qu'il ait renoncé à exercer le commerce.

§ *unique.* La déclaration de faillite postérieure au décès du commerçant suspend, quant aux biens, jusqu'à ce que la faillite soit elle-même suspendue ou close, toute la suite de l'inventaire judiciaire auquel il était procédé à raison de ce décès.

ART. 694. Le tribunal compétent pour déclarer la faillite est le tribunal de commerce de la circonscription où le commerçant a son principal établissement et, à défaut de principal établissement, son domicile.

§ *unique.* Le jugement déclaratif de la faillite recevra une prompte exécution : il devra être immédiatement enregistré et publié par extrait, à Lisbonne, dans la feuille officielle du gouvernement et, dans le reste du royaume, dans un journal de la comarque ou, à défaut de journal, par des affiches apposées à la porte du domicile, siège ou principal établissement du failli, suivant la localité où la mise en faillite aura été demandée, et, dans tous les cas, à la porte du tribunal. Toutes ces diligences doivent être accomplies dans les trois jours.

ART. 695. Le tribunal qui a déclaré la faillite devient le seul compétent pour statuer sur les demandes en payement et sur le rang des créances contre le failli.

§ *unique.* Sont exceptées de la disposition de cet article les créances garanties par un gage ou par une hypothèque, et celles des créanciers qui ont pratiqué une saisie antérieurement à la déclaration de faillite, mais seulement à raison des effets des gages, hypothèques ou saisies.

ART. 696. Le tribunal peut déclarer l'ouverture de la faillite :

1° A la suite d'une déclaration du failli;

2° A la requête d'un ou de plusieurs créanciers[1].

§ *unique.* Ne seront pas admis à requérir la déclaration de faillite d'un commerçant ses descendants, ascendants ou conjoint.

Art. 697. Le failli est tenu de provoquer lui-même la déclaration de sa faillite dans les dix jours qui suivent la cessation de ses payements, sous peine d'être réputé en faute (*culpa na quebra*)[2].

Art. 698. Les créanciers qui demandent la déclaration de faillite doivent aussitôt justifier que leurs créances existent et qu'elles proviennent d'un acte de commerce; ils doivent, en outre, spécifier les raisons sur lesquelles se fonde leur demande et la convenance qu'il peut y avoir à déclarer la faillite sans entendre celui auquel on la reproche.

Art. 699. Le tribunal, sauf ce qui est dit dans le paragraphe unique de l'article 692, peut déclarer la faillite à la requête des créanciers, sans mander pour l'entendre celui auquel on la reproche ou après l'avoir cité pour qu'il ait à répondre, s'il le juge à propos, dans les vingt-quatre heures.

§ 1er. Le défaut de réponse équivaut à la reconnaissance de l'état de faillite.

---

[1] Le projet du gouvernement autorisait, en outre, le ministère public à provoquer la déclaration de la faillite, notamment lorsque la faillite est notoire ou qu'on craint qu'une partie de l'actif ne soit dissipée, ou célée, ou employée au bénéfice exclusif de quelques-uns des créanciers, etc.

La commission de la Chambre des députés a préféré ne pas entrer dans cette voie, qu'elle jugeait «contraire aux bons principes du droit», réserver «aux seuls intérêts privés» la faculté de provoquer la faillite, et ne faire intervenir le ministère public que «pour surveiller l'accomplissement de la loi». *Parecer da commissão*, p. 7.

[2] La faute correspond ici à ce que le droit français appelle banqueroute simple. Cf. art. 737 ci-après.

§ 2. Les créanciers qui requièrent la déclaration de la faillite sans que le failli ait été entendu répondent envers lui des pertes et dommages qui en seront résultés, s'il est établi qu'elle a été prononcée sans fondement; et sauf l'action criminelle, s'il y a lieu.

Art. 700. La déclaration de faillite entraîne immédiatement l'interdition civile du failli, en ce qui concerne ses biens présents et futurs.

§ 1er. Il est suppléé à l'incapacité du failli par l'administrateur et les curateurs fiscaux, qui le représentent en justice et extrajudiciairement en toutes circonstances, excepté quant à l'exercice de ses droits exclusivement personnels ou étrangers à la faillite.

§ 2. Le failli devra toujours être cité conjointement avec l'administrateur et les curateurs, et être entendu à l'occasion de toutes les aliénations volontaires ou transactions et de tous accords qu'il y aura lieu de faire.

Art. 701. Dès que le tribunal aura déclaré la faillite, il devra charger une personne capable de l'administration des biens du failli, de la liquidation et de la gérance de son commerce.

§ unique. L'administrateur peut faire tous les actes d'administration générale; mais la concession de tous pouvoirs spéciaux reste toujours subordonnée à une décision expresse du tribunal.

Art. 702. L'administrateur sera choisi parmi des personnes étrangères aux créanciers, non parentes ni alliées du failli jusqu'au quatrième degré. Il recevra la rémunération que le tribunal aura fixée.

§ 1er. Les associations commerciales (*associaçoes commerciaes*) [1],

---

[1] Le projet du gouvernement accordait la prérogative dont il s'agit au tribunal de commerce; c'est la commission de la Chambre des députés qui l'a revendiquée pour les « associations commerciales ».

Voir, sur ces associations, la note sur l'article 84.

là où il en existe, pourront dresser une liste de personnes aptes et disposées à exercer l'office d'administrateur de faillite; cette liste sera refaite tous les trois ans.

§ 2. Là où la liste mentionnée au précédent paragraphe existera, l'administrateur devra être choisi parmi les personnes qui y figurent, à moins que le tribunal, par une décision motivée, ne juge convenable de nommer une autre personne, sur une requête présentée dans les conditions qui permettent de demander la destitution de l'administrateur.

§ 3. Les personnes inscrites sur la liste dont il s'agit au paragraphe 1ᵉʳ peuvent y être maintenues pour les périodes triennales suivantes.

§ 4. L'administrateur d'une faillite ne cesse pas d'exercer les fonctions qui lui ont été confiées, bien qu'à la fin des trois années il ne soit pas porté sur la nouvelle liste.

Art. 703. L'administrateur de la masse de la faillite doit entrer immédiatement en fonctions, en signant un acte qui constate le fait. Il fera tout ce qui sera convenable pour assurer la conservation des biens et des droits du failli, dans l'intérêt de ce dernier et de ses légitimes créanciers, et vérifiera avec le plus grand soin l'état de la masse de la faillite, les conditions dans lesquelles le commerce était exercé et les causes déterminantes de la faillite.

§ 1ᵉʳ. L'administrateur peut recevoir du failli directement, mais toujours en les portant en compte, les biens et valeurs, ou en exiger la remise en justice moyennant un inventaire préalable.

§ 2. A la requête de deux ou plusieurs créanciers, ou sur l'initiative du ministère public, le tribunal peut, dans un intérêt de sûreté des biens de la masse de la faillite, ordonner que la remise en soit faite officiellement.

§ 3. L'apposition des scellés dans le comptoir, l'établissement et la maison du failli n'est obligatoire que lorsque la remise doit être faite judiciairement et dans le cas prévu par le paragraphe 5.

§ 4. Ne sont pas compris parmi les biens dont l'administrateur doit prendre possession ceux qui sont mentionnés dans l'article 815, nᵒˢ 11 et 12 [1], et dans l'article 816, nᵒˢ 1 et 2, du Code de procédure civile [2].

§ 5. L'administrateur qui n'entre pas en fonctions dans les vingt-quatre heures à partir de la notification de sa nomination sera immédiatement remplacé par le tribunal, qui, dans ce cas, ordonnera l'apposition des scellés.

Art. 704. Les écritures du failli sont présentées par lui et, en son absence, par l'administrateur, au greffe du tribunal, pour y être arrêtées et parafées par le juge président; puis elles sont remises à l'administrateur, qui doit les laisser examiner par les intéressés et leurs représentants.

§ *unique*. Sous peine de saisie par le juge (*apprehensão judicial*), la présentation ordonnée par le présent article doit avoir lieu dans les vingt-quatre heures, comptées, pour le failli, à partir du jugement déclaratif de la faillite et, pour l'administrateur, à partir de son entrée en fonctions.

Art. 705. Le failli, à sa demande et du consentement de l'ad-

---

[1] C'est-à-dire les objets de literie et d'habillement indispensables au failli et à sa famille, et les provisions de bouche qui se trouvent dans la maison du failli et qui sont nécessaires à son entretien et à celui de sa famille pendant une semaine. C. procéd. civ., art. 815, nᵒˢ 11 et 12.

[2] C'est-à-dire : 1ᵒ « les livres, machines ou instruments destinés à l'enseignement, à la pratique ou à l'exercice des arts libéraux, des sciences, ainsi que les livres nécessaires à la profession d'avocat »; 2ᵒ « les ustensiles et outils indispensables aux occupations ordinaires des maîtres et ouvriers de métiers mécaniques ». C. procéd. civ., art. 816, nᵒˢ 1 et 2.

ministrateur, peut être chargé d'aider dans l'administration et de faire certains actes déterminés de gestion, avec des appointements et pour le temps que le tribunal fixera, les curateurs fiscaux entendus.

§ *unique.* Dans le cas où il n'existe dans la faillite aucune présomption de fraude ou de faute, le failli, s'il est commerçant immatriculé, a droit à des aliments à la charge de la masse de la faillite.

Art. 706. Dans le jugement déclaratif de la faillite, le tribunal nommera, indépendamment de l'administrateur de la masse de la faillite, deux ou plusieurs curateurs fiscaux, pris parmi les créanciers du failli, et fixera le délai pour la réclamation des créances.

§ *unique.* Le délai mentionné dans le présent article ne pourra être moindre que trente jours, ni dépasser quatre-vingt-dix.

Art. 707. Il appartient aux curateurs fiscaux :

1° De délibérer et donner leur avis sur tous les sujets concernant la faillite à raison desquels le tribunal jugera convenable de les consulter;

2° De donner leurs conseils à l'administrateur de la masse de la faillite;

3° De veiller à l'accomplissement rigoureux des obligations de l'administrateur et, s'ils apprennent qu'il ait été commis des irrégularités, d'en informer le tribunal;

4° De demander la destitution et le remplacement de l'administrateur;

5° D'exercer les autres attributions qui leur sont conférées par la loi.

**Art. 708.** Lorsque la faillite a été déclarée, le failli qui ne l'a pas requise ou reconnue peut y faire opposition dans les dix jours de la publication du jugement.

§ 1er. L'opposition ne peut être fondée que sur les motifs suivants :

1° Que la personne déclarée en faillite n'est pas commerçante ;

2° Qu'elle se trouve au bénéfice d'un concordat ou d'un atermoiement légal (*moratoria*), auquel le motif de la faillite est antérieur ;

3° Qu'elle n'a pas cessé le payement d'obligations commerciales échues ou considérées comme telles ;

4° Qu'elle avait un motif juste et légal pour ne pas effectuer les payements auxquels se réfère la déclaration de faillitte ;

5° Que son actif excède son passif.

§ 2. Le motif mentionné dans le n° 1 du paragraphe précédent ne peut être présenté que par un individu qui n'est pas immatriculé.

§ 3. Si l'opposition est fondée sur un concordat ou un atermoiement non homologué, il sera statué sur les deux incidents par un seul et même jugement.

§ 4. L'opposition ne suspend pas la marche de la procédure de la faillite jusqu'au classement des créanciers.

**Art. 709.** Le tribunal, en tout état de cause jusqu'au jugement de l'opposition, peut autoriser la production des preuves qui auront été offertes et toutes autres diligences judiciaires qu'il estimera nécessaires au jugement de l'affaire.

§ *unique.* Si le tribunal juge inutile ou non pertinente une preuve offerte par les intéressés, il le déclarera.

Art. 710. La déclaration de faillite rend immédiatement exigibles toutes les créances et suspend le cours des intérêts contre la masse ; de plus, elle emporte nécessairement séparation des biens communs du commerçant marié, à moins que la responsabilité de l'autre conjoint ne s'étende à toute la part desdits biens qui lui revient [1].

§ 1er. En ce qui concerne les créances non échues et qui ne sont devenues exigibles que par l'effet de la faillite, on décomptera les intérêts qui s'y trouvent accumulés ou capitalisés et qui se rapportent au laps de temps restant à courir pour leur échéance régulière.

§ 2. Si la déclaration de faillite a été révoquée, tous les effets en sont annulés.

Art. 711. L'administrateur et les curateurs fiscaux nommés peuvent être librement remplacés par le tribunal de commerce de première instance, sur leur demande ou sur celle du failli ou des créanciers, à condition que ces derniers représentent les deux tiers du passif ou que, étant supérieurs en nombre aux deux tiers des créanciers, ils représentent plus de la moitié du passif.

§ 1er. L'administrateur ou les curateurs ne peuvent être remplacés ou destitués qu'après avoir été entendus, et ils doivent continuer l'exercice et l'accomplissement de leurs devoirs jusqu'à l'entrée en fonctions de leurs successeurs.

§ 2. Pour la remise des biens et valeurs par l'ancien administrateur au nouveau, on suivra les prescriptions de l'article 703.

---

[1] Le projet du gouvernement autorisait seulement «la femme du failli à requérir la séparation de biens, sans préjudice de sa responsabilité éventuelle envers les créanciers»; cette rédaction avait été acceptée par la Chambre des députés. Le texte actuel a été proposé à la commission de la Chambre des pairs par M. Hintze Ribeiro et adopté par elle «en vue de mieux garantir les droits des créanciers, sans préjudice de ceux du conjoint du failli».

Art. 712. Dans le jugement déclaratif de la faillite, ou postérieurement, en tout état de cause, le tribunal pourra ordonner
l'emprisonnement du failli et de tous autres agents du fait criminel (*crime*), s'il reconnaît qu'ils ont commis une faute ou une
fraude, sans préjudice des dispositions ultérieures du présent code
relatives au classement définitif de la faillite.

§ 1ᵉʳ. Les dispositions du présent article ne modifient pas les
règles de l'admissibilité d'une caution ou d'un certificat d'identité
et de résidence (*termo de identidade e residencia*) pour éviter la prison
préventive, que, en l'absence de ces garanties, les accusés subissent jusqu'au jugement définitif, sans préjudice de leur recours
contre la décision qui ordonne la prise de corps.

§ 2. La délibération du tribunal qui ordonnera l'arrestation du
failli et des autres agents du fait criminel équivaudra, pour tous
ses effets, à un arrêt de mise en accusation (*despacho de pro-
nuncia*).

## TITRE II.

### DE LA VÉRIFICATION DU PASSIF.

Art. 713. Le failli, en présentant le bilan de la faillite, ou
l'administrateur de la masse, à défaut du failli, doit, avant l'expiration de la moitié du délai fixé pour la réclamation des créances,
joindre au dossier un exposé des dettes, accompagné des pièces
justificatives, observations et explications de nature à servir à la
vérification du passif.

Art. 714. Les créanciers du failli, dès que le jugement déclaratif de la faillite aura été publié, devront, dans le délai imparti
par le tribunal, réclamer, indépendamment de toute autre citation
ou avis, la vérification et le classement de leur créance, en éta-
blissant en due forme son existence, sa nature, sa classe, les cir-

constances qui s'y rapportent, et en produisant tout ce qu'ils jugeront de nature à en établir la légitimité.

§ 1er. Les titres justificatifs de la créance doivent être joints à la requête en réclamation de créances, et les autres preuves par témoins ou par enquête seront également indiquées pour être fournies en temps utile, si elles n'ont pas été jugées superflues pour la vérification.

§ 2. Si, dans la requête qu'il présente pour réclamer sa créance, le créancier allègue de justes motifs pour expliquer l'impossibilité où il se trouve d'y joindre promptement certains titres qui lui manquent, le tribunal pourra lui accorder un délai raisonnable, dans les limites de celui où doit être rendu le jugement.

§ 3. Ne seront pas admis les titres qui n'auront pas été joints à la requête dans le délai légal, ni les autres preuves qu'on n'aura pas indiquées avec la désignation nécessaire pour leur production.

Art. 715. A l'expiration du délai fixé pour la réclamation des créances, les créanciers pourront attaquer par écrit la vérification ou le classement de l'une quelconque des créances réclamées, pourvu qu'ils agissent dans les quinze jours suivants.

§ *unique*. Leurs contredits sont soumis aux dispositions des paragraphes de l'article précédent.

Art. 716. Dans les quinze jours qui suivront le délai accordé pour contester les créances ou leur nature, l'administrateur de la masse de la faillite devra faire un rapport sommaire, mais motivé, sur chacune des créances réclamées, en spécifiant ce qui ressort à leur égard des écritures et pièces du failli, et en donnant au tribunal les éclaircissements propres à assurer une bonne décision et à préciser la date à laquelle remonte la faillite.

§ 1ᵉʳ. L'administrateur de la masse de la faillite peut exiger de tout créancier les renseignements et les preuves qu'il jugera nécessaires pour faire son rapport sur le passif réclamé.

§ 2. Si l'administrateur constate qu'il existe des créances non réclamées, mais qui lui paraissent réelles et certaines, il les mentionnera séparément, en exprimant son opinion sur chacune d'elles dans son rapport.

Art. 717. La procédure prescrite pour la vérification des créances est également applicable aux demandes en restitution formées par les légitimes propriétaires de marchandises ou autres objets qui se trouveraient dans la masse de la faillite, et dont le failli ne serait que détenteur comme consignataire, commissionnaire, ou à un autre titre, ou qui appartiendraient à son conjoint comme propres ou comme constituant sa part (*meação*) dans les biens communs.

Art. 718. Lorsque les créances et les biens sujets à restitution auront été réclamés, les contredits formulés et le rapport de l'administrateur de la faillite déposé, ou que les délais légaux seront expirés, le dossier sera immédiatement communiqué, pour cinq jours, au ministère public, afin qu'il fasse connaître ce qu'il croira utile de faire dans l'intérêt général des créanciers ou spécial du trésor public et qu'il requière jugement.

§ 1ᵉʳ. On considérera comme vérifiées toutes les créances et toutes les restitutions de biens réclamées qui n'auront fait l'objet d'aucun contredit ; quant aux autres, le tribunal statuera dans une seule et même audience.

§ 2. Les témoins seront entendus dans l'audience où sera rendu le jugement ; mais, s'il y a lieu de procéder à une expertise ou à telle autre diligence qui vienne à être requise et que le tribunal ne déclare point non pertinente, il sera sursis au jugement pendant le temps indispensable à cet effet.

§ 3. La désignation des experts est commune à tous les créanciers qu'elle concerne.

§ 4. Le jugement comprendra toutes les créances, en tenant pour reconnues celles qui n'ont point été contestées; il statuera sur les contredits, réclamations et demandes de restitution de biens, et fixera la date de la faillite.

ART. 719. La protestation par voie d'action à intenter ou par action pendante a les mêmes effets que dans le concours de causes de préférence, si l'action à intenter est introduite dans les trente jours et si, dans le cas d'introduction d'une action comme dans celui d'une action déjà pendante, il n'y a pas péremption d'instance.

§ *unique*. Cette action doit être intentée et poursuivie contre les administrateurs et curateurs, qui représenteront tous les créanciers et le failli, sans préjudice du droit qu'ont les créanciers d'intervenir dans la cause à condition de ne pas prendre communication (*ter vista*) du dossier [1] et de ne pas allonger les délais.

ART. 720. Lorsque le jugement qui fixe la date de la faillite et statue sur la restitution des biens et la vérification des créances sera passé en force de chose jugée, ou que le recours dont il a fait l'objet aura été écarté, on déterminera immédiatement le rang des divers créanciers, d'après les règles du droit civil et les dispositions spéciales du présent Code de commerce.

---

[1] En général, les intéressés ont le droit de se faire communiquer les dossiers et de les conserver pendant un certain temps pour les étudier; il résulte de cette faculté des lenteurs et des atermoiements que le législateur a voulu éviter, au cas particulier, en interdisant la communication des pièces.

§ 1ᵉʳ. Le classement des créanciers sera général quant aux biens de la masse et, en même temps, spécial quant à certains biens auxquels se référeraient les privilèges ou causes de préférence qui seraient invoquées et sur lesquelles il y aurait à statuer.

§ 2. Le recours contre le jugement qui classe les créanciers, de même que contre celui qui fixe la date de la faillite et statue sur la restitution des biens et la vérification des créances, n'a pas d'effet suspensif.

ART. 721. La fixation de la date de la faillite crée une présomption légale d'insolvabilité vis-à-vis des tiers étrangers au règlement de la faillite, et fait preuve entière de ce fait contre les créanciers qui y ont concouru.

§ *unique*. Les payements de dettes non échues et tous autres actes préjudiciables aux créanciers accomplis par le failli dans les quarante jours qui précèdent la date du jugement déclaratif de la faillite sont présumés faits de mauvaise foi par les intéressés qui y sont intervenus [1].

ART. 722. Les obligations, dettes et responsabilités contractées par l'administrateur de la masse de la faillite, et dûment autorisées ou approuvées, sont étrangères à la vérification du passif et ont la préférence sur les droits et créances contre le failli.

[1] Ce paragraphe, qui modifie assez sensiblement le texte proposé par le gouvernement et réduit notamment de soixante à quarante jours le délai pendant lequel certains actes du failli sont entachés de nullité, a été rédigé par la commission de la Chambre des députés en vue de mettre la disposition du Code de commerce en harmonie avec les articles 1033 et suivants du Code civil, relatifs à la rescision des actes et contrats faits au préjudice des tiers.

## TITRE III.

### DE L'ÉVALUATION ET DE LA LIQUIDATION DE L'ACTIF.

Art. 723. Que le bilan de la faillite soit présenté par le failli ou par l'administrateur, il devra être accompagné d'une description circonstanciée des différents articles de l'actif.

§ *unique.* En cas d'absence ou d'insuffisance de cette description de la part du failli, il y sera suppléé par l'administrateur avant la clôture de la vérification du passif.

Art. 724. L'administrateur qui se trouve en désaccord avec le failli sur la valeur attribuée par celui-ci à une partie de son actif en informera le tribunal et pourra provoquer, s'il le juge nécessaire, une évaluation judiciaire après examen de ces biens.

§ *unique.* Le tribunal peut également ordonner, à la requête des créanciers ou du ministère public, qu'il soit procédé à cette évaluation après examen.

Art. 725. Les créances du failli doivent être recouvrées avec soin par l'administrateur à mesure de leur échéance; il procédera directement ou en justice suivant les circonstances. Le tribunal, pour faciliter la liquidation, pourra permettre d'accorder aux débiteurs des délais convenables.

§ *unique.* Les concessions de délais, leurs conditions et garanties sont subordonnées à une requête de l'administrateur, sans laquelle elles ne peuvent être ordonnées.

Art. 726. Lorsque la vérification du passif est terminée et que la faillite n'est pas suspendue, l'administrateur provoque la vente et la liquidation de tout l'actif, jusqu'à extinction complète de la masse de la faillite.

§ 1ᵉʳ. On appliquera à la vente des biens et droits de la masse les dispositions du Code de procédure civile relatives aux exécutions, dans les articles postérieurs à ceux qui traitent de l'évaluation des biens [1].

§ 2. Le tribunal, dans l'intérêt des créanciers et à la requête de l'administrateur, peut ordonner une anticipation de la vente et permettre qu'elle ait lieu avant la vérification des créances, toutes les fois que l'ajournement pourra être préjudiciable ; il peut aussi autoriser de suspendre, pendant un temps qui ne peut dépasser une année, la vente de certains biens ou droits.

§ 3. Le tribunal peut enfin, sur la demande de l'administrateur, l'autoriser à continuer les affaires de commerce du failli, si c'est un moyen de tirer un meilleur parti de l'actif.

ART. 727. L'administrateur, sous peine de destitution, achèvera la liquidation de la faillite dans le délai que le tribunal aura fixé ; ce délai n'est pas susceptible de prorogation.

§ *unique*. Dans la vente des droits appartenant à la masse seront comprises toutes les créances, même celles qui seraient litigieuses.

ART. 728. Le produit de l'ensemble de la liquidation sera versé dans la Caisse générale des dépôts ou dans ses succursales, et sera ensuite retiré par les créanciers, conformément au rang qui leur aura été attribué.

---

[1] Le titre VI du livre II du Code de procédure civile, relatif aux exécutions ou ventes forcées, contient, dans le chapitre II, qui concerne spécialement les exécutions pour une somme déterminée, six sections ; les deux premières, consacrées à la saisie et à l'évaluation des biens, ne sont pas applicables en matière de faillite ; mais on applique les suivantes, sur la vente aux enchères, l'adjudication et le droit de rachat concédé au conjoint, aux ascendants et aux descendants de «l'exécuté». Art. 841 à 891, C. procéd. civ. de 1876.

§ 1er. Tant qu'il y aura des recours pendants et des actions tendant à contester certaines causes de préférence [1], aucun des créanciers que la décision peut concerner n'est admis à faire, sans fournir caution, un prélèvement sur la somme déposée.

§ 2. Les demandes (*precatorios*) de prélèvements pour le payement intégral ou proportionnel d'un créancier devront être faites avec la plus grande brièveté, mais jamais pour moins de 5 p. o/o, sauf le cas où il s'agira de la dernière distribution générale de la masse de la faillite ou particulière des biens affectés à des payements déterminés.

ART. 729. Les biens appartenant au conjoint du failli à titre de propres ou de part dans les biens communs (*meação*), ainsi que tous autres biens appartenant à des tiers, seront remis à leurs propriétaires.

§ *unique*. Si, pour l'exécution du présent article, il est nécessaire de recourir à une action judiciaire, elle sera poursuivie en la joignant à la procédure de faillite, et l'on agira de même quant à l'exécution de tout autre jugement, bien qu'il intervienne en dehors de cette procédure.

### TITRE IV.

#### DE LA SUSPENSION DE LA FAILLITE.

ART. 730. Avant la déclaration de faillite, comme après, et dans quelque état qu'elle se trouve, les créanciers légitimes peuvent accorder un atermoiement (*moratoria*) à leur débiteur ou consentir tout autre concordat, pourvu qu'ils ne soient pas en nombre inférieur aux deux tiers des créanciers non privilégiés et n'ayant pas droit à une préférence, et qu'ils représentent au

---

[1] Il s'agit des actions tendant à la distribution par contribution.

moins les deux tiers des créances non privilégiées et n'ayant pas droit à une préférence.

§ 1ᵉʳ. L'atermoiement ne peut dépasser une année ni être prorogé pour plus d'une autre période de même durée.

§ 2. Le concordat ne peut être consenti que si le dividende offert est d'au moins 50 p. o/o et payable dans une période n'excédant pas cinq ans.

§ 3. Les créanciers qui acceptent un atermoiement ou un concordat perdent tout droit aux préférences ou privilèges de rang qu'ils pouvaient réclamer, à moins que le contraire ne soit expressément consenti par la majorité des autres créanciers, représentant également la majorité des créances.

Art. 731. L'atermoiement et le concordat ne peuvent être stipulés qu'en un acte authentique ou authentiqué, et doivent être soumis à l'homologation du tribunal, en vue de la vérification des conditions légales de leur concession.

§ *unique*. L'acceptation du concordat ou de l'atermoiement par les créanciers résidant hors du ressort du tribunal de la faillite se justifie par tout moyen de preuve écrite, pourvu qu'elle soit expresse et antérieure à l'authentication de l'acte. L'officier public qui interviendra dans ledit acte devra y faire mention spéciale de cette circonstance.

Art. 732. Les créanciers, certains ou incertains, qui n'ont point accepté l'atermoiement ou le concordat, seront sommés par voie d'affiches d'y faire opposition dans les trente jours, s'ils estiment en avoir le droit.

§ 1ᵉʳ. Le ministère public, dans l'intérêt général des créanciers et comme chargé de veiller à l'exécution de la loi, sera entendu sur le concordat ou l'atermoiement, encore que le trésor public ne soit pas créancier; et, à cet effet, il disposera du dossier pendant cinq jours à partir de l'expiration du délai fixé par la sommation.

§ 2. L'homologation ou le refus d'homologation de l'atermoiement ou du concordat sera prononcé par le tribunal dans les dix jours qui suivront l'expiration du même délai.

Art. 733. S'il y a contestation sur le nombre des créanciers légitimes, le montant de leurs créances, la légalité des conditions de l'atermoiement ou du concordat et le dividende offert, le tribunal statuera.

### TITRE V.
#### DU CLASSEMENT DE LA FAILLITE.

Art. 734. Alors même que les opérations de la faillite seraient suspendues par un atermoiement ou un concordat, dès que l'on aura commencé la répartition et le payement du dividende revenant aux créanciers à la suite de la liquidation de l'actif de la masse faillie, ou si le failli est emprisonné, le ministère public et l'administrateur doivent, et tout créancier peut, dans la huitaine, articuler des faits (*deduzir artigos*) en vue du classement de la faillite.

Art. 735. La faillite sera classée, suivant les circonstances, comme accidentelle, fautive ou frauduleuse (*casual, culposa* ou *fraudulenta*).

Art. 736. La faillite est accidentelle quand le failli, ayant procédé dans la gestion de son commerce avec une honorable sollicitude (*honrada solicitude*), est forcé par une cause indépendante de sa volonté de cesser ses payements.

Art. 737. La faillite est fautive lorsqu'elle provient de l'incurie manifeste, de la négligence ou de la prodigalité du failli, ou qu'il a négligé de remplir les prescriptions ou formalités que lui imposait la loi pour la complète régularité des écritures et des opérations commerciales.

§ *unique.* La présomption de faute résultant de ce que le failli ne s'est pas présenté volontairement devant le tribunal, dans les dix jours qui ont suivi la cessation de ses payements ou la constatation de son insolvabilité, peut être détruite par la preuve non équivoque d'un empêchement légitime et non interrompu, clairement allégué et démontré d'une manière concluante.

Art. 738. La faillite est frauduleuse toutes les fois que le failli, sachant que son actif est insuffisant pour satisfaire à ses engagements, paye quelques-uns de ses créanciers ou leur fournit un moyen d'être payés de préférence aux autres.

§ *unique.* Est toujours, dans la faillite, un élément constitutif de fraude et non de simple faute le fait de consentir quelque acte ou contrat simulé, ou fait au préjudice d'un tiers, ou criminel pour tout autre motif, par exemple : le prélèvement de capitaux au moyen de traites dites de complaisance, un achat suivi d'une revente immédiate à perte avant payement du prix, et telles autres pratiques abusives contraires à la bonne foi propre et indispensable au commerce.

Art. 739. Des faits en vue du classement de la faillite ayant été articulés par telle des personnes qualifiées à cet effet qui aura pris les devants, les autres personnes à qui incombe l'obligation de se prononcer également seront mises en demeure de le faire jusqu'à la plus prochaine audience.

§ *unique.* Leurs articulations et toutes autres produites par les créanciers seront reçues jusqu'à l'expiration du délai fixé dans le présent article.

Art. 740. A l'expiration du délai fixé pour articuler des faits en vue du classement de la faillite, le failli sera cité pour y contredire jusqu'à la troisième audience, le procès suivant son cours ordinaire sans autres articulations de faits.

Art. 741. Le jugement de classement de la faillite appliquera au failli les peines prévues pour le cas par le Code pénal[1] et les autres lois en vigueur; il sera exécutoire comme un jugement statuant au criminel, dont il a également le caractère.

§ 1er. Le failli doit toujours comparaître personnellement lors du jugement, et il sera cité de nouveau à cet effet.

§ 2. Le prononcé du jugement peut être ajourné pour un espace de temps qui n'excédera pas trente jours, pour faire procéder à l'arrestation du failli qui ne comparaît pas à l'audience indiquée.

§ 3. Si on ne peut l'arrêter, le failli sera jugé par défaut, après avoir été préalablement cité par une assignation à trente jours contenant cette menace.

Art. 742. S'il résulte de la procédure de la faillite et de ses incidents que la faute ou la fraude du failli a été partagée par des tiers qui ont pris part au fait délictueux et contre lesquels le tribunal n'a pas usé de la faculté que lui accorde l'article 712, le jugement de classement doit les dénoncer pour être accusés et jugés au criminel.

§ 1er. Le jugement de classement de la faillite a les effets d'un arrêt de mise en accusation à l'égard des tiers qu'il dénonce.

§ 2. L'action criminelle contre le tiers qui est commerçant sera suivie comme se rattachant à la faillite devant le même tribunal, qui procédera suivant les règles de l'instruction criminelle.

_______

[1] Cf. C. pén. portugais de 1886, art. 447.

§ 3. Si le jugement de classement ne dénonce pas d'autres personnes comme ayant pris part aux actes de la faillite fautive ou frauduleuse, les créanciers ou le ministère public pourront agir contre elles par action distincte devant les tribunaux de droit commun.

## TITRE VI.
### DE LA LEVÉE DE L'INTERDICTION ET DE LA RÉHABILITATION DU FAILLI.

Art. 743.  L'interdiction du failli sera levée, à sa requête, quand il aura obtenu une concession d'atermoiement ou l'approbation définitive d'un concordat, dûment homologuées par le tribunal ; et sa réhabilitation sera également prononcée en conséquence du classement de sa faillite comme accidentelle ou du fait qu'il aura subi la peine encourue par lui en cas de faillite fautive ou frauduleuse, ou que cette peine lui aura été remise.

§ *unique.* Si l'atermoiement ou le concordat est annulé, le failli est de nouveau interdit.

Art. 744.  En dehors des cas dont il est fait mention dans la première partie de l'article précédent, la levée de l'interdiction ne peut être accordée au failli que dans les cas suivants :

1° Si, par l'effet d'un payement intégral ou grâce à une remise de dette, il est quitte envers tous les créanciers qui ont réclamé leur payement ;

2° S'il s'est écoulé plus de dix ans, que la masse de la faillite soit épuisée, qu'il y ait absence complète de biens et qu'il ait été payé au moins 50 p. o/o à tous les créanciers qui ont réclamé leur payement ;

3° S'il s'est écoulé le double de ce temps et qu'il ait été payé 25 p. o/o, les autres circonstances prévues dans le numéro précédent se trouvant réalisées.

## TITRE VII.

### DISPOSITIONS SPÉCIALES AUX FAILLITES DES SOCIÉTÉS.

Art. 745. Le tribunal compétent pour déclarer la faillite d'une société commerciale est le tribunal de commerce de la circonscription où elle a son principal établissement et, à défaut, son siège.

§ *unique.* La disposition du présent article s'applique également à toute succursale ou représentation, établie dans le royaume par une société légalement constituée en pays étranger, quant aux actes et contrats faits en Portugal.

Art. 746. Le jugement qui déclare la faillite d'une société en nom collectif ou en commandite déclarera également en faillite tous les associés à responsabilité illimitée.

§ 1er. Dans le cas prévu par le présent article, il y aura une seule administration, mais les biens de la société seront inventoriés et conservés d'une manière distincte de ceux des associés.

§ 2. Les créanciers de la société seront admis à faire valoir leurs droits (*ouvidos*) sur l'avoir social ; et ils le seront concurremment avec les créanciers personnels des associés, sur les biens de ces derniers.

Art. 747. Les porteurs d'obligations d'une société en état de faillite concourront à la fixation de la masse, à raison de la valeur d'émission de ces obligations, déduction faite des amortissements opérés.

Art. 748. Si, au moment de la déclaration de faillite, les associés à responsabilité limitée n'ont pas versé tout ce à quoi ils s'étaient obligés, l'administration de la masse doit les contraindre à compléter leur versement.

Aᴙᴛ. 749. Dans les sociétés en nom collectif et en commandite, les créanciers peuvent accorder un concordat seulement à un ou plusieurs des associés à responsabilité illimitée.

§ *unique.* Dans le cas prévu par le présent article, les biens personnels de l'associé qui a obtenu un concordat sortent de la masse de la faillite ; celle-ci n'est pas tenue des obligations résultant du concordat, et, d'autre part, cet associé est déchargé de sa responsabilité solidaire vis-à-vis des créanciers de la société.

Au palais, le 23 août 1888.

Signé : Fᴙᴀɴᴄɪsᴄᴏ Aɴᴛᴏɴɪᴏ ᴅᴀ Vᴇɪɢᴀ Bᴇɪᴙᴀᴏ.

# TABLE ANALYTIQUE DES MATIÈRES.

# TABLE ANALYTIQUE DES MATIÈRES[1].

## A



---

[1] *Introd.* renvoie à l'Introduction du présent volume; C. renvoie au Code de commerce lui-même.

## B



## C

## F



## G

# M



# N

## S

### T



### V

# W

www.ingramcontent.com/pod-product-compliance
Ingram Content Group UK Ltd.
Pitfield, Milton Keynes, MK11 3LW, UK
UKHW022325090726
13658UKWH00001B/79